unterwegs

UNTERWEGS-VERLAG Manfred Klemann
Dr.-Andler-Straße 28, 78204 Singen
Tel. 0 77 31/6 35 44, Fax 0 77 31/6 24 01

Bücher für besseres Reisen

NORDSPANIEN

mit Jakobsweg

Reise-Handbuch und Landeskunde

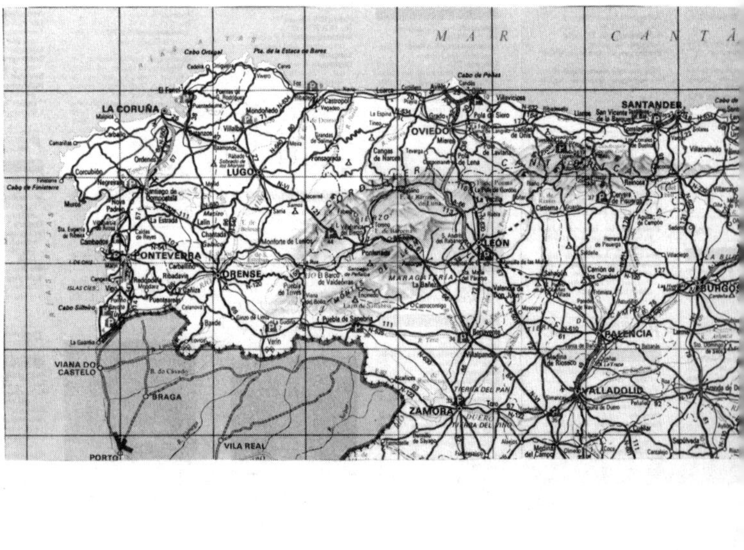

Entdecken: Der Jakobsweg

Geschichte und Geschichtchen, alle großen und kleinen Stationen, über ein Jahrtausend am Weg entdecken

Genießen: Die Sonne

Die **schönsten Strände**, herrliche Buchten, romantische Ferienorte, Sand und Fels.

Erleben: Die Städte rund um die Uhr

Barcelona, Pamplona, **San Sebastián**, León, Santander, Gijón, Oviedo, **Santiago de Compostela** - und viele andere große und kleine.

Erfahren: Natur pur

Tolle Naturparks und Naturschätze zwischen Pyrenäen und Rías Gallegas.

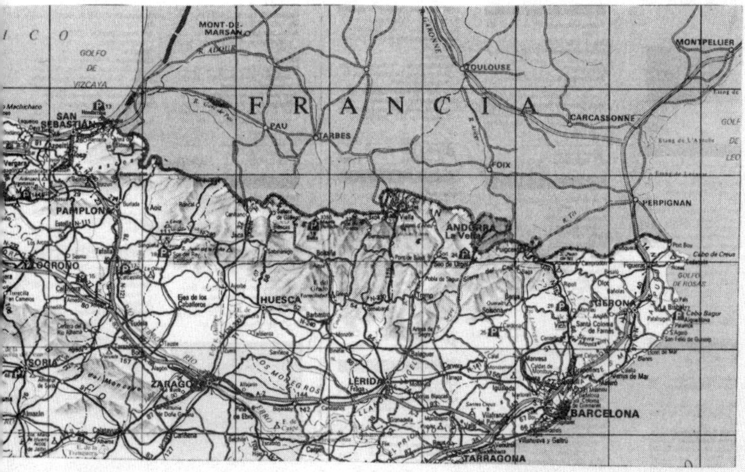

JAVAANSE JONGENS UNTERWEGS Unsere Titel:

Albanien Reise-Handbuch und Landeskunde
Aruba *KARIBIK* Reise-Handbuch und Landeskunde
Barbados *KARIBIK* Reise-Handbuch und Landeskunde
Berlin und Umland Der aktuelle Stadtbegleiter
Brasilien Reise-Handbuch und Landeskunde
British Columbia/Alberta *WEST-KANADA* Reise-Handbuch und Landeskunde
CAMPING-Führer für Traveller *PORTUGAL, SPANIEN, FRANKREICH, MAROKKO*
Costa Rica *KARIBIK* Reise-Handbuch und Landeskunde
Cuba *KARIBIK* Reise-Handbuch und Landeskunde
Curacao *KARIBIK* Reise-Handbuch und Landeskunde
Dominikanische Republik *KARIBIK* Reise-Handbuch und Landeskunde
Dresden Der aktuelle Stadtbegleiter
Formentera *BALEAREN* Insel-Handbuch und Reisetips
Fuerteventura *KANARISCHE INSELN* Insel-Handbuch und Reisetips
Gran Canaria *KANARISCHE INSELN* Das große Reise-Handbuch mit Inselkunde
Grenada *KARIBIK* Reise-Handbuch und Landeskunde
Hawaii Reise-Handbuch und Landeskunde
Ibiza *BALEAREN* Insel-Handbuch und Reisetips
INTER RAIL Bahnreise-Handbücher für *EUROPA*
Isla Margarita - *KARIBIK* Insel-Handbuch und Reisetips
JAKOBSWEG und Spanien - Nord Reise-Handbuch und Landeskunde
Jamaica *KARIBIK* Reise-Handbuch und Landeskunde
Java/Bali Reise-Handbuch und Landeskunde
Kalifornien mit *LAS VEGAS UND GRAN CANYON* Reise-Handbuch und Landeskunde
Kreta Insel-Handbuch und Reisetips
La Gomera mit Süd-Teneriffa *KANARISCHE INSELN* Insel-Handbuch und Reisetips
Lanzarote *KANARISCHE INSELN* Insel-Handbuch und Reisetips
La Palma/Hierro *KANARISCHE INSELN* Insel-Handbuch und Reisetips
London Der aktuelle Stadtbegleiter
Mallorca *BALEAREN* Das große Reise-Handbuch mit Inselkunde
Malta Reise-Handbuch und Landeskunde
Mexico Reise-Handbuch und Landeskunde
Paris Der aktuelle Stadtbegleiter
Portugal Reise-Handbuch und Landeskunde
Québec *KANADA* Reise-Handbuch und Landeskunde
St. Lucia *KARIBIK* Reise-Handbuch und Landeskunde
Teneriffa *KANARISCHE INSELN* Insel-Handbuch und Reisetips
Türkei Reise-Handbuch und Landeskunde
Türkei Ägäis Reise-Handbuch und Landeskunde
Türkei Mittelmeerküste Reise-Handbuch und Landeskunde
Venezuela mit *ISLA MARGARITA* Reise-Handbuch und Landeskunde
Westcoast/USA Reise-Handbuch und Landeskunde
Zürich Der aktuelle Stadtbegleiter
(fordern Sie den aktuellen Verlagsprospekt: UNTERWEGSVERLAG D-78204 Singen)

alle mit Karten, Plänen und 1000 Tips für Spaß und Sparen

Die ist eine originelle ORIGINALAUSGABE vom
UNTERWEGSVERLAG Manfred Klemann, 78204 Singen
Redaktion/Beiträge: Klaus Michael Peter
Bilder, Karten: Alexander Krause, Stefan Blondzik, Spanisches Fremdenverkehrsamt

DER INHALT

Nordspanien = Kulturspanien

Die Reise zwischen Mittelalter und Modernisme

Spanien - für uns im oft genug kühlen und feuchten deutschsprachigen Raum aufgewachsene Mitteleuropäer schon immer ein Name mit herrlichem Klang: Spanien! Mehr noch als das nahe Italien nicht nur mit ewiger Sonne, Strand und Meer verbunden. Vielleicht - weil es einfach etwas weiter weg ist - schon immer ein stolzer, ein undurchschaubarer Name: **Spanien!**

Sicher, die meisten von uns waren schon mal dort, oft in frühester Jugend oder mit den Eltern. Benidorm und Lloret de Mar sind keine unbekannten Namen. War das nun Südspanien oder Nordspanien? Damals wußten wir das noch nicht so genau; es war einfach wahnsinnig weit weg und da gab es das Meer und die ganzen Hotels und auf jeden Fall eine Unmenge von Leuten ... Wenn das alles wäre, was wir von Spanien behalten haben, es wäre sehr, sehr schade. Denn Spanien hält nicht nur einem oberflächlichen Postkartenblick stand, Spanien hat einiges mehr zu bieten, egal durch welche Brille man es betrachtet.

Machen wir doch einfach mal den Test! Wie sieht's denn aus mit:

Sport?
Olympiareif! Das gilt nicht nur für die Olympischen Stätten in Barcelona, die für die Olympiade damals 1992 erstklassig ausgebaut wurden (kein Wunder, der damalige Präsident des Olympischen Komitees, Juan Antonio Samaranch kam schließlich aus Barcelona). Es gilt z.B. auch für die Sportler: So ist etwa der mehrfache Sieger der Tour de France, Miguel Indurain, ein Baske - und damit aus Nordspanien. Und weitere Superlative sind hier im Baskenland zu finden, z.B. *Pelota*, das eigene Ballspiel eines eigenen Volkes!

Kultur?
Unzählbar sind die Kirchen und Klöster, Paläste und Burgen, Villen und Zweckbauten, die in fast 3 Jahrtausenden - seit die Iberer lebten und die Griechen die nordostspanischen Küsten besiedelten - entstanden sind. Und alle sind mit besonderer Inbrunst gestaltet, sind steinerne Zeugen ihrer Zeit. Nicht nur Griechenland hat die klassische Antike und Italien die Renaissance geschaffen. Man muß auch nach Nordspanien schauen: Von der Romanik bis zum Modernisme, wurden mehrere Stilrichtungen hier geboren oder besonders ge-

Santiago de Compostela

prägt. Einzigartig ist zum Beispiel der Mudéjarstil, den es zu entdecken gilt ...

Bahnlinien?

"In Spanien kann man nicht mit dem Zug fahren." - Grundfalsch! Auch die Begründung "zu wenig Strecken, zu langsam, zu alt, viele Zuschläge" - zieht alles nicht mehr, ist von vorgestern! Zwar gibt's die AVE, die Hochgeschwindigkeitsbahn, erst im Süden (Madrid-Sevilla), doch immerhin gehört sie zum modernsten, was es in Europa gibt. Und das in Spanien! Ohne Zweifel, auch auf den anderen Hauptstrecken der RENFE und selbst auf den Schmalspurbahnen der FEVE, der baskischen ET und der katalonischen FGC wurde heftig modernisiert. Das betrifft das neue Preissystem, viele neue Bahnhöfe, eine ganze Anzahl neuer Züge etc. Zugegeben, die Fahrplandichte kennt noch keinen mitteleuropäischen Takt. Etwas mehr Planung ist notwendig, aber dann wird das Bahnreisen ein Gedicht. Wir sagen nur: "Trenos turisticos"!

Strände?

"Spanien, das ist doch überall wie an den Stränden von El Arenal (Mallorca) und Lloret de Mar ..." - Weit gefehlt! Ein Strandgebiet wie El Arenal, in dem auf nur 6 Kilometern in sechs Monaten über eine halbe Million Menschen durchgeschleust wird, das gibt es vielleicht nur einmal in Europa. Aber Spanien hat insgesamt über 4.000 Kilometer Strandlänge, alleine auf dem Festland! Und da lassen sich noch ganz andere Dinge finden, z.B. Strände für jeden Geschmack: ganz leer und ganz einsam - z.B. für Nackt-Reiter -, mit mittlerer Dichte, wo man in Ruhe jemanden kennenlernen kann, typische Naherholungsgebiete, wo die Spanier selbst das Sagen haben, und man die unglaublich herzliche Freundlichkeit erleben kann und dazu die kleinen typischen Küstenorte, mit viel historischer Substanz und der einen oder anderen romantischen Sehenswürdigkeit. Das alles findet man vor allem in Nordspanien, sogar am Mittelmeer in Katalonien und am Atlantik zwischen dem Baskenland und Galicien...

Städten?

Vielleicht ist aber "nur Strand" zu langweilig. Gibt's denn außer ein paar Dörfer mit ein paar Eingeborenen auch Städte und eine Szene? Auch das gibt es, und nicht zu knapp! Barcelona wird nicht zu Unrecht inzwischen in jeder Szene-Bibel über die World-In-Treffs geführt. Nachtleben den ganzen Tag. Zwischen Ramblas und Montjuïc gibt es wirklich nichts, was man nicht erleben könnte! Und dann etwa San Sebastián, die heimliche baskische Hauptstadt, nun auch als Donostia bekannt: Hier kommen Traveller und High Society aus der ganzen Welt zusammen. Ein Nizza, Brighton und Venedig in einem. Selbstverständlich hat das alles seinen Preis. Aber in diesem Handbuch steht, wie man sich vernünftig durch den Stadtdschungel schlägt. Doch auch das Wort "Dschungel" ist sprachlich zu blaß, um auszudrücken, was hier wirklich abgeht: etwa in Pamplona, bei den "Los Sanfermines", wo die Stiere durch die Gassen preschen ...

Feste?

Und da sind wir schon mittendrin. Gefeiert wird heutzutage zwar überall, die Hemmungen fallen zunehmend. Man hat inzwischen tatsächlich schon Festzelte in der Schweiz gesehen und seit in Deutschland Altstädte restauriert sind, gibt's in jeder Fußgängerzone ein Altstadtfest, das - wenn der Gemeinderat ein Auge zudrückt - manchmal sogar länger als bis 10 Uhr abends geht ... Das alles sollte man vergessen! Die Deutschen haben eben die Post und die Stechuhr erfunden. Aber ohne jeden Zweifel haben die Spanier die Feste erfunden!! Und das ist eine ganze Festkultur! Jedes Fest hat einen anderen, besonderen Anlaß. Überall spielen die Überlieferung, der Volksglaube und die Tradition eine große Rolle. Nirgends würde sinnlos ein Weinfaß aufgemacht. Überall gilt es Riten und Feiern abzuhalten und zu zelebrieren. Schließlich ist auch die Exktase, in welche die Beteiligten zuweilen geraten, ohne Beispiel. Aber das heißt eben noch lange nicht, das Feste mit "Saufereien" zu verwechseln wären. Alleine in einem Sommer die eine oder andere Fiesta durchzumachen wird in jeder Hinsicht ein immerwährendes Erlebnis sein.

Das alles, was es hier über Spanien zu prüfen und zu testen galt, wurde in so hohem Maße alleine von Nordspanien erfüllt, daß es sich lohnt, nur über einen abgegrenzten Bereich, den Nordstreifen zwischen Katalonien und Galicien, ein Buch zu schreiben. Hier ist alles wichtige drin. Und trotzdem ist manche Ortschaft, manche Fiesta, manche Bucht noch selbst zu entdecken.

Nicht zuletzt gilt das für den Jakobsweg. Der über 1000 Jahre alte Pilgerweg durch Nordspanien, der ganz eng mit dem entstehenden kulturellen Gemeinschaftsgedanken in Europa verbunden ist, läßt sich nicht einfangen und abhandeln. Sein Licht, seine Stimmungen, seine Klöster, seine Wegbegleiter muß man selbst erleben. Dazu ist man jederzeit als behutsamer Gast eingeladen, kann jederzeit einen Teil des Weges gehen, besuchen, bestaunen. Dazu unterwirft man sich aber besonders strenger Regeln, wenn man sich tatsächlich für eine echte Pilgerreise entschließt.

Es gibt sie noch heute, die "Freunde des Jakobsweges", die viel dafür tun, daß man mit ganz wenigen weltlichen Mitteln viele hundert Kilometer durch das Land kommt. Ihre Angebote sind aber nur für die wirklichen Pilger gedacht und sollten nur von diesen genutzt werden. Doch auch wenn für viele Besucher die Verpflichtungen der modernen Zeit wichtiger sind, sie den katholischen Glaubensgrundsätzen, die sich hier in ganz besonderer Form manifestieren, vielleicht nicht folgen wollen oder können, so wird doch die Berührung mit dem Jakobsweg immer ein großer Moment für den persönlichen Frieden und den Frieden mit der Welt sein. Auch diesen Weg will dieses Buch öffnen.

Wir wünschen viel Freude in Nordspanien!
Die Redaktion Spanien
im UNTERWEGSVERLAG

Grundwissen

Spanien kurz und knapp

Geographische Daten

Erdposition

- Breitengrade

Südlichster Punkt: 35° 59' (Cabo Tarifa bei Gibraltar)

Nördlichster Punkt: 43° 47' (Punta Estaca de Vares, Provinz La Coruña)

- Längengrade

Westlichster Punkt: 18° 10' (Insel Hierro, zwischen 1634 und 1884 als Insel Ferro der Nullmeridian!)

Östlichster Punkt: 3° 20' (Cap Creus, Provinz Girona)

Größe

504.782 km^2

Einwohner

39,43 Mio. oder 78 Einwohner je km^2

Kastilier	73 %
Katalanen	18 %
Gallegos/Galicier	6 %
Euskaldun/Basken	1,5 %

Gebiete

- Hauptteil der Iberischen Halbinsel
- die Balearen (Mallorca, Menorca, Ibiza, Formentera) mit 5.014 km^2, 745.944 Einwohnern
- die Kanarischen Inseln (Lanzarote, Fuerteventura, Gran Canaria, Teneriffa, Gomera, Hierro, La Palma) mit 7.242 km^2, 1.637.641 Einwohnern

- und die Presidios (Ceuta, Melilla) sowie die 3 Chafarinas-Inseln in Marokko mit 33 km^2 und 137.190 Einwohnern

Gesellschaftliche Daten

Sprachen

Kastilisch (spanisch), Katalanisch, Galizisch, Baskisch als Amtssprachen

Religion

Katholiken 97,3 %, andere Christen 0,63%, Muslime 0,8 %, Juden 0,03 %.

Staatsform

Monarchie auf parlamentarisch-demokratischer Grundlage; Parlament (Cortes Generales) aus Abgeordnetenhaus und Senat sowie Staatsrat

Staatsoberhaupt

König Juan Carlos I. de Bourbón y Bourbón

Hauptstadt

Madrid 3,084 Mio. Einwohner

Parteien

Sozialdemokratische Arbeiterpartei (PSOE), Partido Popular (PP), Convergència i Unió (CIU), Centro Democrático y Social (CDS)

Nationalfeiertag

12. Oktober - Día de la Hispanidad, früher Fiesta de la Raza, Entdeckung Amerikas durch Kolumbus, gemeinsamer Feiertag aller spanischsprachigen Länder

Wirtschaft - Bruttosozialprodukt

429,4 Mrd. US$ (1990)

Wachstumsrate 1980-1990: 3,1 %

Erwerbstätige
Landwirtschaft 11,8 %, Industrie 33,4 %, sonstige in den Bereichen Dienstleistung/Tourismus

Arbeitslosigkeit
1991 bei 16 %

Währung
1 Peseta (Pta) = 100 Céntimos

Inflation
1980-1990: jährlicher Durschn. 9,2 %

Presse
- *Tageszeitungen*
aus Madrid: ABC, Claro, Diario, El Mundo, El País, Uno, Ya
aus Barcelona: Avui, Las Noticias-Diario de Cataluña, El Observador de la Actualidad
aus La Coruña: La Voz de Galicia
aus San Sebastian: El Diario Vasco
- *Zeitschriften*
Cambio, Epoca, Hola!, Interviú, Panorama Internacional, Pronto, Semana, Tiempo

Gleich geht's los zur Fiesta ...

Die Autonomen Regionen und ihre Provinzen

Spanien besteht aus 17 Auton. Gemeinschaften mit 52 Provinzen sowie Ceuta und Melilla

Region	Hauptstadt	Fläche in km^2	Einw. in Mio.
Andalusien	Sevilla	89.434	7,04
Aragonien	Zaragoza	47.650	1,22
Asturien	Oviedo	10.565	1,09
Balearen	Palma	5.014	0,74
Baskenland	Vitoria-Gasteiz	7.261	2,11
Estremadura	Mérida	41.602	1,05
Galicien	La Coruña	29.434	2,72
Kanaren	Las Palmas	7.242	1,63
Kantabrien	Santander	5.289	0,53
Kastilien-La Mancha	Toledo	79.230	1,65
Kastilien-León	Valladolid	94.119	2,56
Katalonien	Barcelona	31.930	6,11
Madrid	Madrid	7.995	5,03
Murcia	Murcia	11.317	1,06
Navarra	Pamplona	10.421	0,52
La Rioja	Logroño	5.034	0,27
Valencia	Valencia	23.305	3,92

Geschichte im Überblick

14000 - 10000 v.Chr.
Bislang älteste Besiedlungsfunde: Die Felsmalereien in den Höhlen von Altamira, El Castillo weisen auf Jäger und Sammler in Spaniens Norden hin.

ab 5000 v.Chr.
Die Basken und die Iberer treten auf.

ab 3000 v.Chr.
Die indogermanische Völkerwanderung erreicht auch Spanien.

um 1100 v.Chr.
Phönizier gründen Hafen- und Handelsstädte wie Cádiz und Málaga.

7. Jh. v.Chr.
Im Zuge der Erschließung des Mittelmeerraumes richten die Griechen an Spaniens Küsten Handelsstationen ein.

6. Jh. v.Chr.
Kelten siedeln sich in Nordspanien an.

226 v.Chr.
Die Westküste ist karthagisch. Das reizt die Heerführer Hannibal und Hasdrubal, Italien von Norden her anzugreifen. Doch im 3. Punischen Krieg unterliegt Karthago. Der Senat in Rom ruft schon vorher die Iberische Halbinsel zur römischen Provinz "Hispania" aus.

1. Jh. v.Chr. bis ins 2. Jh. n.Chr.
Auf Befehl des Kaiser Augustus sollen die Kelten auch in Spanien unterworfen werden. 113 fällt die letzte keltische Bastion. Eigenarten, Kultur und Sprache bleiben bestehen, die Römer konzentrieren sich auf die Goldminen.

4. Jh.
Im Zuge des "Barbareneinfalls" kommen Sueben und Vandalen nach Spanien. Die Sueben legen neben den römischen auch eigene Straßen an.

466-484
Eurich begründet von Südfrankreich aus die westgotische Herrschaft in Spanien. Damit kommt das Christentum in den Norden Spaniens. Unter Eurich wird das älteste germanische, in Latein abgefaßte Gesetzgebungswerk (Codex Euricianus) geschaffen. Bedeutendste Überbleibsel der Westgoten in der Architektur sind die steinernen Kirchen in Form eines Hufeisens. Toledo wird Hauptstadt der Westgoten.

711
Der Siegeszug der Araber unter dem Berber Tarik und dem Statthalter Musa Ben Musayr beginnt mit der Landung in Gibraltar auf Einladung der unterlegenen Westgotenpartei im Königsstreit. Der Westgotenkönig Roderich (Don Rodrigo) fällt im Kampf bei Arcos de la Frontera im Juli 711.

722
Der Westgote Pelayo kann seinen Widerstand mit einem Sieg über die Araber bei Covadonga vergrößern. Das nordspanische Königreich Asturien entsteht. Dennoch dehnt sich mit Ausnahme nordspanisch/baskischer Küstengebiete die Herrschaft der Araber fast auf die ganze Iberische Halbinsel aus.

778
Basken besiegen die Truppen Karls des Großen unter dem Ritter Roland bei Roncesvalles. Der mächtige Herrscher sollte als Verbündeter gegen die Mauren geholt werden, wollte dann aber selbst die Vorherrschaft gewinnen. Im Westen entsteht ein fränkisches Vasallengebiet, daneben das Königreich Navarra.

820
Die Überreste des Hl. Jakobus werden auf einem Feld gefunden. Erst 270 Jahre später heißt es Santiago de Compostela

910
Alfons III. (der Große, König von Asturien) wird von seinen Söhnen zur Abdankung gezwungen. Das Reich zerfällt in drei Teile: León, Galicien und Asturien.

1009
Beginn bürgerkriegsähnlicher Wirren im Kalifat von Córdoba, das in viele Teile zerfällt. Die nördlichen Königreiche nehmen die Reconquista wieder auf.

10./11. Jh.
Die Königreiche León und Asturien verbinden sich zu einem Königreich.

1234
Französische Herrschaft des Königreichs Navarra beginnt (bis 1441).

1238
In Aragón wird erstmals die katholische Inquisition eingeführt.

1391
Die katholische Kirche in Spanien nimmt ihren Kampf gegen die Juden auf.

1469
Durch die Heirat Isabellas von Kastilien und Fernando II. von Aragón und die Vereinigung der zwei größten Königreiche entsteht das spanische Königreich.

1492
Ende der Reconquista: Granada wird von spanischen Truppen erobert. Beginn der Conquista (Eroberung) der Neuen Welt mit Cristoph Kolumbus. Die Inquisition wird endgültig etabliert: Moslems werden verfolgt, Juden zur Konvertierung oder zur Flucht gezwungen.

1496
Heirat von Erzherzog Philipp dem Schönen mit Johanna der Wahnsinnigen. Die bisherige spanische Heiratspolitik setzt sich über das Land hinaus fort. Hiermit haben sich die Habsburger und die Spanische Krone vereint. Aus dieser Ehe geht Kaiser Karl der V. (Carlos I.) hervor, der 1516 Spanien erbt und ab 1519 das Hl. Römische Reich deutscher Nation regiert. Gezeichnet vom Kampf gegen äußere und innere Feinde zieht sich Karl in ein Kloster zurück.

ab 1516
Die Kolonien in Amerika werden verstärkt ausgebeutet und erobert. Unter dem Deckmantel der christlichen Mission werden Bodenschätze geraubt.

1556-1598
Der Sohn Karls V., Philipp II., regiert mit den spanischen Besitzungen nun eine Großmacht. Gegen Frankreich und die Türken setzt er sich durch, erbt 1581 Portugal und verfügt über Gebiete in Italien und Holland. Doch nun setzt der Niedergang Spaniens ein: Er verliert die Armada gegen England und muß zunehmenden Widerstand gegen seine gegenreformatorischen Tendenzen in den Niederlanden hinnehmen.

1581
Die Niederlande fallen vom Herrschaftsbereich Spaniens ab.

1588
Zerstörung der Spanischen Armada durch die Engländer.

1618-1648
Im 30jährigen Krieg gehen die südfranzösischen Provinzen Artois, Cerdagne und Roussillon an Frankreich verloren.

1701-14
Im Spanischen Erbfolgekrieg wird Spanien vom Subjekt zum Objekt. Die deutschen Habsburger und die französischen Bourbonen streiten sich um den Einfluß. Katalonien stellt sich auf die deutsche, Kastilien auf die französische Seite, insofern bricht auch ein Bürgerkrieg aus. Erst der Frieden von Utrecht bringt eine Einigung. Auf das Reich, Habsburg und Preußen gehen zahlreiche europäische Gebiete über, Frankreich etabliert die Königsmacht der Bourbonen in Spanien.

1788
Bis zu diesem Jahr regierte Karl III. und machte Spanien zu einem fortschrittlichen Land der Aufklärung. Unter Karl IV. tritt Spanien an die Seite der kriegführenden französischen Revolution.

1808-1814
Fernando VII. stellt sich gegen Frankreich. Als letztes europäisches Land eroberte deshalb Napoleon 1808 Spanien. Sein Bruder Joseph wird als König eingesetzt. Die Bevölkerung erhebt sich jedoch gegen den neuen Herrscher und wird von England unterstützt. Der Unabhängigkeitskrieg erreicht mit der Ausrufung der Republik in Cádiz 1812 einen Höhepunkt. 1813 wird der Bourbonenkönig Ferdinand VII. erneut Herrscher.

1815
Die absolutistische Restitution setzt sich durch. Intellektuelle verlassen das Land, Aufstände in großen Städten scheitern.

1843-1868
Isabel II. regiert und bringt fortschrittliche Reformen und insgesamt Stabilität. Danach folgen weitere Auseinandersetzungen und Militärdiktaturen.

1844
Gründungsjahr der Guardia Civil. Zum Schutz der Großgrundbesitzer soll sie die Landarbeiter unter Kontrolle halten.

1873/74
1. Republik

1883
Erst jetzt wird in den noch verbliebenen Kolonien die Sklaverei abgeschafft.

1895
Kubanischer Aufstand mit Unterstützung Freiwilliger aus den USA. Löst 1898 mit der Explosion eines Kriegsschiffes der USA und einer gezielten Medienkampagne gegen die Spanier den Spanisch-Amerikanischen Krieg aus.

1898
Spanien verliert seine letzten Kolonien: die Philippinen und Puerto Rico an die USA, Kuba wird selbständig.

1914-1918
Aufgrund seiner Neutralität erlebt Spanien zur Zeit des Ersten Weltkrieges einen wirtschaftlichen Aufschwung.

1923-1930
Nach 13 Kabinettswechseln wird durch den Militärputsch von Primo de Rivera mit Einverständnis des Königs Alfons XIII. eine Militärregierung gebildet und die Verfassung außer Kraft gesetzt. Seit 1925 regiert er mit bürgerlichem Kabinett; zahlreiche Reformen zulasten der adligen Oberschicht, der Unternehmer und des Militärs. 1930 geht Primo de Rivera nach Rücktritt in die Verbannung.

1931
Die Republikaner siegen bei den Gemeindewahlen: König Alfons XIII. verläßt Spanien.

1931-1936
Anfängliche Erfolge in der 2. Republik: Einführung einer liberal-fortschrittlichen Verfassung sowie der Trennung von Staat und Kirche. Doch die Konservativen aller Lager wenden sich gegen die Republik (CEDA), und die Anarcho-Sozialisten bekämpfen sie von links.

1933
Der Wahlsieg der Vereinigten Rechten bringt Kabinettskrisen, die zur Auflösung des Parlaments im Jahr 1936 führen.

1936-1939 Bürgerkrieg
Mit dem Wahlsieg der Volksfront und der Ermordung eines monarchistischen Abgeordneten nimmt der spanische Bürgerkrieg seinen Anfang. Der Militäraufstand der Generäle, unter ihnen Francisco Franco, wird von der monarchistischen und katholischen Opposition und von der faschistischen Bewegung Falange gestützt. Im Juli 1936 wird eine oberste militärische Kommandostelle geschaffen, die kurz darauf General Franco zum Oberbefehlshaber beruft.

1939 - 1945
Bis 1939 erkennen Deutschland, Italien, Frankreich, England und die USA die Franco-Regierung an. Spanien, Mitglied im Antikominternpakt, leibt neutral.

1947
Volksabstimmung zugunsten der Monarchie. Doch unter General Franco wird die Monarchie als "ruhend" bezeichnet.

1953
Konkordat mit dem Vatikan: Der Katholizismus wird zur Staatsreligion.

1969
Juan Carlos wird zum Nachfolger Francos und zum künftigen König nominiert.

1973
Der Ministerpräsident Blanco wird durch baskische Terroristen ermordet.

1975
Mit dem Tod Francos geht die Diktatur zu Ende. Juan Carlos I. wird König von Spanien und erläßt 1978 eine neue Verfassung, die zur bürgerlich-parlamentarischen Demokratie führt. Baskisch, Galizisch und Katalanisch werden als Amtssprachen anerkannt.

1977
Die ersten freien Parlamentswahlen finden ohne größere Zwischenfälle statt und ergeben eine Mehrheit der neuen gemäßigt bürgerlichen Allianz.

1979
Baskenland, Katalonien autonom.

1981
Putschversuch durch Guardia Civil im Parlament. Der König stellt sich auf Seiten der Demokratie, der Putsch mißlingt.

1982
Im Dezember beginnt die Regierung der sozialdemokratisch orientierten Sozialistischen Partei PSOE unter Felipe Gonzáles Marquez, die sich viele Jahre hält.

1986
Spanien wird zusammen mit Portugal in die EG aufgenommen. Spanien erlebt einen wirtschaftlichen Boom im Wettlauf um den Anschluß an Mitteleuropa. Die Grenzen zwischen Spanien und dem britischen Gibraltar werden geöffnet.

1992
Das *große Jahr*: 500 Jahre endgültige Befreiung von der Maurenherrschaft und Entdeckung Amerikas. Olympiade in Barcelona, Weltausstellung in Sevilla.

Geographie

Die Iberische Halbinsel

Der südwestlichste Ausläufer Europas wird von der Iberischen Halbinsel gebildet. Im Gegensatz zur landläufigen Vorstellung von einer Halbinsel im Meer ist die Iberische Halbinsel im Innern durchaus von einem eher kontinental zu nennenden Klima geprägt. Mit rund 600.000 km^2 ist sie auch ein ansehnliches Landgebiet und etwas mehr als eine Landzunge im Meer.

Da sich die knapp 50 Mio. Einwohner des gesamten Gebietes zu mehr als dreiviertel auf die Städte konzentrieren, wirkt das Hinterland noch menschenleerer, als es die dürre Durchschnittszahl von etwa 80 Einwohner pro km^2 erwarten läßt (zum Vergleich: Deutschland 224 EW/km^2, Niederlande 361 EW/km^2).

Die gesamte Halbinsel bildet auf der Landkarte eine recht gleichmäßige Form, und zwar annähernd ein Trapezoid. Für Landschaft und Klima ist bedeutender, daß die Nord-, West- und die Hälfte der Südseite am rauheren Atlantik und die restliche Südseite sowie die Ostseite am stilleren Mittelmeer liegen. Dazu ist die Halbinsel mit Europa nicht nur "durch einen Tunnel" verbunden: Der immerhin rund 450 km lange Gebirgszug der Pyrenäen vom Golf von Biscaya im Westen zum Golf von Lyon im Osten verbindet und trennt gleichzeitig: Er bildet eine natürliche Barriere zwischen Frankreich/Kontinentaleuropa im Norden und der Iberischen Halbinsel im Süden.

Ebenso interessant ist, daß die Distanz zwischen der Südspitze Spaniens und der Nordspitze Marokkos und damit Afrikas in den Köpfen viel größer ist als in der Wirklichkeit: Nur rund 15 km trennen die beiden Küsten! Da aber hier Nord und Süd, reich und arm zusammenstoßen, wird es an dieser Stelle wahrscheinlich noch lange weder Brücke noch Tunnel geben - obwohl das technisch eine Lapalie wäre, wie die mehr als dreimal längeren Bauwerke am Großen Belt (Dänemark) oder am Channel zeigen.

Noch berühmter dürfte die Iberische Halbinsel durch ihre Küsten sein. Da sie aber nicht übermäßig verwinkelt verlaufen, sind es insgesamt "nur" rund 4.000 km. Da müßte sich doch ein Plätzchen finden lassen ...

Staaten auf Iberien

Politisch ist die Iberische Halbinsel - noch - in vier Staatsgebiete geteilt: Das größte und beherrschende ist Spanien, das immerhin noch stattliche zweitgrößte ist Portugal im Südwesten (92.389 km^2, 10,37 Mio. Einwohner), das schon nicht mehr voll in allen staatlichen Bereichen selbst organisierte dritte ist Andorra (435 km^2, 50.000 Einwohner), und lediglich eine Exklave ist das vierte: die Halbinsel Gibraltar (6 km^2, 30.000 Einwohner). Erst einige Zeit nach dem Ende des Franco-Regimes und nach der vollzogenen Aufnahme in die Europäische Gemeinschaft öffnete sich hier wieder die Grenze zwischen Spanien und dem britischen Dominion.

Obwohl sich Spanien immer noch heftig um die Hoheit für diesen kleinen Landzipfel bemüht, hat es selbst auch Exklaven auf anderer Staaten Territorium. Wenig bekannt, wenig bedeutend und auch wenig umstritten ist Llivia, eine kleine Exklave in den französischen Pyrenäen. Weltpolitisch schon bedeutender sind die Reste aus der letzten Phase der spanischen Kolonialherrschaft: Ceuta und Melilla, zwei Hafenstädtchen in Marokko. Aber auch diese möchte man nicht gerne abgeben.

Die Landmasse Spaniens

Wer das Innere der Iberischen Halbinsel nur von der Landkarte her kennt, wird erstaunt sein, daß Spanien keinesfalls flach wie eine Flunder ist. Allein schon der Wert der durchschnittlichen Höhe von 650 mNN zeugt von nicht nur einzelnen stattlichen Erhebungen. Vielleicht kann man sich ja doch ein wenig an den Schulunterricht erinnern, in dem irgendwann einmal sicher der Begriff "Meseta" gefallen ist, der Hochebene, die Spanien und sein kontinentales Klima prägt.

Die Meseta fällt gegen Südwesten, gegen Portugal hin leicht ab, was zahlreiche Hauptflußrichtungen bestimmt. So sind die größten Flüsse der Iberischen Halbinsel der Tajo mit einer Länge von 1.008 km und einem Einzugsgebiet von 86.600 km^2, gefolgt vom Duero mit 937 km Länge und 97.000 km^2. Beide sind zugleich die bedeutendsten Flüsse Portugals und münden bei Lissabon bzw. Porto. Bekannt ist auch der dritte, der größte Fluß in östlicher Richtung, der Ebro, der Nordostspanien zum Mittelmeer hin entwässert (927 km, 85.000 km^2).

Können sich diese Werte gegenüber dem restlichen Kontinentaleuropa durchaus sehen lassen (Rhein 1.320 km, Rhone 812 km Länge), ist die Zahl der Seen dagegen verschwindend gering. Bedeutung haben in neuerer Zeit die künstlichen Seen, die als "Embalses" (Stauseen) im Zuge der Energiegewinnung entstanden sind.

Rund um die Meseta schließen sich verschiedene Gebirgszüge mit tiefen Senken an, die den Übergang zu den Küsten hin bestimmen und interessant gestalten. Hierzu zählen die Pyrenäen ebenso wie das Bätische oder Andalusische Gebirge im Süden, dessen Fortläufer die Balearen bilden. Weitere Bergketten um die Meseta sind im Norden die Kantabri-

Auch das ist Spanien: Wintersportplatz Formigal in der Provinz Huesca (Pyrenäen)

schen Kordilleren, die mit den Baskischen Bergen an die Pyrenäen anschließen. Weiter östlich umschließen die Iberischen Kordilleren mit den Pyrenäen und dem Katalanischen Bergland die weitgestreckte Ebene des Ebro. Im Südwesten stößt die Meseta an das niedrige Randgebirge der Sierra Morena, das mit den Sistemas Beticas (Bätischen Gebirgen) das Becken des Guadalquivir umschließt.

Die höchsten Berge Spaniens sind in den Pyrenäen in der Maladeta-Gruppe der Pico de Aneto (3.404 mNN) und in den Bätischen Kordilleren (Sierra Nevada) der Pico de Mulhecén (3.478 mNN), der überhaupt den höchsten Punkt Spaniens darstellt.

Das Klima

Bei so vielen Bergen denkt man dann plötzlich eher an Schnee als an Sonne. Und den gibt es tatsächlich auch. Aber nur gelegentlich im Winter. Immerhin reichte es aus, daß Spaniens Tourismus-Strategen schon seit längerem "alle" Jahreszeiten als Saison entdeckt haben. Spanien ist also nicht nur das reine Sommerland.

Insgesamt dominieren die feucht-milden Luftmassen, die über den südlichen Meeren entstehen. Diese können aber auch mit den kontinental-trockenen Winden der Landmassen Afrikas und Europas zusammenstoßen, so daß drastische thermische Gegensätze entstehen. In dieser Lage kommt es vor allem in Nordportugal und Nordspanien immer wieder zu Niederschlägen. Nicht zuletzt deshalb ist das auch die *grüne* Ecke der Halbinsel. Gepaart mit dem sonst natürlich gegenüber Mittel- und Nordeuropa insgesamt wärmeren Klima sprießt und blüht hier alles mögliche. In "trockenen" Zahlen ausgedrückt, kommt es hier zu Niederschlagsmengen zwischen 800 und 1.600 mm. Dagegen ist die Meseta mit Werten von teilweise weit unter 600 mm schon sehr trocken. Aber auch im Ebrotal, um Zaragoza kommt es nur zu Werten um 400 mm, die nach Südosten noch weiter abnehmen. In der Region Murcia ist mit dem Durchschnittswert 295 mm der Tiefstand erreicht. Kein Wunder also, daß ein Stück weiter die berühmten Sonnenparadiese der Wohlhabenden rund um Malaga liegen: Torremolinos und Marbella sind die Stichworte. Dieser Küstenabschnitt wird also ganz zurecht als Costa del Sol und Costa Tropical bezeichnet.

Da die Küstenregionen immer Regionen mit besonderen Reizen und damit spezielle Urlaubsgebiete sind, beginnen wir mit ihnen in der geographischen Reihenfolge: An der Mittelmeerküste folgen von Gibraltar her gesehen auf die beiden genannten die Costa de Almeria, die Costa Calida, die Costa Blanca, die Costa del Azahar, die Costa Dorada und die berühmte Costa Brava, die bis in die Grenzregion zu Frankreich reicht. Jenseits der Pyrenäen sind die Küsten nicht so malerisch bezeichnet und so berühmt. Wegen ihrer überaus vielfältigen landschaftlichen Reize sollten sie jedoch entdeckt werden: Auf den Golf von Biscaya folgt die Grüne Küste, die Costa Verde, die "Ecke" Rias Altas und die atlantische Westküste, die Rias Bajas. Ganz eigene Bezeichnungen gibt es in Portugal, im Süden gehört aber noch die Costa de la Luz um Cádiz zu Spanien.

Während die atlantischen Küsten und Flußmündungen stark von den Gezeiten geprägt sind und im gesamten Klima, also auch in der Temperatur, starken Schwankungen unterworfen sind (Schwankungsbreite um die 20° C), sind vor allem die Mittelmeerküsten eher ausgeglichen warm. Jährliche Durchschnittswerte werden hier zwischen 10 und 25° C erreicht. Besonders in den schon seit den römischen Feldzügen legendären Klimabedingungen der Meseta wirkt sich die sehr heiße Luft mit großer Trockenheit teilweise eher belastend aus. Im Süden in Sevilla gilt ein Sommermittel von 28° C, mit vielen Tagen über 40° C. Dagegen sind die Gebirgszüge im Norden Spaniens wesentlich ausgeglichener und kühler in ihren Temperaturen. Klimatische Verhältnisse, die es auch erlauben, auf Entdeckungsreise zu gehen - nicht nur nach einem Schattenplatz.

Entsprechend diesen Wasser- und Klimabedingungen entwickelte sich auch die Vegetation, die nicht durchweg in ihren typischen Merkmalen mit anderen mediterranen Regionen identisch ist. Auch hat die Abholzwut der Römer hier nicht ganz so starke Wirkungen hinterlassen wie in Italien und an der dalmatinischen Küste. Dennoch bestimmen in mittleren und südlicheren Bereichen die Strandkiefer, die Pinien, im Landesinneren auch die Korkeiche und die ebenso berühmte buschartige Macchie das Landschaftsbild.

Dagegen haben sich in den nordspanischen Regionen, vor allem im Kantabrischen und Galizischen Bergland, überwiegend Laubbäume wie Eichen, Kastanien und Buchen sowie üppiges Buschwerk und Farne erhalten. In den höheren Bergregionen dominieren Nadelbäume. An den atlantischen Küsten haben sich Aufforstungsbemühungen seit dem Bürgerkrieg - und damit dem Ende der letzten Phase des Raubbaus am Wald - vor allem durch die Verbreitung des Eukalyptus bemerkbar gemacht.

Allerdings hat die Abholzungspraxis der letzten Jahrhunderte, ja Jahrtausende viele Gebiete in Spanien regelrecht zu Wüsten gemacht. Wie im ganzen Mittelmeerraum, vor allem aber in Italien, Dalmatien und Griechenland, haben bereits die Römer für riesige, systematische Zerstörungen durch planlose Abholzungen gesorgt. In späteren Jahrhunderten war es nicht besser. Während man große Holzmengen für die Überseeflotten und die wenig erfolgreiche Armada verbrauchte, war das Verständnis für die Notwendigkeit der künstlichen Wiederaufforstung wenig ausgeprägt. Die Kriege des 18. und 19. Jahrhunderts, nicht zuletzt der blutige und die Wirtschaft zerrüttende Bürgerkrieg sorgten abermals für die Zerstörung letzter Reste an Waldsubstanz.

Seither kommt allerdings die staatliche Förderung der Aufforstung von Wäldern ein wenig voran. Die Staatsorganisation ICONA, zur landwirtschaftlichen Beratung gegründet, hat zunächst mit bedürfnislosen Sorten wie Eukalyptus und Kiefern einen schnellen Erfolg zu erreichen versucht. Beide fördern allerdings nicht die Vielfalt der Biotope, sie wachsen lediglich schnell. Trotzdem wurde versucht, die Gewohnheit der Bauern zu brechen, die ihre Kleintierherden in die Wälder schicken. Dem schwierigen Versuch von Neuanpflanzungen wäre dies auch sehr abträglich. Da die Bauern aber diese Verbote nicht einsehen, kommt es nicht zuletzt mit dem Anzünden von Wäldern in der dürren Sommerperiode zu üblen Racheakten.

Auch in diesen eigentlich sensiblen kulturellen Fragen wirkt sich die Neugliede-

Naturparks in Spanien

Die Meinungen über Umweltschutz im speziellen und Naturschutz im allgemeinen sind in den deutschsprachigen Ländern vom Vorurteil geprägt, daß diesen Belangen in den mediterranen Ländern keinerlei Beachtung geschenkt wird. Das ist so nicht ganz richtig.

Immerhin sind in Spanien einige größere Gebiete als Nationalparks ausgewiesen. Darüber hinaus gibt es noch Naturparks, nationale Jagdschutzgebiete und nationale Jagdgebiete. Der größte Nationalpark ist jener von Doñana an der Mündung des Guadalquivir mit 39.000 ha in der Region Cádiz. Hier entstehen im Mündungsgebiet nicht nur eindrucksvolle Sumpflandschaften, sondern hier siedeln sich vielfältige europäische und auch afrikanische Tierarten an. Das Spektrum reicht dabei vom Steinbock bis zum Kaiseradler und dem Roten Flamingo.

rung Spaniens in autonome Regionen im Ansatz positiv aus. Die eher dezentral ausgerichteten Landesbehörden haben mehr Erfolg mit der Ausweisung von Schutzgebieten, dem Schutz von Tierarten durch Jagdverordnungen und zukünftig eventuell auch dem vorsichtigeren Vorgehen bei Aufforstungsprojekten.

An Flächen noch erheblich größer als die Nationalparks sind die Naturparks und die Jagdschutzgebiete. Letztere spielen in Nordspanien eine große Rolle. Fast der gesamte Hauptkamm der Pyrenäen gehört dazu, aber auch die Kantabrischen Berge und die Sierra de la Demanda zwischen Burgos und der Region La Rioja. Die landschaftlich interessante Cies-Inselgruppe wurde ebenfalls unter diese Form des Schutzes gestellt. Nahe der portugiesischen Grenze verfügen diese Atlantikinseln über einen besonders vielfältigen Seevogelbestand.

An Nationalparks gibt es im Norden den Covadogna-Park mit rund 17.000 ha zwischen Asturien und León. Ein Stück weit kann dieser Hochgebirgspark auch mit dem Auto befahren werden. Bei den Gletscherseen La Ercina und Enol kann man auch Wanderungen unternehmen und in sogenannten *refugios* (Hütten) übernachten. Man sollte allerdings nicht besonders schüchtern sein. Denn neben Resten von Braunbären gibt es hier Adler, Gemsen und seit einiger Zeit auch wieder neu angesiedelte Wölfe.

Zwei andere Nationalparks liegen in den pyrenäischen Hochgebirgsregionen. Um den Monte Perdido (3.355 mNN) erstreckt sich der Ordesa-Nationalpark. Trotz einiger Talschaften ist der engere Bereich eigentlich nur im Sommer schneefrei und dann zu erwandern. Etwas tiefer liegt der Nationalpark von Aigües Tortes und Lago de San Mauricio mit seinen rund 22.000 ha. Ausgangspunkt für diesen Park, der nur wenig westlich von Andorra liegt, ist der Wintersportort Espot. Von hier aus kommt man in das Tal von Escrita. Insgesamt erinnern all diese Parks sehr stark an die Alpenlandschaft Mitteleuropas. Flora und Fauna sind noch vielfältig, und auf den Almen sind manchmal sogar Edelweiß zu finden.

"Schutzzone" heißt natürlich, daß man sich als Tourist nicht "kreuz und quer in die Büsche" schlagen sollte. Die Tatsache, daß es sich um Jagdgebiete handelt und die eine oder andere Schrottkugel herumfliegt, hält vielleicht die allzu neugierigen Gemüter vom zu weiten Vordringen ab. Tatsächlich ist die Jagd grundsätzlich eine streng geregelte Angelegenheit. Bestimmte Gebiete sind völlig in Privatbesitz oder aus anderen Gründen für die Jagd verboten. Dann sind Jagdscheine erforderlich und Schonzeiten zu berücksichtigen. Welche Behörden Jagdlizenzen erteilen und welche Organisationen Jagden durchführen, erfährt man in Touristbüros. Zur Jagd gehört auch der Fischfang, d.h. das Angeln. Auch wenn es die Abgeschiedenheit mancher Regionen glauben läßt, so ist auch der Fischfang geregelt. Hier geben die Regionalbehörden vor Ort tägliche Erlaubnisscheine ab. Da es auch seltene Arten wie den Lachs gibt (Asturien), ist die Zahl der zu fangenden Fische begrenzt.

Spanien und seine Geschichte

Es ist noch nicht ganz sicher, ob der Mensch auf seinem steinigen Weg vom Prähominiden der Geröllkultur (man denke an die Dame *Lucy* in Südostafrika, rd. 3 Mio. Jahre vor unserer Zeit) zum fröhlichen Wilden des Neandertals (bei Düsseldorf, rund 70.000 v.u.Z.) über die Meerenge von Gibraltar gekommen ist und damit automatisch auch Spanien besiedelt hätte. An älteren Funden mangelt es hier. Vielleicht fand diese erste menschliche Reise eher über Ägypten und den Kaukasus statt, die Iberische Halbinsel wäre dann erst als letzter, südwestlicher Zipfel Europas "dran" gewesen.

Das erste Licht menschlicher Kultur

Zu dieser natürlich spekulativen Theorie würde aber passen, daß die älteste und wichtigste Fundstätte frühgeschichtlicher Besiedlung in Spanien in die letzte Phase der Altsteinzeit, schöner ausgedrückt in das Magdalénien (nach dem Abri La Madaleine bei Tursac, Frankreich), fällt: die weltberühmten Höhlen von Altamira. Erst im 19. Jahrhundert durch einen Zufall entdeckt und seit 1879 vom Außenseiter Don Marcelino ausgegraben, setzte sich erst in neuerer Zeit und durch weitere Funde die Erkenntnis durch, daß es sich tatsächlich um über 14.000 Jahre alte Funde von einmalig schönen Höhlenzeichnungen handelt. Die eiszeitliche Kultur erlebte hier ihren End- und damit zugleich Höhepunkt. Inzwischen wurden in Nordspanien auch weitere ähnliche Höhlendarstellungen gefunden, z.B. El Pindal in Asturien und bei Puente Viesgo (Santander). Manch eine mag in den Gebirgszügen bis heute verborgen sein.

Das "Indianerschicksal" der Basken

Als nächstes erscheinen die Basken am historischen Horizont (um 5.000 v.Chr.). Die sind entweder erneut eingewandert oder stammen in direkter Linie von den ersten Siedlern der Altsteinzeit ab. Deren Kultur war zwar zwischendurch nicht mehr so "produktiv" wie in Altamira, aber in der Regel starb die Bevölkerung einer Region nicht ganz aus. Zudem wurden in der baskischen Sprache Elemente von afrikanischen und kaukasischen Einflüssen gefunden, was zur gewagten oben erwähnten These passen würde. Die Basken sind jedenfalls, und darauf legen sie noch heute allerhöchsten Wert, ein uraltes Kulturvolk, das direkt auf die ersten Gruppen der menschlichen Hochkultur von heute - den Cro-Magnon-Menschen - zurückgeht. Ähnlich ist die Lage auch bei den Iberern, welche die Halbinsel von Süden her besiedelten und ihr ihren Namen gaben. Manchen Berichten zufolge sollen sie über Gibraltar gekommen sein. Auch ihr

Da werden selbst alte Steine lebendig: Museumsschule in Eskoriatza/Baskenland

sagenhaft-wunderschönes Königreich Tartessos in Andalusien ist durch Spuren nicht belegt. Basken und Iberer haben jedenfalls rundweg gar nichts mit dem "modernen Europäer" zu tun. Der kam erst später. Doch diese geballte Portion uralten Menschheitsadels half nichts gegen die zahlenmäßig viel größere und zwischenzeitlich höher organisierte Macht der neuen Herren.

Mit der berühmten und umfassenden "indogermanischen Völkerwanderung" (3.-2. Jahrtausend v.Chr.) wurden die großen Kultur- und Sprachräume in ganz Europa geschaffen, die heute noch bestimmend sind. Für sie alle wird hypothetisch eine gemeinsame Ursprache angenommen, wenn auch bis heute eher die drei großen Sprachgruppen (romanische, germanische, slawische) hervortreten, die mit Macht nach Europa hereindrängten. Der Kontinent muß damals eine "Indianisierung" der Urbevölkerung erlebt haben, denn diese wurde in eine Art Reservate an die Ränder gedrängt: die Lappen nach Nordfinnland, die Albaner über die skipetarischen Berge, die Basken in den engen Winkel zwischen Pyrenäen und Atlantik.

Aus den neuen Völkerschaften entwickelten sich erstmals große Gesellschaften. Und da der Mittelmeerraum als günstige Klimazone zu erschließen war, kamen sie alle auch nach Spanien: Phönizier, Griechen, Kelten, Karthager, Römer, Goten, Byzantiner und Araber haben ihre Visitenkarte hier hinterlassen.

Die Iberer waren schon auf einer höheren Kulturstufe angelangt, denn sie sollen nicht nur Eisen, sondern auch die Edelmetalle Gold und Silber vorzüglich behandelt haben. Das wiederum lockte die Phönizier an, die um 1100 v.Chr. Städte wie Málaga und Cádiz gründeten. Als stark auf Handel gründendes Volk brachten sie Schrift und Geld mit. Ebenso waren die nachfolgenden Griechen lieber selbst kreativ, anstatt andere Völker zu "vernichten". Sie lebten in Eintracht mit der Urbevölkerung, waren dieser aber kulturell wesentlich überlegen. Sie errichteten seit dem 7. Jh.v.Chr. Handelsniederlassungen wie Ampurias/Girona, Dianion/Denia oder Mainake/Málaga auf der mediterranen Seite.

Waren die Kelten in vielen Teilen Mitteleuropas (und nicht nur in einem resistenten gallischen Dorf) "die" Kultur überhaupt, so haben sie sich in Spanien eher vornehm zurückgehalten. Ganz gegen das kämpferische Naturell gab man sich mit einigen nicht von Iberern besiedelten Ecken zufrieden, baute nur kleine Dörfer und lebte mehr schlecht als recht mit dem Vieh unter einem Dach in *castros*, z.B. am Berg Sta. Tecla. Immerhin gab man Kantabrien (Kent-Aber) und mit dem Wort Hochgebirge "As-Thor" auch Asturien den Namen.

Eine vielleicht echt positive und friedliche Kulturleistung wurde in einigen Gegenden durch die Verschmelzung mit den Iberern vollzogen. Die daraus entstandenen Siedlungen hatten ein ansehnliches kulturelles Niveau. Gewisse Bauweisen haben bis heute ihren Wert. Unter Historikern am bekanntesten wurde die Stadt Numanzia bei Garray/Soria.

Spanien wird "Provinz"

Solange wir immer noch wissen, daß Hannibal und Hasdrubal, von Beruf Söhne, Schwiegersöhne und Heerführer, mit den Elefanten über die Alpen das römische Italien erstürmen wollten, aber eigentlich aus Karthago im heutigen Tunis kamen, da liegt es nahe, eine räumliche Verstrickung des Bindegliedes Spanien zu vermuten. Und so war es auch. Die Karthager waren ja nicht irgendwer, sondern eine respektable See- und Handelsmacht im Mittelmeerraum. Und deshalb lagen ihre Stützpunkte auch an der Küste Spaniens. Der Heerführer Hamilcar Barka gab Barcelona den Namen und auch Cartagena erinnert augenscheinlich an Karthago. Doch Anfang des 3. Jh.v.Chr. gingen die punischen Kriege zugunsten der noch jungen Römer aus und der Senat in Rom plante umgehend die von Italien her sichtbaren Teile Spaniens in zwei römische Provinzen aufzuteilen: Hispania Citerior, die Mittelmeerküste, die eben schon alte Häfen und Stützpunkte aus iberischer Zeit aufwies, und das südliche Hispania Ulterior an der Südküste und in Andalusien.

Doch so einfach, wie sich die Senatoren in Rom die Aufteilung des Kuchens (den sie den Karthagern erst noch abnehmen mußten) vorstellten, war es dann doch nicht. Ließen sich die Küstenstützpunkte noch gut besetzen, so drohten sich die Legionen, die ab 197 v.Chr. ins Innere, die Meseta, eindrangen, in den heißen Hochebenen totzulaufen.

Nicht nur das Klima, sondern vor allem die iberische und keltische Urbevölkerung stellte sich dagegen. Ist - wieder einmal durch Astérix und Obélix - die entscheidende Kesselschlacht von Alesia/Frankreich zwischen Vercingetorix und Julius Caesar im Jahre 52 v.Chr. mit der Niederlage der Kelten viel berühmter, so spielte sich eine Art "déjà vue" in Spanien ab: Die Kelt-Iberer wurden in Numanzia geschlagen. Aber auch hier bedurfte es wie dort eines riesigen römischen Entsatzheeres, und man mußte zuerst sieben Jahre lang die Guerillas in Lusitanien (Portugal und Südwestspanien) niederkämpfen sowie die Stadt Numenzia ringförmig belagern und aushungern, bis man Spanien endgültig unterworfen hatte. Letzte Scharmützel fanden erst unter Augustus kurz vor der Zeitenwende statt, die Ur-Spanier hatten die Römer also fast 200 Jahre lang hingehalten!

Danach kam es allerdings zu einer umfassenden zivilisatorischen Initiative der Römer, die zudem unter ihrer Herrschaft auch hier die Urbevölkerung integrierten. Die Kernbevölkerung im heutigen Spanien ist deshalb eine aufreizende Mischung von uralten Iberern, tapferen Kelten und kulturell führenden Romanen. Die Römer lenkten die Kräfte nun auf die moderne antike Wirtschaft: Fernstraßen und Wasserbauten, Amphitheater und Mosaike, Minen und Stadtmauern sind zum Teil heute noch erhalten. Um die Goldminen bei Léon (Las Medulas) auszubeuten, waren die Straßen und befestigten Orte nötig (Léon, Lugo, Coca, Clunia/Burgos, La Olmeda/Palencia etc.), um die Städte zu unterhalten wurden Wasserleitungen und Aquädukte gebaut. So ist das bedeutendste römische Bauwerk in Spanien noch heute das Aquädukt von Segovia. Die Namen Hispalis (Sevilla), Corduba (Córdoba), Augusta Emerita (Mérida) und Caesar Augusta (Zaragoza) sind auf immer mit den Römern verbunden. Selbst "römische" Schriftsteller wie die beiden Seneca, Lucian und Martial und berühmte Kaiser wie Trajan, Hadrian und Marcus Aurelius waren eigentlich Spanier. Und schließlich faßte auch das Christentum gerade noch unter der römischen Herrschaft Fuß in Spanien.

Die "Schwaben" kommen

So verstrich eine Zeit blühender Jahrhunderte in Kultur und Wohlleben. Wenn nicht die militärische Ordnung der Römer immer wieder die Einberufung der wehrfähigen Männer gefordert hätte - die dann aber, soweit sie die Schlachten überlebten, zugleich gut römisch erzogen zurückkamen -, es wären goldene Zeiten gewesen. Doch alles hat ein Ende, und so kam das geschwächte Römische Reich unter den Druck fremder Barbarenhorden wie der Germanen und der Hunnen. Es dauerte also nicht bis zur ersten Daimler-Touristenkutsche, bis in den spanischen Provinzen die "Sueben", die Schwaben, und andere Germanen einfielen. Sie kamen schon im 4.Jh. nach Christus. Doch viel blieb nicht übrig von ihnen. Ähnliches hinterließen die Wandalen. Nur das "verwüstete

Land", Vandalusien, später auf Andalusien verkürzt.

Stärker prägten sich die Westgoten ein, die sich, bedrängt von den Franken, ganz auf die südliche Seite der Pyrenäen zurückzogen. Vor allem in den Tälern des Duero und des Tajo siedelnd, regierten sie von Toledo aus. Daß die Westgoten an der schwierigen Wende vom Altertum zum Mittelalter standen, erfuhren vor allem viele ihrer Könige am eigenen Leibe: Sie wurden von machtgierigen Nachfolgern umgebracht! Berühmt ist die Mordserie des Cindasvinto, der gleich 500 Edelleute mitumbringen ließ.

Dagegen war der Anschlag auf den Adligen Wamba eher ein königlicher Bubenstreich: Man hatte ihm im Schlaf eine Tonsur verpaßt - die Haartracht der Mönche. Das sollte seine Königswahl verhindern, denn Geistliche durften nicht gewählt werden. Diese gotische Form der Königswahl und das zunächst herrschende "Apartheitsgesetz" - die gotische Herrscherschicht durfte sich nicht mit der iberisch-römischen Bevölkerungsmehrheit einlassen - schwächten die Herrschaft. Dennoch gelang es in rund 200 Jahren, zwischen 507 (Rückzug nach Süden) und 711 (Übersetzen der Araber), eine eigene Kultur und die Einheit des Landes zu schaffen: Die Schwaben wurden hinausgeworfen, die Basken gezähmt. Noch bedeutender war wohl, daß der Sohn des Königs Leowgild, Rekhaerd, vom schismatischen arianischen Seitenzweig zum römisch-katholischen Glauben konvertierte (632) und damit der Grundlage für die Macht der Kirche legte. Es ist also eine haltbare These, Spanien als urchristliches Land zu betrachten, in dem die Araber und der Islam eine Besatzungsfunktion ausübten.

Doch diese kamen nicht von ungefähr. Ihr "Heiliger Krieg" hatte sie zwar bis zum westlichen Ende des Maghreb gebracht (nördliches, arabisches Afrika), doch die Überfahrt nach Spanien wurde erst dann möglich, als die westgotischen Gegner des eigenen Königs die Araber "zu Hilfe" baten. Eine Kriegs-Hinterlist, die sich genau so in der Geschichte leider zu oft wiederholte.

Die kulturellen Leistungen der Westgoten waren durchaus umfassend - man schrieb Latein, der Bischof San Isidoro von Sevilla verfaßte mit den "Etymologien" ein Werk, das sämtliches Wissen seiner Zeit erfaßte, doch gebaut haben sie wenig. Gerade das nordspanische Gebiet ist verständlicherweise das Zentrum der Goten gewesen. Unter den original westgotischen Kirchen sind hier noch San Juan de Baños bei Palencia und San Pedro de la Nave bei Campillo erhalten. Diese Kirche wurde hierher versetzt, um dem Ricobayo-Stausee nicht zum Opfer zu fallen.

Das Licht des Halbmondes geht über Spanien auf

Viel zahlreicher sind dagegen die baulichen und kulturellen Leistungen der Araber. Die vom Propheten Mohammed ausgelöste Missionsbewegung hatte sich in wenigen Jahrzehnten von Persien bis nach Mauretanien ausgebreitet, doch ob die Muselmanen von Westen nach Europa eingedrungen wären, ist zumindest fraglich. Die selbst schwächlichen Gegner des letzten Westgotenkönigs Don Rodrigo hatten zum Statthalter Musa Ben Musayr geschickt, der die Chance witterte und seinen kampferprobten Führer, den Berber Tarik, mit 7.000 Mann über die Straße von Gibraltar schickte. Berg und Meerenge bekamen so ihren modernen Namen: Djbel al-Tarik - Berg des Tarik.

Von seinen Stammlanden weit entfernt, fiel Don Rodrigo ganz im Süden bei Cádiz den Berbern zum Opfer. Und da sich nahezu auf der gesamten Iberischen Halbinsel - wieder einmal mit Ausnahme der baskischen Regionen - kein Widerstand mehr bot, war es ein leichtes, hier eine Statthalterei des Kalifats von Damaskus einzurichten. Tarik, der Feldherr, und Musa, der Statthalter, zogen in das Machtvakuum ein. Ganz in Siegerpose errichteten sie ihre Herrschaft zunächst in Toledo, bis dahin westgotische Residenz. Natürlich war auch von den westgotischen Schlaumeiern, welche die Araber ins Land geholt hatten, nichts mehr übrig. Dennoch, die Araber forderten zunächst keine totale Unterordnung. Sie paktierten mit den Juden und ließen der christlichen Bevölkerung (genannt *mustarib*, im Volksmund *Mozaraber*) im Prinzip ihren Glauben. Nur mußte höhere Abgaben zahlen, wer anders glauben wollte. Und da lag - welche Parallelen zur heutigen Zeit - für viele der Kirchenaustritt sehr nahe. In nur 7 Jahren, zwischen 711 und 718, hatte sich die europäische Landkarte entscheidend verändert.

Doch Größe und Macht nach außen bringen stets Querelen im Innern mit sich. Seit 756 wollte Abderramán I. ein unabhängiges Kalifat errichten. Gegen diese Bestrebung stellte sich eine eigenwillige Allianz: der arabische Statthalter von Zaragoza, verbündet mit den freien Basken und Resten der Westgoten und zunächst im Pakt mit dem Herrscher Mitteleuropas, Karl, dem späteren Karl dem Großen. Ganz in Caesarenmanier scherten sich die Franken nicht um Verbündete, sondern wollten gleich mehrere Fliegen mit einer Klappe schlagen: Zaragoza von den Arabern erobern, die Basken unterwerfen, das Reich vergrößern. Trotz großer Heerschar gelang jedoch die Einnahme von Zaragoza nicht, und - am anderen Reichsende von den Sachsen herausgefordert - ließ Karl beim Abzug nur rund 20.000 Mann und Edelleute zurück, geführt von Herzog Roland. Diese Nachhut fiel 778 am Paß von Roncesvalle einem Hinterhalt der Basken zum Opfer und wurde völlig aufgerieben. Dieser Anlaß wurde Grundlage für das Heldenepos "Rolandslied", das in altspanischer, -französischer, -englischer und -deutscher Fassung Jahrhunderte später aufgeschrieben wurde. Wahrscheinlich steht Roland, der Herzog der Bretagne und einer der 12 Pairs des Kaisers, auch Pate für die Rolandsgestalt, die in Norddeutschland als Stadt- und Marktpatron große Bedeutung hat.

Der Glanz des Kalifats

Bereits 718 war der maurische Vorstoß ein erstes Mal in einem asturischen Tal bei Covadogna zum Halt gekommen. Im Westen reichte die Ausdehnung sogar bis ins mediterrane Südfrankreich. Die weitesten Ausläufer wurden schließlich erst bei Poitiers durch den fränkischen

Hausmeier Karl Martell 732 gestoppt. So wurde das arabische Kalifat in seinem Zentrum mehr nach Süden gedrängt, unter der Herrschaft Abderramáns III. etablierte es sich in Córdoba. Noch einmal versuchte ein arabischer Heerführer, Ibn Abi Amir al-Mansur (941-1022) die Herrschaft auf die ganze Halbinsel auszudehnen. Kurzzeitig eroberte er Barcelona, Léon und selbst Santiago de Compostela, wo er 997 die Glocken der Kathedrale raubte. Doch seine Alleinherrschaft hinterließ nur zerfallende Stammesreiche, und so begann um 1030 der Zerfall der iberisch-arabischen Herrschaft. Es dauerte allerdings noch bis zum Ende des Mittelalters, bis die arabische Herrschaft in Spanien endete: 1492 fiel das Kalifat von Granada.

Anders sah es kulturell aus. Nicht nur Bauten wie die Alhambra in Granada oder die Moschee in Córdoba zeugen vom kulturellen Einfluß, auch Volksbräuche, Lieder, Architekturströmungen, Volksmedizin und sprachliche Eigenheiten haben in vielen Teilen Spaniens die maurischen Einflüsse bis in unsere Tage überliefert.

Die nordspanischen Reiche

Dies gilt natürlich um so mehr, je weiter es nach Süden geht. Im Norden dagegen gab es zu allen Zeiten völlig araberfreie Gebiete. In Asturien geht das Reich des Königs Alfons I. auf den westgotischen Knappen Don Pelayo zurück. Aus dem unbedingten Widerstandswillen dieser Region entstand unter Alfons II. dann auch die Jakobus-Sage (vgl. Der Jakobsweg). Immerhin wurden noch im 10. Jahrhundert in dieser Aufbruchstimmung Nordspanien und Nordportugal bis südlich von Salamanca ein erstes Mal befreit.

Neben Asturien gab es nördlich Barcelonas eine fränkische Mark, Ergebnis des Vormarschs Karls des Großen, und in der Mitte ein Königreich Léon-Navarra. Diese nordspanischen Reiche wurden vor allem im 10. und 11. Jahrhundert auch zum Ziel der aus dem Süden auswandernden Mozaraber. Das tolerante Klima hatte sich unter der verschärften geistigen Auseinandersetzung zwischen Christen und Moslems sowie dem Beginn der Kreuzzüge doch verschlechtert. Zwar immer noch Christen, aber auf höherem kulturellen Niveau hatten es die Mozaraber nun wieder im Norden nicht leicht. Doch unter ihrem Einfluß entstanden mit dem mozarabischen Baustil und den als *Jarchas* bekannten ältesten Liebesliedern einmalige kulturelle Denkmäler der spanischen Geschichte. Die Kirchen San Miguel de la Escalada von 913 in Léon, Sto. Tomás de las Ollas in Ponferrada, San Juan de la Peña in Huesca und das Kloster San Millán de la Cogolla in La Rioja sind neben Santiago de Peñalba im "Tal des Schweigens" die berühmtesten Beispiele.

Gemeinsamer Gegner - gemeinsamer Kampf

Die christliche Rückeroberung (Reconquista) setzte ein. Der Kampf gegen die moslemischen Mauren einte das Land Stück für Stück. Nationalhelden wie El Cid traten auf. Die katholische Kirche und die Könige stützten sich gegenseitig und wurden durch päpstliche Förderung ein immer stärkerer Machtfaktor. Zuerst entstanden die nüchtern-erhabenen Kathedralen der neuen gotischen Architektur, dann führte das Aufeinanderrücken von Christen und Arabern zu zeitweisen positiven kulturellen Einflüssen. Nachdem Fernando III. im Süden Andalusien erobert hatte, wechselten damit auch einige Baumeister die Front. Diese Alfaquies prägten im folgenden den Mudéjar genannten Stil, der im Norden immerhin bis nach Cuéllar, Olmedo, Teruel und Zaragoza vorstieß.

Doch die "Vorteile" der arabischen Lebensweise durchdrangen die "Christen" auch auf anderen Ebenen. So regierte Pedro I. Kastilien vom Alcázar in Sevilla aus und lebte dort mit seinem Harem zusammen. Der wirtschaftlichen Stabilisierung standen Intrigen und Ränkespiele entgegen, bei denen vor allem strategische Eheschließungen eine wichtige Rolle spielten. Trotz zahlreicher Bluttaten und kinderloser Ehen führte diese Entwicklung zum letztendlichen Erfolg.

Nicht nur Schiffsmodelle aus der Zeit der Eroberungen, auch die Fauna und Flora des Meeres werden im Ozeanographischen Museum in San Sebastián vorgeführt

Das große Paar

Durch die Heirat von Isabella I. von Kastilien und Ferdinand II. von Aragon wurde schließlich der Grundstein zum spanischen Staat gelegt. Zunächst regierten sie ihre beiden Reiche getrennt und gleichberechtigt. 1512 kam es dann noch zur Integration von Navarra. Zwar hatte seit dem 13. Jahrhundert Portugal einen Sonderweg beschritten, doch war damit der größte Teil der Iberischen Halbinsel vereint, denn die beiden tatkräftigen Herrscher zogen auch den Schlußstrich unter die arabische Episode.

Vom Papst Alexander VI. wurde dem Herrscherhaus nun der Titel der "Katholischen Könige" verliehen. Diese zogen immer mehr Macht an sich, z.B. auch durch die Einführung der Inquisition. Seit 1238 in Aragón bekannt, wurde die Inquisition als willkommenes Mittel der Disziplinierung von Abtrünnigen und Andersdenkenden 1478 offiziell vom Papst an die spanischen Könige verliehen.

Vor allem auch die Juden, die ursprünglich führende Positionen an den Höfen bekleideten, fielen dieser Machtausübung zum Opfer. Nach 1492 wurden sie dann endgültig aus Spanien vertrieben.

Isabella unterstützte aber auch die mutigen und modernen Ziele des Christoph Kolumbus, dessen Entdeckung eines westlichen Seeweges nach "Indien", in Wahrheit aber Kuba und Haiti (Hispaniola), seit Oktober 1492 zu einem neuen Kapitel der Menschheitsgeschichte beitrug.

Der europäische Kaiser

Durch Heirat der Johanna von Kastilien mit Philipp dem Schönen von Österreich kam die Spanische Krone unter habsburgische Herrschaft. Der gemeinsame Sohn Karl I. von Spanien wurde in den spanischen Niederlanden, in Gent, im Jahre 1500 geboren. Durch frühe Todesfälle wurde Karl bereits mit 17 in die Königswürde von Spanien gesetzt, was allerdings dem spanischen Adel nicht gefiel: Der junge Königssohn brachte flandrische Räte mit und sprach kein Wort spanisch. Als 1519 sein Großvater in Österreich auch noch verstarb, wurde aus Karl I. über Nacht Karl V., Kaiser des Heiligen Römischen Reiches deutscher Nation.

Von nun an war Karl nur noch mit dem Gewinnen von Schlachten und dem Einsetzen von Statthaltern beschäftigt. Kardinal Adrian aus Utrecht regierte Spanien, sein Bruder Ferdinand Österreich. Während er vor Wien die Türken zurückschlug, setzte er sich in Italien gegen Franz I. von Frankreich durch, im Schmalkaldischen Krieg wurde ein Patt mit den Protestanten erreicht, und von Mexiko bis Peru reichten die Eroberungsfeldzüge in der Neuen Welt. Jahrelange Eroberungs- und Unterdrückungsfeldzüge nahmen ihren Anfang. Die Conquistadoren Hernán Cortéz und Francisco Pizarro besiegten die Azteken in Mexiko und die Inkas in Peru. Eine Nachwirkung davon ist, daß noch heute für über 250 Mio. Menschen in der Welt, vor allem in den lateinamerikanischen Staaten bis nach Feuerland und den Philippinen, Spanisch die Muttersprache ist.

Die ganzen Eroberungen verschlangen allerdings Unmengen von Geld, das selbst durch die überseeischen Gewinne nicht aufgewogen werden konnte. Sei es aus Verzweiflung oder eingedenk der Sinnlosigkeit dieser "Welt-Herrschaft", Karl dankte als Kaiser ab und zog sich in das Kloster San Gerónimo de Yuste bei Plasencia/Estremadura in jenem Spanien zurück, das ihn so unfreundlich empfing und ihn heute noch verabscheut.

Dennoch hinterließ Karl V. seinen Nachfolgern gleich mehrere stattliche Reiche. Spanien selbst war um die Kolonien, die Niederlande, Sardinien, Sizilien, Mailand, Neapel und Burgund gewachsen. 1581 erbte sein Sohn Philipp II. auch noch Portugal. Unbestreitbar war es nun selbst eine Großmacht. Und obwohl Philipp in Spanien oftmals als fleißig und fromm verehrt wird, war er eigentlich ein einfach strukturierter Schwächling: Er verlor die selbstbewußt gewordenen spanischen Niederlande (Holland) und suchte erfolglos die Auseinandersetzung mit England. Als führende protestantische Großmacht, in den Kolonien und zu Wasser war England der Gegenpart der kontinental-katholischen Vormacht Spanien. Die Auseinandersetzung, die zunächst auf Piratenebene geführt wurde - Sir Francis Drake überfiel Häfen wie La Coruña und Cádiz -, veranlaßte Spanien die größte Flotte aller bisherigen Zeiten bauen zu lassen, die Armada. Doch von den 130 Schiffen und 20.000 Mann, die 1588 den Hafen von Lissabon verließen, ging die Hälfte im Sturm verloren, bevor die Schlacht begann. England behielt die Oberhand und wurde selbst zur bedeutendsten Großmacht.

Im Innern aber baute Philipp II. die Inquisition auf, die in ihren Morden an Mauren und Juden die Systematik des Nationalsozialismus vorweg nahm. Im Streit mit Frankreich gingen während des 30jährigen Krieges schließlich die südfranzösischen Provinzen Roussillon, Cerdagne und Artois verloren. So wurde aus einem Kaisersohn ein kleinkarierter Massenmörder, der sich willig unter die Fuchtel der Kirche stellte.

Geistige Ohnmacht und kulturelle Vielfalt

Doch trotz dieser geistigen Knebelung erlebten in der Folgezeit hauptsächlich die Künste einen bedeutenden Aufschwung. Wer hat nicht schon einmal vom gegen Windmühlen kämpfenden verarmten Landritter Don Quijote gehört, dem Miguel Cervantes Saavedra (1547-1616) ein literarisches Denkmal setzte. Oder von den Meisterwerken der spanischen Maler wie Luis Morales und El Greco. In der Architektur fand der Stil von Juan de Herrera den bedeutendsten Ausdruck im Königsschloß El Escorial bei Madrid. Hier starb auch Philipp II.

Dieser Stil entwickelte sich von geistlichen bis hin zur profanen Architektur fort. Durch den Reichtum war es die Kirche, welche einen barocken Baustil entwickeln konnte. In Nordspanien gehören vor allem die palastartigen Gutshöfe (Pazos) und die dominierenden Bauten in Santiago de Compostela in diese Zeit. In der Zeit um die Wende des 17. zum 18. Jahrhundert wurde dieser Stil von den drei Brüdern Churriguera landesweit vollendet.

Der Spanische Erbfolgekrieg

Noch einmal betrat Spanien die Bühne europäischer Großmachtpolitik. Nach dem Tod Karl II. setzten sich die widerstrebenden Interessen der Franzosen, vertreten durch den Bourbonen Philipp V., und des Reiches unter Erzherzog Karl von Österreich am Erbfolgestreit fest. Leidtragend war letztendlich Spanien, das Portugal nun endgültig verlor, auf der Insel Menorca und in Gibraltar die Engländer akzeptieren mußte und im Frieden von Utrecht 1713 auch andere Gebiete abzugeben hatte.

Schließlich endete die habsburgische Herrschaft in Spanien. Durch den Einfluß der Bourbonen tritt abermals die Kultur und Baukunst in den Vordergrund, doch das Ende des Jahrhunderts brachte auch Spanien in den Sog der Französischen Revolution.

Despotie statt Demokratie

In der Zeit der Ausrufung der Französischen Republik und der ersten wilden Revolutionsjahre war in Spanien unter Karl IV. eine gemäßigte Regierung an der Macht. Das Land war inzwischen unter der 30jährigen Herrschaft Karl III. bis 1788 schon in das Zeitalter der Aufklärung aufgerückt. Moderne Verwaltungsbezirke und eine Agrarreform waren eingeführt worden, die Jesuiten wurden des Landes verwiesen, die Wirtschaft belebte sich, man stand gegenüber anderen europäischen Ländern auf der fortschrittlichen Seite. So ist es verständlich, daß hier zunächst kein besonderer "Revolutionsdruck" vorlag.

Als sich nun aber die französische Republik konsolidierte und sehr schnell ihre militärische Macht entfaltete, wurde Spanien zunächst an die Seite der Revolutionsgegner gedrängt. Frankreichs Expansionsdrang konnte dadurch nicht aufgehalten werden, und so wechselte Spanien im Frieden von Basel die Fronten. Ohnehin hatte man mit dem auf England fixierten Portugal einen gemeinsamen Gegner. Der ungleiche Pakt brachte Spanien jedoch nur wenig: Gegen den Vorteil, im sogenannten "Orangenkrieg" ein kleines Gebiet um Olivenza von Portugal zu erobern, "durfte" man die Armada ein zweites Mal gegen England "verheizen". Obgleich Lord Nelson fiel, blieb England wieder einmal Sieger der Seeschlacht. Die "Nelson's Column" auf dem Trafalgar Square in London kündet noch heute davon. Gegen diese Taktiken wehrten sich nun das Volk und die Stände. Man drängte Karl IV., zugunsten seines Sohnes Fernando VII. zurückzutreten. Doch das mißfiel den neuen Herren im Norden sehr.

Goya und der Volkskampf

Frankreich, nun unter Napoleon zur unbestrittenen Militärmacht aufgestiegen, glaubte bald, mit Spanien als südgallischem Vorhof nach Belieben umspringen zu können. Um es endgültig in den Machtbereich einzugliedern und damit sowohl die Eroberung Portugals wie auch die Blockade Englands abzusichern, setzte Napoleon kurzerhand seinen Bruder Joseph auf den spanischen Thron. Doch die Deportation der Königsfamilie in der Nacht zum 2. Mai 1808 wurde für die Spanier zum Fanal für die Erhebung. Die "revolutionäre" Grausamkeit auf beiden Seiten war kaum zu übertreffen, als akribischer Chronist und einer der ersten modernen Bildberichterstatter wirkte hier der bisherige Hofmaler Francisco da Goya. Der Unabhängigkeitskrieg zwischen 1808 und 1814 trug wesentlich zum modernen Selbstverständnis der Spanier bei. Immerhin hatte die Revolutionsregierung der Cortes in Cádiz sich 1812 eine moderne Verfassung gegeben.

Der Sieg der europäischen Mächte über Napoleon war allerdings auch für die Freiheitsbewegung ein Pyrrhussieg. Fernando VII., nun zurück aus der Deportation, wollte wie andere Mächte in Europa einfach nur eine Restitution der alten absolutistischen Verhältnisse. Die Aufstände von Cádiz, La Coruña, Zaragoza und Barcelona scheiterten, das Königtum blieb an der Macht. Mit Goya zogen viele andere Künstler und Intellektuelle außer Landes.

Das 19. Jahrhundert wurde für Spanien zur Epoche der Militärputsche und Karlistenkriege. Immerhin kam es in der rund 25jährigen Regierungszeit Isabellas II. (1843-1868) zu progressiven Reformen wie der Trennung von Kirche und Staat. Nach einer weiteren Militärdiktatur erlebte Spanien 1873/74 die Erste Republik.

Ein Weltreich geht unter

Die inneren Reformbemühungen blieben nicht ohne Folgen. Die Spanier waren ja noch Kolonialherren geblieben. Die Präsenz in Mittelamerika führte zu Konflikten und einem offenen Krieg mit den USA, nachdem Kuba selbständig wurde und Costa Rica und die Philippinen an die USA fielen. Einen kleinen, hart erkämpften Ersatz schuf man sich dafür in Marokko.

Doch mit dem Jahr 1898 hatte sich das Weltreich aufgelöst. Mit der darauf einsetzenden literarischen Bewegung der "98er" kamen die modernen ideologischen Auseinandersetzungen des 20.Jahrhunderts in Spanien in Gang. Dabei standen sich die nach alten feudalen Formen geprägte Landbevölkerung und der sie beherrschende konservative Adel auf der einen Seite und eine moderne Bewegung der Intellektuellen und Arbeiter auf der anderen unversöhnlich gegenüber.

Die in ganz Europa stärker werdende sozialistische Bewegung zersplitterte sich alsbald in verschiedene Strömungen. So entstand hier neben den als "sozialistisch" charakterisierten typischen Bergbau- und Industriegebieten besonders mit Schwerpunkten im nördlichen Katalonien und Aragon die "anarchistische" Bewegung. Diese Ausprägung hat weltweit hier die stärkste Entwicklung erfahren. Und sie sollte noch ihre Praxisprobe bekommen.

Verzweifelte Versuche

Im I. Weltkrieg war Spanien glücklicherweise nicht in eines der Bündnissysteme verstrickt und konnte sich mit Erfolg aus den Zwistigkeiten heraushalten. Man erklärte sich neutral, die Wirtschaft erlebte einen Aufschwung. Nicht zuletzt Namen wie die der Architekten Montaner, Cadafalch und Gaudí stehen für diese Epoche. In der Nachkriegszeit blieb man jedoch nicht von der Misere der Weltwirtschaft verschont, und so kam es trotz Arbeiter- und Bauernaufständen, 1923 zur Militärregierung unter General Primo de Rivera. Dieser zog sich nach der großen Krise 1929/30 allerdings zurück. Von unten her, durch Stadt- und Regionalwahlen eroberten sich die linken Kräfte eine politische Vormachtstellung. 1931 zog es König Alfons XIII. vor, außer Landes zu gehen, die Zweite Republik konnte ausgerufen werden.

Doch auch diese Krisenzeit brachte überragende künstlerische Leistungen zutage. Zur "Generation der 27er" gehören García Lorca, Damaso Alonso, Juan Ramón Jiménez, Altolaguirre und Guillén. International fast noch berühmter sind die Maler dieser Epoche: Miró, Dalí, Luis Buñuel, Pablo Casals und Picasso. Mit diesen "Größen" wird man heutzutage auf einem aufmerksamen Besuch in Spanien immer zusammentreffen. Es ist also interessant zu wissen, aus welchem Spannungsfeld sie kamen.

Die traurige Berühmtheit: Der Spanische Bürgerkrieg

Die ersten lokalen Siege der linken Kräfte brachten aber noch lange keine plötzliche Wende der jahrhundertealten spanischen Geschichte. Zunächst behielten in den Wahlen zum Republiksparlament die bürgerlichen Kräfte die Vormacht. Diese setzten zwar durchaus fortschrittliche Reformen wie die Landreform, das allgemeine Wahlrecht, die zivile Eheschließung und das Scheidungsrecht sowie die Autonomie Kataloniens in Gang, konnten die innenpolitischen Wogen aber nicht glätten.

Wenig bekannt ist dabei, daß die nächsten Wahlen, die Präsident Azañas ausschreiben ließ, eigentlich von den Rechten gewonnen wurden. Erst nach der Ausrufung einer Räterepublik in Asturien und dem Bruch der rechten Koalition kam es zu den berühmten Wahlen, aus denen die "Volksfront" als Sieger im ganzen Land hervorging: Vereinigt mit den republikanischen Kräften kam die Linke an die Macht. Zahlreiche radikale Reformen und eine Generalamnestie wurden erlassen. Ohne von bolschewistischen Allmachtsansprüchen begleitet zu sein, schien sich hier erstmals ein "dritter Weg" zwischen Kapitalismus und Kommunismus in eine idealere, bessere, menschliche Gesellschaft abzuzeichnen. Nach Spanien strömten erstmals Linke aller möglichen Lager um am "Experiment" teilzuhaben. Die Euphorie darüber vernebelte jedoch bei vielen die wirkliche Lage. Die Stimmung in bestimmten Schichten des Landes und die "große Strömung" in Europa gingen in eine ganz andere Richtung.

In Italien seit langem an der Macht (Mussolini 1922), in Deutschland inzwischen erfolgreich etabliert (Hitler 1933), vereinigte sich die extreme Rechte auch in Spanien als "Falange" unter José Antonio Primo de Rivera. Gemeinsam mit dem in Marokko stationierten General Franco wartete man nur auf einen Anlaß zum Losschlagen. Dieser war am 18. Juli 1936 nach der Ermordung des Monarchisten Calvo Sotelo gekommen: Man schlug los zum Staatsstreich und Bürgerkrieg.

Hinter der Falange sammelte sich das ganze Spektrum der alten Mächte: von der Katholischen Kirche über die Monarchisten bis zu den modernen Faschisten. General Franco setzte von Marokko aus aufs Festland über. Schnell gerieten Gebiete wie die Estremadura, Kastilien und León, Galicien sowie Navarra unter die nationale Herrschaft. In Asturien, dem Baskenland, Katalonien, Madrid und Valencia aber hielt sich zunächst die Republik. Obwohl sie sich bislang wenig um die bewaffnete Macht gekümmert hatte, hielt sie dem ersten Ansturm der Falange und des Militärs an vielen Orten stand. So ging der Hilferuf "No pasarán" der Republik wie ein Fanal durch die Welt.

Angesprochen fühlten sich vor allem Arbeiterparteien, Gewerkschaften, Intellektuelle und Schriftsteller. Auf dieser Seite wurden die unterschiedlichsten Freiwilligen-Corps rekrutiert, die sich begeistert nach Spanien aufmachten. Durch offizielle Regierungen der Welt kam allerdings kaum Zuspruch für die rechtmäßige republikanische Regierung Spaniens. Noch heute sind in vielen Ländern Spanien-Kämpfer nicht anerkannt. Vielmehr sah die Welt zu, wie die bis zu den Zähnen aufgerüsteten Faschisten sich einen Spaß daraus machten, ihre "Eliteeinheiten" im Sturzflug auf zivile Ziele in Spanien zu trainieren. Das weltberühmte Bild Picassos "Guernica" berichtet vom Gemetzel deutscher Sturzkampfbomber auf die baskische Stadt. Über die Unterstützung Francos kamen sich sogar die bislang aufgrund unterschiedlicher Interessen und Charaktere sehr entfernt stehenden Diktatoren Hitler und Mussolini erst richtig nahe. Vielleicht hätte ein konsequentes Einhaltgebieten durch die Westmächte das ganze Greuel des II. Weltkrieges rechtzeitig abwenden können. Doch gerade Hitler stand auf dem Höhepunkt seiner Beliebtheit in Deutschland und fand in der ganzen Welt immer mehr Verehrer.

Dagegen blieb die Unterstützung des "1. sozialistischen Staates der Menschheit", der Sowjetunion, für die Volksfront im Kern eher gering. Natürlich unterstützte man den Kampf mit allerlei Solidaritätsgesten. Doch der Diktator Stalin war Außenpolitiker genug, um zu wissen, daß im Zweifel Spanien viel zu weit westlich lag um dauerhaft in einen damals noch nicht bestehenden kommunistischen Staatengürtel integriert zu werden. Auch mißfielen dem Gleichschalter die unterschiedlichen, auf Eigenständigkeit bedachten Strömungen der Linken Spaniens.

Die Herausforderung brachte für die republikanische Seite die Chance der Bewährung vieler Ideen: Im bald vom Kernland abgeschnittenen Katalonien übten sich die Anarchisten in der ihnen eigentlich systemimmanent fremden Aufgabe der Staatsorganisation, viele Frauen fanden ihr Selbstbewußtsein im Kampf. Doch nach der Eroberung Kataloniens Anfang 1939 mußten sich Madrid und ein Rest der Mittelmeerküste geschlagen geben. Am 1. April 1939 marschierten die siegreichen Faschisten im ausgehungerten Madrid ein.

Der Francismo als Sonderweg

Wer nun annahm, General Franco würde sich aus Dankbarkeit sofort an die Seite seiner "Kollegen" Mussolini und

Hitler stellen, der täuschte sich. Zu sehr war die spanische Auseinandersetzung doch ein Bürgerkrieg. Franco widmete sich in erster Linie dem Aufbau eines faschistisch-ständischen Staates im eigenen Land, und ließ sich nicht von den waghalsigen Unternehmungen der anderen "Führer" begeistern. Dabei verkam Spanien natürlich ebenso zum Polizeistaat wie andere totalitär regierte Staaten. Insbesondere die Linken wurden gnadenlos verfolgt und oft genug einfach erschossen. Gegen regionale Autonomien wie gegen freie Meinungsäußerungen wurde mit schärfster Brutalität vorgegangen. Kirche und Armee wurde zur uneingeschränkten Herrschaft verholfen, der scharfe Gegensatz der spanischen Gesellschaft wurde nicht überbrückt.

Und dennoch, im Vergleich zu anderen Diktaturen wirkt Franco geradezu gemäßigt. Er brach keine Kriege vom Zaun, er beteiligte sich nicht an der Judenverfolgung, richtete keine Massenvernichtungslager ein. Dies und seine Zugeständnisse an die USA im Laufe des Kalten Krieges brachten seiner Regierung einen rund 40jährigen Bestand. In den 60er Jahren wurde eine rein technokratisch orientierte Modernisierung der Wirtschaft zugelassen. Der Ausbau von Bewässerungsmaßnahmen, der Straßenbau, die Entwicklung von eigenen Eisenbahnen (Talgo), die Verbesserung der Landwirtschaft und die Einführung des Massentourismus stärkten Spanien als Wirtschaftsnation. Zudem begannen die im Ausland als Gastarbeiter tätigen Spanier mit ihren Überweisungen die innere Wirtschaft zu stützen.

Spanien und die sanften Reformen

Wie alle großen Führer, die zeitlebens vom Erfolg geblendet sind, gedachte auch Franco sein Lebenswerk in würdige Hände zu übergeben. Da schon 1945 das Ständeparlament festgestellt hatte, daß in Spanien die Monarchie nur "unterbrochen" sei, lag es nahe, nun einen König zu ernennen. Dieser mußte natürlich von adliger Abstammung sein. Und so wurde auf Wunsch Francos der Enkel des Königs Alfonso XIII., Juan Carlos, als König eingesetzt.

Doch Juan Carlos I. dachte nicht daran, die ständischen Dünkel seines Vorgängers fortzuführen. Wirtschaftlich bereits ein moderner Staat, war der Wunsch des Volkes zu einem friedlichen Übergang zu einer westeuropäischen Demokratie offenbar. Geschickt nutzte Juan Carlos die Chance, zum schrittweisen Zuschütten der Gräben zwischen den beiden früheren Fronten der spanischen Gesellschaft. Hätte er dies nicht getan, wäre vielleicht schon bald ein neuer Bürgerkrieg ausgebrochen. Gepaart mit regionalistischen Tendenzen zeigt das Beispiel Jugoslawiens, welche Schrecken hier abgewendet wurden.

Für die Außenwelt nahezu reibungslos ließ der König politische Parteien, auch die Kommunisten, wieder zu und schuf mit der neuen Verfassung 1978 und dem freien Wahlrecht die Grundlagen zu einer modernen Demokratie. Auch der Krise von 1981, dem Versuch eines Putsches durch einen Oberst der Guardia Civil, der das Parlament in seine Gewalt brachte, wurde im Ausland kaum Beach-

Eine große Genugtuung nach dem Ende des Francismo: Mit der Weltausstellung in Sevilla 1992 weiß Spanien, daß es als geachtetes Mitglied der Staatengemeinschaft die Weltbühne wieder betreten hat.

tung geschenkt. Besonders die Europäer betrachten die Spanier als demokratisch geläutert und als würdiges Mitglied der Gemeinschaft.

Dies drückte sich, nach ersten Verträgen in den 70er Jahren, besonders durch die 1986 vollzogene Vollmitgliedschaft in der damaligen EG aus. In der so entstandenen Gemeinschaft der Zwölf gelangte auch erstmals wieder die gemäßigte Linke unter Führung der sozialistischen Partei PSOE zur Regierungsverantwortung, die auch über längere Zeit gehalten wurde. Die Tatsache allein, daß es der Linken möglich war, gewählt zu werden und regieren zu dürfen, ist allerdings ein weiterer Meilenstein in der Versöhnung des Landes.

Für das Land selbst war aber sicherlich die 1983 erfolgreich umgesetzte regionale Verwaltungsreform fast noch wichtiger. Seither ist Spanien in 17 Comunidades Autónomas mit den eigenständigen Volksgruppen der Galicier, Basken und Katalanen aufgeteilt. Dem Besucher von heute zeigt sich diese neue Ordnung vor allem durch die überaus deutliche Verwendung der "eigenen" Sprache, besonders in den nordspanischen Regionen.

Im großen Jahr "1992" wurden schließlich zahlreiche moderne Strukturkrisen durch ausgelassene Stimmung überstrahlt: Die Olympiade in Barcelona, die Weltausstellung EXPO in Sevilla, das 500jährige Jubiläum der Entdeckung Amerikas und ebenso der Vertreibung der Araber, die Eröffnung einer ersten Hochgeschwindigkeitsbahnstrecke in europäischer Normalspur, all das beflügelte das Selbstbewußtsein der Spanier ungemein.

Trotz dieser kurzfristigen Anlässe, eines gibt es immer noch zu suchen und zu finden: das melancholische und das hektische, das volksgläubige und das schreiend moderne, das versteinerte und das ewig junge Spanien.

Basken- und andere Länder

Autonomiebestrebungen nur aus der Geschichte zu verstehen

Wir haben oben schon einen etwas genaueren Blick auf die Geschichte geworfen. Und da ist es schon gar nicht mehr so verwunderlich, weshalb wir in Mitteleuropa immer wieder von einer *baskischen Untergrundbewegung ETA* und ihren Anschlägen gehört haben. Für manche war das vielleicht sogar das einzige, was sie bisher von Spanien wußten. Das wäre natürlich schade.

Daß in Nordspanien über die Jahrhunderte einzelne Länder entstanden sind, daß Nordspanien nicht ganz von den Mauren beherrscht und erschlossen wurde, das hat die Regionen sicherlich stark geprägt. Bei den Basken jedoch liegt das Problem - wie wir gesehen haben - noch viel, viel tiefer: Sie sind eine ganz eigene Volksgruppe und zudem noch eine, die hier längst vor der großen indogermanischen Völkerwanderung gelebt hatte. Begriffe wie "Minderheit", "Dialekt" und "andere Sitten" treffen das alles zu wenig.

In dieser ethnischen Eigenständigkeit der Basken und in den besonderen geschichtlichen Wegen der anderen nordspanischen Regionen ist vor allem der Grund für die Renitenz zu sehen. Auf der anderen Seite war es seit den Katholischen Königen Ende des 15. Jahrhunderts ein Anliegen des Zentrums, eben gerade das "einheitliche" Spanien zu schaffen. Die verschiedenen strategischen Hochzeiten konnten dieses politische Ziel zwar erreichen, doch die Hochzeiten der Herrscher brachten noch lange keine Paarung der Beherrschten. Die Koexistenz war eher von Duldung geprägt.

Strömungen, die wenigstens auf kulturelle Eigenständigkeit pochen wollten, wurden in den langen Jahrhunderten der "Einheit" stets mehr oder weniger aggressiv unterdrückt. Das galt für die Zeit der Katholischen Könige ebenso wie für die Regentschaft der Bourbonen nach dem Erbfolgekrieg. Mit radikalen politischen Strömungen vermischte sich das Ganze seit dem 19. Jahrhundert, und hier waren es vor allem wieder die Militärdiktaturen, die unrühmliche Blutspuren hinterließen.

Es war also nicht so, wie oft zu lesen ist, daß eben unter General Franco die Autonomie verboten gewesen wäre. Die Wurzeln liegen viel tiefer.

Die Basken und die "Spanier"

Schon über hundert Jahre ist es nun her, daß die Basken als andere "Rasse" erkannt wurden. Im Gefolge der darwinistischen und anderer - oft wackliger - Theorien war bekanntlich das 19. Jahrhundert begeistert von der "Rassenlehre". Mit

Eigene Sprache, eigene Kultur, eigene Tänze: der baskische "Aurresku"

wissenschaftlichem Pathos wollte man den Unterschied zum Beispiel zum "Neger" untermauern - nur um die Unterdrückung unbeherrschter fortsetzen zu können. Dies alles ist im engeren Sinn alles Unsinn, denn es ist klar erwiesen, daß alle Menschen, unabhängig von ihrer Hautfarbe, eine gemeinsame Herkunft haben.

Auf der anderen Seite darf man die Tatsache nicht leugnen, daß die Basken schon in früherer Zeit ihre Region besiedelten und erst viel später mit indogermanischen Einwanderern aneinandergerieten. Von ihrer Zahl - vielleicht am Anfang auch ihrer Entwicklung - konnten sie den übermächtigen Einwanderern nicht Einhalt gebieten. So ist es verständlich, daß diese über die Jahrhunderte versuchten, die lästige Minderheit zu assimilieren.

Doch das gelang nicht. Wie eben schon das Rolandslied verkündet, haben sich die Basken bereits gegen die Ritter Kaiser Karls des Großen geschlagen und ihren Mut bewiesen. Hörte man über die Jahrhunderte auch weniger von ihnen, so haben sich Sprache und Sitte doch erhalten. Das gilt ebenso für angrenzende Orte am Golf von Biskaya an der französischen Atlantikküste. Auch dies ein Zeichen dafür, daß das Baskenland viel älter ist, als alle politischen Ordnungen, die darüber gestülpt wurden.

Mit dem Beginn der industriellen Neuzeit und der genannten "Wissenschaftlichkeit" setzte nun ein gewisser Sabino Arana den Rassentheorien eine eigene über die Abstammung der Basken an die Seite. Das radikalisierte das regionale Bewußtsein ungemein. Endlich schien man gefunden zu haben, wonach man lange suchte. Man wollte nicht mehr als Nordspanier, als Küstenvolk oder ähnliches abgetan werden. Man war eigenständig bis auf die früheste Herkunft.

Die 2. Republik erkannte diese Strömungen an und setzte ein erstes Autonomiestatut für die Region in Kraft. Noch galt es nur hier und war nicht als sinnvolles System über das ganze Land verbreitet.

Auch diese Reform war, wie viele andere, eine halbherzige. So scheiterte der Ansatz mit der ganzen Republik. Unter Franco wurde der Staat wieder vereinheitlicht, Vertreter der Autonomie wurden verfolgt oder gingen ins Exil.

Unmittelbar nach der "sanften Revolution" wurde der Autonomiegedanke wieder aufgenommen. Das Baskenland war Vorreiter. Diesmal gingen die Reformen aber weiter. Doch leider kam diese Form des friedlichen Übergangs für die Region ein wenig zu spät. Als radikaler, "kämpfender" Zweig der linken Herri-Batasuna-Partei bombt sich die terroristische ETA seit den 70er Jahren ins Bewußtsein Europas.

Mit der endgültigen Manifestation der Autonomie 1983, dem Rückzug anderer vergleichbarer terroristischer Gruppen wie der Roten Brigaden in Italien oder der RAF in Deutschland sowie dem Untergang des Staatssozialismus ist es auch um die ETA etwas ruhiger geworden. Hinzu kamen spektakuläre Verhaftungen von Spitzenfunktionären diesseits und jenseits der spanisch-französischen Grenze. Die Franzosen haben nach dem Ende des Franco-Regimes ihre liberalere Haltung aufgegeben. Doch weder Veränderungen der Weltpolitik noch große Friedensdemonstrationen der Frauen, Kinder und Männer für das Ende des sinnlosen Terrorismus sollten darüber hinwegtäuschen, daß ein radikaler Kern bis zur völligen Unabhängigkeit weiterkämpfen will.

Politisch dominiert nun auch die Baskische Nationalpartei PNV, die auf einen Ausgleich zum Staat und den anderen Regionen ausgerichtet ist. Da sie eher von der Oberschicht vertreten wird, ist sie natürlich nicht für alle Bürger wählbar und deshalb nicht immer die ausschlaggebende Kraft.

Für den Tourismus ist die aktuelle Lage nicht besonders gefährlich. Das Risiko, von Anschlägen betroffen zu werden oder zwischen die Fronten zu geraten, dürfte dem allgemeinen Niveau einer Reise entsprechen, die immer Gefahren mit sich bringt. Da es besonders aber auch bei massiv auftretenden Sicherheitskräften immer wieder zu nervösen Reaktionen kommen kann, ist es angebracht, sich nicht überall "in die vorderste Reihe" zu drängen.

Galicien

Der Westen ist anders. Hier gibt es nicht nur das grüne Hinterland und die atlantischen Klimaeinflüsse. Hier hatte schon früh das Leben eine andere Ausrichtung. Sichtbarstes politisches Zeichen: Die Unabhängigkeitsbestrebungen Portugals, die sich bis heute als staatliche Unabhängigkeit erhalten haben. Von dieser sprachlichen und kulturellen Eigenheit ist auch die Region Galicien, die nordwestlichste Spaniens, geprägt.
Doch als Herzog Alfonso Henriques sich nach 1139 daran machte, durch Annahme des Königstitels die von maurischen Herrschaftsresten befreite Westseite der Iberischen Halbinsel zu einem selbständigen Gebilde zu formen, reichte der Einfluß nicht bis Galicien. Schon rund 100 Jahre später, 1260 standen die Umrisse Portugals in etwa fest. Der gleichsprachige Norden fehlte.

Vielleicht war es auch auf den Einfluß des Jakobsweges zurückzuführen, der sich in dieser Zeit von einer militärischen immer mehr zu einer zivilen und religiösen Nutzung entwickelte, daß Galicien mit Santiago de Compostela nach Nordosten ausgerichtet blieb. Jedenfalls gingen selbst die regionalen kulturellen Strömungen ein wenig verloren.

Erst gegen Ende des 19. Jahrhunderts, das auch im Osten Europas für das Erwachen der Nationalitäten steht, lebten die galicische Sprache und die Kultur wieder auf. Erstmals bei den Festspielen von Santiago de Compostela von 1875 begannen Theater und Literatur sich wieder auf Galicisch auszudrücken. Wesentlichen Anteil an dieser Entwicklung hatten die Dichter Curros Enriquez und Rosalia de Castro. Und dennoch blieb die Strömung vergleichsweise gering.

Das eher ländlich geprägte Galicien mit seiner Ausrichtung auf Fischfang und den geringen wirtschaftlichen Perspektiven ließ lediglich eine kleine national denkende Oberschicht entstehen. Viele junge Leute verlassen die Region, die schon von daher nicht zum politischen Schmelztiegel werden kann. Nach der Franco-Ära hat man also hier die Regionalisierung zwar positiv aufgenommen, sie war aber eher ein Nebeneffekt der stärkeren Strömungen in den anderen Regionen. Schlußendlich hätte man das Regionalstatut spätestens bei seiner landesweiten Einführung 1983 erhalten.

Katalonien

"Catalanitzem l'Escola!", "Català idioma oficial!", "Katalanisierung der Schule!", "Katalanisch als offizielle Sprache!" - die Parolen der katalanischen "Unabhängigkeitsbewegung" wirken doch schon etwas schärfer, aber immer noch vergleichsweise gemäßigt. Das dahinter steckende Bewußtsein ist allerdings wohl deutlich ausgeprägter.

Wie andere Strömungen unabhängigen Denkens wurde auch das katalanische Bewußtsein in der Franco-Ära massiv unterdrückt. Doch schon am 11. September 1977 kam es zu einer "Autonomiekundgebung" von eineinhalb Millionen Menschen in Katalonien. Ebenfalls schon vor dem allgemeinen Autonomiestatut von 1983 erhält Katalonien 1979 seine Eigenständigkeit verbrieft. Die rotgelben Fahnen mit den 4 roten Streifen - statt nur zwei wie die spanische - deuten eine staatliche Unabhängigkeit an. Katalanisch ist endlich auch als eigenständige Sprache erkannt worden. Denn natürlich war zu Zeiten Francos nicht nur die Sprache, sondern auch die Forschung über sie untersagt. Zwischen Französisch und Spanisch angesiedelt, gibt es beim Katalanischen gemeinsame Ursprünge in der romanischen Sprachfamilie. Dennoch ist es nicht nur ein Dialekt; die Verwandtschaft mag vergleichbar jener zwischen Deutsch und Niederländisch sein.

Diese kulturelle Stellung ist im Prinzip ein recht genaues Abbild der geschichtlichen Entwicklung. Gehörte Katalonien etwa während der karthagischen, römischen und westgotischen Zeiten durchaus zum zusammenhängenden Stammland, so war es in Zeiten der Mauren

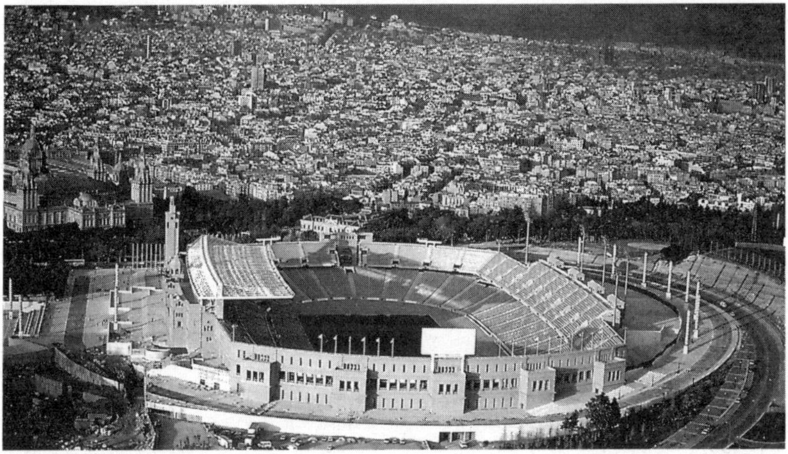

Tant la urbanització de tota la zona de la muntanya de Montjuïc, que coneixem amb el nom d'Anella Olímpica, com la construcció de les instal·lacions on s'han de desenvolupar les principals proves esportives dels Jocs Olímpics de 1992, configuren, com hem vist, un programa d'obres ambiciós i complex.

Amb una inversió inicial aproximada de 25.000 milions de pessetes i uns terminis molt ajustats, les obres de l'Anella Olímpica constitueixen un repte que és necess… ri afrontar amb el màxim d'eficàcia

Cal, doncs, dispos…

Tanto la urbanización de toda la zona de la montaña de Montjuïc, que conocemos como la Anilla Olímpica, como la construcción de las instalaciones donde se han de desarrollar las principales pruebas deportivas de los Juegos Olímpicos de 1992, configuran, como hemos visto, un programa de obras ambicioso y complejo. Con una inversión inicial aproximada de 25.000 … peseta…

The urbanization of the Montjuïc Mountain area that we call the Olympic Ring and the building of the facilities where the main sporting events of the 1992 Olympic Games will take place shape a very ambitious and complex construction program.

The Olympic Ring project, with … tial investment …

Ein internationales Großereignis wie die Olympiade wird selbstverständlich auf katalanisch vorgestellt. Für die "Weltpresse" gehört zum mehrsprachigen Prospekt dann natürlich auch spanisch!

oder als fränkische Provinz eher abseits bzw. eigenständig. Später wurde es auch von außen her abgegrenzt durch eigene Wege und Herrschaften in benachbarten Gebieten wie Navarra, Kastilien und Languedoc-Roussillon.

Heute ist besonders in Barcelona und seinem Umland das Bewußtsein, "Katalane" zu sein, am stärksten. Das gilt trotz der tatsächlichen starken Vermischung mit anderen Bevölkerungsteilen - vornehmlich natürlich den "kastilischen Spaniern". Dennoch, hier "liest" man nicht nur viel Katalanisch - an Hauswänden (neben politischen Graffiti, auch auf Postern, den farbigen Mauerbildern und zuweilen auch auf Werbeplakaten sowie auf Stadtplänen) - hier spricht man es auch: im Laden an der Ecke, in der Metro, auf politischen Versammlungen, in der Universität, ja in den Schulen und in der Kneipe. Inzwischen haben sich natürlich auch die Medien darauf eingestellt. Die Sprache, die *in* ist, kommt aktuell aus dem Radio. In Barcelonas Tageszeitung *Avuí*, vielen Zeitschriften und immer mehr Büchern herrscht das Katalanische vor.

Der Fremde wird durch diese schon zur Realität gewordene Zweisprachigkeit natürlich vor Probleme gestellt. Nun hat man sich mühevoll mit Volkshochschulkursen die wichtigsten Wendungen der spanischen Sprache eingebleut, hat vielleicht das eine oder andere Mal immer wieder Spanisch und Schulfranzösisch durcheinandergeworfen - und jetzt das hier! Aber, wieso soll es uns besser gehen, als den Welschschweizern, die "Deutsch" in der Schule lernen - und in Zürichs Bahnhofstraße und Kneipen vor dem Züri-Dütsch schlichtweg kapitulieren. Bevor man also die Neigung verspürt, in Barcelona ins Theater gehen zu müssen, sollte man sich Titel, Untertitel und Ankündigung genau ansehen.

Insgesamt ist es nicht ganz so schlimm. Der Katalane versteht natürlich "Spanisch". Und die Veränderungen im Stadtplan wird man bald zu deuten wissen. Wer sich schließlich nur auf internationalen Wegen bewegt, der kommt auch mit Englisch, Französisch, zuweilen auch Deutsch durch.

Auch ist man politisch in ein gemäßigtes Fahrwasser geglitten. Nur wenigen in Mitteleuropa dürfte bekannt sein, daß es unter dem Schlagwort *Terra Lliure* eine der ETA oder IRA vergleichbare Untergrundbewegung in Katalonien gibt. Schon etwas bekannter ist die Partei *Convergencia i Unió*, welche die Regionalregierung stellt und die als gemäßigt konservativ gilt. So ist es verständlich, daß man auf dieser Basis innerhalb der Europäischen Union eher Partnerschaften zu ähnlichen Ländern wie Baden-Württemberg in Deutschland gesucht hat.

Autonomie statt ethnische Säuberung: das Europa der Regionen

So wurde durch das "Ventil" des Autonomiestatuts sehr wahrscheinlich Schlimmeres verhindert: Blutige Krisen im Kaukasus und im ehemaligen Jugoslawien haben gezeigt, wohin es führt, wenn man keine Eigenständigkeit zuläßt.

Noch besser wäre ein vereinigtes Europa nicht als Bundesstaat aus den Nationalstaaten, sondern aus den autonomen Regionen! Die Nationalstaaten sind gar nicht so sonderlich alt - und gar nicht so besonders wichtig. Sie entstammen einem *Hurra-Patriotismus* des 19. Jahrhunderts und könnten als *Zeiterscheinung* wieder zu den Akten gelegt werden. Viel schöner wäre es, wenn jahrhunderte-, ja meist jahrtausendealte Kulturregionen wie Bayern und das Baskenland, Wales und das Wallis, ja Galicien (Nordspanien) und Galizien (Südostpolen) zusammen das Vereinte Europa bilden würden! Darin lägen praktisch nur Vorteile. Der Wunsch nach größtmöglicher kultureller Eigenständigkeit wäre erfüllt; offene Grenzen, ein gemeinsames Recht und synchronisierte Wirtschafts-, Sozial- und Umweltgesetze wären die Basis gemeinsamen Wohlstands, und schließlich wären einzelne Regionen niemals stark genug, alle anderen militärisch zu überwältigen.

Doch um diese Vision zu verwirklichen, müßten die Nationalregierungen in Madrid, Paris oder London sich selbst abschaffen. Bonn oder Berlin? Das wäre keine Frage. In einem Europa, das durch eine Hochgeschwindigkeitsstrecke Sevilla-Paris-Köln-Warschau-Moskau verbunden ist, sollte die Hauptstadt einen Namen wie "Luxemburg" tragen!

Fiesta, Flamenco und Stierkampf

Das Dreigestirn der Ekstase

Die Fiesta

Mal ehrlich: War's nicht die Fiesta, die eigentlich nach Spanien lockte? Wer sich etwas mehr belesen gibt, für den war es sogar "die Fiesta" von Ernest Hemingway. Jenes Buch von 1926, das die unbeschreibliche Atmosphäre der jährlich einmal außer Rand und Band geratenden Stadt Pamplona beschreibt.

Also auf nach Pamplona? - Wer nicht den absolut totalen Tumult sucht, der wird nicht unbedingt nach Pamplona gehen. Die gute Nachricht vorweg: Fiestas gibt es übers Jahr in jeder Stadt, ja in den meisten kleinen Dörfern. Man kann einen Besuch also nüchtern "einplanen", oder aber man gerät einfach zufällig in eine Fiesta, von der man sich sicherlich nicht mehr so schnell losreißen kann ...

Nun, wie kommt's zu diesen Feiern? Eine Fiesta wird nicht nur von der Lust zum Feiern oder - wie etwa in Deutschland - als Altstadt- oder City-Fest vom modernen Freizeitdenken geprägt. Dennoch ist der Anlaß ganz einfach und naheliegend: Die Fiesta ist der Namenstag des Ortsheiligen! Selbstverständlich hat jede Ortschaft einen Schutzpatron, und so ergeben sich überall Anlässe. In der Entwicklung über Jahrhunderte sind die Fiestas heute halb sakral, halb profan geprägt. Mancherorts werden Fiestas auch zu hohen kirchlichen Feiertagen abgehalten, wie die Fiestas zu Fronleichnam ("Corpus Christi").

Ferias, Romerías, Fallas und Encierros

Doch nicht alle Feiern werden zu Ehren eines Namenstages abgehalten - und nicht alle sind *Fiestas*. Bei genauerer Betrachtung wird hier fein unterschieden. Das hängt sehr stark auch mit der religiösen Zuordnung eines Festes zusammen.

Vom Klang her ähnlich, in Wirklichkeit aber rein profane Kirmesfeste sind die *Ferias*. Man mag aus dem Klang des Wortes schon Begriffe wie "fair", also Messe und Markt, heraushören. Und genau das ist auch der Anlaß. Ferias finden also in Städten oder kleinen Marktgemeinden statt. Auch hier ist die berühmteste wieder in Sevilla, ab 18. April.

Dagegen sind die *Romerías* Feste von rein religiösem Charakter: Tänze und Gesang dienen hier einer - meist lokalen - Wallfahrt. Eine sehr berühmte ist die *Romería del Rocío*, sie findet in der Woche vor Pfingsten in Almonte in der Provinz Huelva statt. Wie stets bei der Wallfahrt zählt der Wille zur Tat und nicht die Aufmachung. So sind die Romerías auch eine kunterbunte Mischung von Menschen in wunderschönen traditionellen Kleidern, begleitet von einfachen Arbeitern und Bauern, da fahren Mercedes-Autos neben Lastwagen, Ochsenkarren neben Fiakern. Wichtig ist, das Ziel zu erreichen.

Die wichtigste Woche der religiösen Feste ist schließlich die Karwoche. Am Palmsonntag werden überall im Land die Balkone und Fenster mit Palmzweigen geschmückt. Der Tag ist auch der Auftakt für zahlreiche aufeinanderfolgende Prozessionen, die vor allem in Zentralspanien und Andalusien in eindrucksvoller Weise abgehalten werden. Veranstaltet werden sie von Laienbruderschaften, die besonders nachts im fahlen Licht der Fackeln und mit ans gregorianische erinnernden Gesängen und Trommelschlägen überaus eindrucksvolle Szenerien schaffen können. Die Bruderschaften führen ihren *Paso* mit, eine schwere holzgeschnitzte Passionsgruppe, die auf den Schultern der Träger ruht, die sich unter Tüchern und Mänteln verstecken. Den Zügen voraus gehen Honoratiorengruppen in Festgewändern und Bewaffnete in Kriegsausrüstung. In Andalusien werden die schweigenden Umzüge durch Saetas unterbrochen, Liebesrufe, die von besonderen Sängern an die Heiligenbilder gerichtet werden. Auch hier sind die berühmtesten Prozessionen in Sevilla, in Murcia und Valladolid.

Trifft man dagegen auf einen eher geordneten Zug, z.B. mit riesigen Pappmaché-Puppen, die berühmte Persönlichkeiten darstellen, aus der Kirche, dem Adel oder moderne Zeitgenossen, begleitet von schön gestalteten Wagen mit allegorischen Darstellungen, so handelt es sich hier um eine *Falla*. Berühmte Fallas finden statt in Alicante in der Woche des Hl. Johannes und in Valencia in der Woche des Hl. Josef. Eine unheimliche Vermischung weltlicher, kirchlicher und heidnischer Bräuche glaubt man sich am Ende jeder Falla gegenüber gestellt: Die Figuren werden alle angezündet!

Noch wilder geht es zu, wenn die Prozessionen nicht aus harmlosen Pappmaché-Gestalten besteht, sondern aus wilden Stieren. Das nennt man dann *Encierros*. Die Stiere werden freigelassen und durch einen engen Weg in der Altstadt geschleust. Mutige Männer beteiligen sich an diesem Wettlauf, dramatische Ausgänge sind nicht immer auszuschließen. Der besonders wilde und urtümliche Brauch hat seine Heimat im Baskenland und in Navarra. Und hier ist es die *Encierro de Pamplona* am 7.Juli, die am berühmtesten ist. Und weil es sich um den Namenstag des Hl. Firminus handelt, ist es eigentlich auch eine Fiesta. Wobei wir wieder bei ihr angelangt wären: die Fiesta von Pamplona.

Der Flamenco

Flamenco-Abende sind Pflichtprogramm der meisten Pauschal-, aber auch vieler sonstiger Touristen. Was jedoch zu diesem Zweck inszeniert wird, ist eigentlich nur eine bunte Tanzshow mit andalusischer Musik. Da den meisten beim Stichwort *Flamenco* inzwischen auch Carlos Sauras *Carmen* einfällt, sei an dieser Stelle auf seinen Film hingewiesen, der fast noch besser ist und den Flamenco noch stärker in den Vordergrund rückt.

Ursprünglich waren die Flamenco-Tänze die typischen spanischen Brauchtumstänze, im Detail sehr fein unterschieden von Region zu Region. Auch dieser starke Ausdruck volkstümlicher Kultur wurde über die Jahrhunderte einer strengen Ordnung unterworfen. Abstammen dürften die Tänze jedoch von den arabischen Einflüssen und den weitverbreiteten Zigeunertraditionen.

Neben verschiedenen Rhythmen, die immer durch das Klopfen der Absätze (Zapateado) angegeben werden, prägt den Flamenco der *Cante Jonde*, der gepreßt gesungene melancholische Gesang, der von Gitarren oder Kastagnetten begleitet wird. Bis weit in andere Kulturregionen bekannt ist z.B. der Bolero aus Madrid. Besonders schön ist der Flamenco von Sevilla, doch gerade auch die nordspanischen Regionen haben sehr schöne Tänze zu bieten.

In Galicien, wo es eine eigentümliche Vermischung mit den westlichen Kulturen gibt, wird sogar zum Dudelsack Flamenco getanzt. Dieser Tanz wird dann Muñeira genannt. Besonders eigentümlich ausgeprägt sind abermals die Tänze im Baskenland: Als *Ezpata Dantza* gibt es hier sogar einen fernöstlich anmutenden Schwerttanz, aber auch normale fröhliche Tänze wie der *Aurresku* werden gepflegt. In Aragon heißt der volkstümliche Tanz *Jota*, in Katalonien steht die *Sardana* im Vordergrund. Hierin möchten manche eine aus dem griechischen überlieferte Form des Sirtaki sehen. Möglich, wenn auch nicht beweisbar, wäre es: Der Tanz hätte sich dann rund zweieinhalb Jahrtausende in der Region erhalten!

Der Stierkampf

Man mag zu dieser Art der Volksbelustigung stehen wie man will, er ist jedenfalls eine der großen spanischen Leidenschaften. Die einen sehen darin einen blutrünstigen Kampf, der tatsächlich - zumindest was den Stier angeht - wie zu antiken Zeiten bis zum letzten Blutstropfen geführt wird. Dies soll sich mit den pazifistischen Idealen der Moderne wenig vertragen. Die anderen sehen darin einen letzten Rest von Ritterlichkeit und Tapferkeit schlechthin, in der sich allein männliche Tugenden wie Kraft und Entschlossenheit ausdrücken.

Neben dem Torero und dem Stier nimmt die Zuschauermenge deshalb eine ganz besondere Rolle ein. Der Kampf darf nicht hinter verschlossenen Türen stattfinden, sondern praktisch auf dem demokratischen Forum: Die Menge entscheidet über den Erfolg der Toreros und bestimmt durch die Zurufe, zumeist im Chor, über Glanz, Ruhm oder Scheitern der Kämpfer.

Wie der Kampf so hat auch die gesamte "Corrida de Toros" ein streng festgelegtes Programm. Zum Klang der Musik betreten zunächst drei Espadas in goldbestickten Kostümen die Arena, sie werden begleitet durch die Cuadrillas, eine Gruppe von Männern in silberbestickten Anzügen. Sie sind zwar die Hauptakteure, ziehen sich aber zunächst wieder hinter den "Celléjon" zurück, einen Zwischenraum zwischen Arena und Zuschauermenge. Ebenfalls wie in der römischen Antike läßt der Präsident der Arena dann ein weißes Taschentuch fallen, der eigentliche Kampf beginnt. Man bläst in ein Horn, und der erste Stier tritt auf.

In violetten Mänteln treten nun die Peones auf und jagen den Stier geradlinig durch die Arena. Das nutzen die Espada, um den berühmten Umhangtrick vorzuführen. Der Stier, die Tiere bringen meist mehrere hundert Kilo auf die Waage und sie müssen völlig gesund sein, gerät in Wut und entwickelt seine volle Leistungsfähigkeit. Jetzt folgen die drei Teile (Tercios), die den Kampf entscheiden müssen.

In der Tercio de Picas wird das Tier von den Picadores mittels Lanzenstichen traktiert. Diese sind selbst gut geschützt und greifen auf mit dicken Bandagen versehenen Pferden an. Wieder wird in das Horn geblasen, und das Tercio de Banderillas beginnt. Abermals werden kleine Holzstäbe mit einer Stahlspitze mit bunten Bändern in den Nacken des Stieres gestoßen, der damit für den Torero gebrauchsfertig gemacht wird. Dieser tritt schließlich im Tercio de la Muerte auf und stellt sich dem Stier, dem seine Tapferkeit meist nicht viel nützt. Nur ganz im Süden werden Stierkämpfe auch nur zu Pferde ausgetragen (z.B. in Jerez de la Frontera).

Den kommenden Tod des Stieres widmet der Espada dem ganzen Publikum oder durch Zuwurf seines charakteristischen Hutes einer einzelnen Person. Nun erst tritt er mit dem roten Tuch an. Er versucht mit diesem nicht nur den Stier zu reizen und ihm dann notdürftig auszuweichen, sondern er vollführt berühmte Figuren (Faenas), die überliefert sind oder von anderen Matadoren geprägt wurden. Dabei sollen die Hörner den Stierkämpfer berühren oder streifen, er darf dem Tier also nicht zu sehr ausweichen, das würde als Feigheit ausgelegt. Schließlich tauscht der Torero das rote Tuch gegen ein spitzes Schwert. Trifft er damit im "Augenblick der Wahrheit" (Minuto de la Veridad), da der Stier mit gesenkten Hörnern unmittelbar vor ihm steht, das Ende des Widerrists genau, so fällt der Stier wie vom Blitz geschlagen um. Gelingt das nicht, so muß er das Schwert wieder herausziehen - vor allem um zu vermeiden, daß es durch ein Aufbäumen des Stieres ins Publikum geschleudert wird -, und er kämpft weiter mit einem steifen Degen. Der erlegte Stier wird von geschmückten Pferden aus der Arena gezogen, das Publikum ist begeistert.

oben: Holzhacker-Wettbewerb im Baskenland unten: Getreidespeicher "horreo" Villar-Luarca, Oviedo

El Camino de Santiago

Der Jakobsweg

Die Geschichte des Jakobswegs oder der "Wahre Jakob"

1987 wurde der Jakobsweg vom Europarat zum europäischen Erbe erklärt. Damit wurde der früher gerne als ***wichtigste Hauptstraße des Mittelalters*** bezeichnete Weg wieder ins Bewußtsein der Moderne gerückt. Seine Bedeutung sowohl in der großen Politik als auch in der alltäglichen Volksgläubigkeit hatte er allerdings nie ganz verloren.

Seine Ursprünge reichen in Zeiten zurück, die in ihrer Ausstrahlungskraft für die christliche Weltgeschichte entscheidend waren. Der hebräische Name Jakob (= Gott möge schützen) hat schon im Alten Testament eine herausragende Bedeutung. Dort gehen auf den zweiten Sohn von Isaak die zwölf Stämme Israels zurück, weshalb er selbst auch Israel genannt wird. Der Sage nach verbindet sich mit diesem Urvater Jakob die Himmelsleiter, als (an Tauen aufgehängte) bewegliche Leiter ist sie noch heute in der Schiffahrt ein Begriff.

Jakob oder besser Jakobus gibt es im Neuen Testament schließlich deren drei: Jakobus der Ältere, Sohn des Fischers Zebedäus und der Salome, einer Verwandten Marias, Jakobus, der Bruder oder Vetter Jesu, der mit Petrus und Johannes führend in der christlichen Urgemeinde war, und Jakobus der Jüngere, Sohn des Alphäus, der als Thaddäus ebenfalls Apostel war.

Die Unsicherheit über die Frage, welcher von den Jakobs denn nun der eigentliche Namensgeber des Weges ist, ließ den Spruch vom "Wahren Jakob" entstehen. Die Forschung führte auf den richtigen Weg: Jakobus der Ältere ist unser Mann.

Geboren wurde er am See Genezareth in Galiläa. Er stand dem Apostel Petrus nahe, sein Bruder war der Evangelist Johannes, mit beiden verband ihn vor allem in späteren Zeiten die Freude an der Missionierung der heidnischen Völker. Sie schlossen sich Jesus Christus als Jünger an und gehörten bald zum engen Kreis der zwölf Apostel, wobei

oben: Strand von Langre, Prov. Kantabrien unten: Platz vor der Kathedrale von Santiago de Compostela

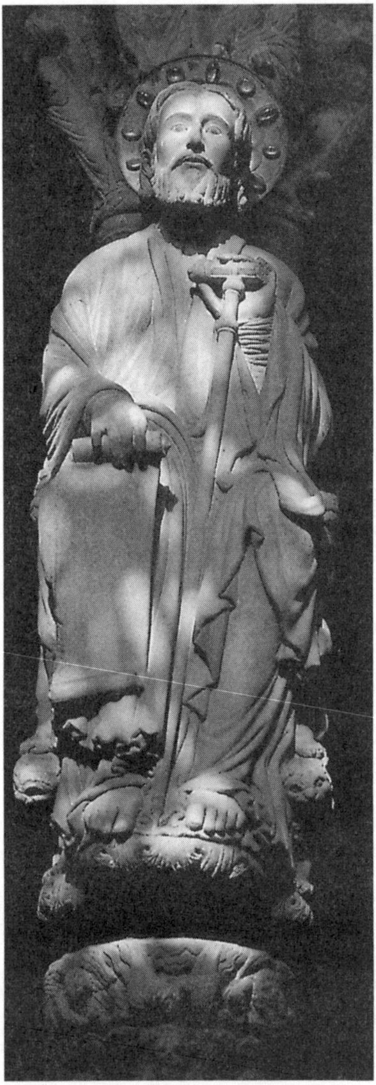

"Señor Santiago", Apostel Christi und Nationalheiliger Spaniens

sich Jakobus sogar als einer der Lieblingsjünger Jesu bezeichnen durfte. Bis zur Gefangennahme Jesu am Ölberg hielt Jakobus Christus die Treue, und nach dessen Tod widmete er sein Leben gänzlich seinem Missionsauftrag.

Das von der damaligen bekannten Welt weit entfernte Hispanien sollte sein Ziel auf dem Christianisierungsfeldzug sein, hier wollte er das Evangelium unter die Ungläubigen bringen. Als Leitmotiv diente die Pfingstbotschaft Jesu: "Gehet hinaus in alle Welt und lehret alle Völker." Unglücklicherweise war der Erfolg der Missionstätigkeit von Jakobus denkbar beschränkt: Gewann er neun Jünger oder sieben oder nur einen einzigen? Folgte ihm gar nur ein Hund? Die Auslegung sollte der jeweiligen Legende überlassen bleiben, und Legenden begleiten uns auf dem ganzen Weg durch die Geschichte des Jakobsweges, denn erst seit einer im 7. Jahrhundert umgehenden Legende war Jakobus zu Lebzeiten in Spanien.

Nach dem Mißerfolg kehrte Jakobus nach Judäa zurück. Dort konnte er sein ramponiertes Ansehen dadurch wieder herstellen, daß er den Kampf gegen die Magie des bösen Zauberers Hermogenes für sich entschied. Seine gläubigen Anhänger honorierten dies umgehend, und Jakobus wurde von ihnen in den Rang eines Bischofs erhoben. Das gefiel dem Herrscher Herodes Agrippa allerdings überhaupt nicht, und Jakobus soll am 25. Mai, dem Tag der Verkündigung, im Jahre 44 nach Christus kurzerhand enthauptet worden sein.

Jakobus kommt endgültig nach Spanien

Der erste Märtyrer in der bis dahin jungen Geschichte des Christentums war geschaffen, und um die weiteren Vorkommnisse nach seinem gewaltsamen Tod ranken sich abermals zahlreiche Legenden. Mag es richtig sein, daß er am Berg Sinai, auf dem Gelände des heutigen Katharinenklosters begraben wurde, um in seinem Sarg im Jahre 614 vor den räuberischen Überfällen der Sarazenen gerettet und an das andere Ende der Welt, dem "finis terrae", gebracht zu werden? Oder, der schöneren Überlieferung folgend, hat gar der Herrscher Herodes das Begräbnis des enthaupteten Körpers vor Ort verboten, was die Anhänger Jakobs darauf brachte, den Körper zu entwenden, auf ein Schiff zu verfrachten, welches dann, von einem Engel gesteuert, an das Kap "finis terrae" im fernen Hispanien gelangte? All dies ist Sache der ganz persönlichen Anschauung. In jeder Legende steckt vielleicht ein Körnchen Wahrheit. Es empfiehlt sich also, das zu glauben, was man glauben möchte.

Gelandet ist Jakobus (**spanisch: Santiago**), egal, welchen Weg seine Gebeine auch nahmen, auf jeden Fall am Flußlauf des Ulla in Iria Flavia, der Hauptstadt des römischen Galiziens. Dort, genauer an der Stelle eines alten Friedhofs, was auf lateinisch "compostum" bedeutet. Der Weg, auf dem Jakobus dort unter die Erde gelangte, ist sicherlich ebenso abenteuerlich wie die Geschichte der Seereise nach Spanien. Der einfachsten Fassung zufolge wurde sein Sarg auf einen Ochsenkarren gelegt, und an der Stelle, wo die Ochsen von selbst anhielten, entstand seine Grabstätte. Sein Sarg war übrigens aus Stein. Denn als sein Leichnam aus dem Schiff gehoben und auf einen nahen Fels gelegt wurde, gab der Fels nach wie Wachs und formte sich zu einem Sarg, der den Apostel umschloß.

Bis 825 blieb das Grab jedenfalls verborgen. Dann zeigte ein übernatürliches Licht, begleitet von überirdischen Klängen, einem Einsiedler den Weg. Der fand das Grab und benachrichtigte ordnungsgemäß die katholische Obrigkeit. Diese hatte sich zwischenzeitlich in Rom etabliert und zeigte sich mit dem Fund einverstanden. Der Vatikan identifizierte das Grab mit den römischen Inschriften als das des Apostels Jakobus. Bald wurden eine Kirche über dem Grab errichtet und eine Stadt gegründet: Santiago de Compostela. Der Name läßt sich deshalb (neben der Interpretation von compostum = Friedhof) in zweiter Form auch herleiten aus **"Sankt Jakob vom campus stellae"**, vom "Sternenfeld".

Damit nicht genug der Legende: Zahlreiche Wunder und Erscheinungen gaben in der Folgezeit Anlaß, den Glauben an das Heiligengrab zu verstärken. Die Wunder fanden ihren Höhepunkt im Jahr 844, als in der Schlacht von Clavijo die Spanier sich mit den vorrückenden Arabern schlugen. Plötzlich, die in Bedrängnis geratenen Spanier wollten sich schon ihrer Wehr entledigen, erschien der heilige Jakobus in glänzender Rüstung auf einem weißen Pferd. Sein Schwert schlug Flammen, und somit richtete er unter den Arabern ein schlimmes Blutbad an.

Jakobus, das "leuchtende" Vorbild

Seit dieser Schlacht galt er als der Retter Spaniens, als Nationalheiliger und als der Auslöser der "Reconquista", der Rückeroberung der iberischen Gebiete am Westende des arabisch-muselmanischen Weltreiches.

Die Muselmanen waren mit ihren eigenen Waffen geschlagen worden, denn für sie reitet der Prophet Mohammed symbolhaft in jeder Schlacht mit einem flammenden Schwert voran. Die christliche Legende schuf einen Märtyrer, der zum "apokalyptischen Reiter" geworden war, und von da an stellte Jakobus als "Maurentöter" oder "Matamorus" das Symbol des Heiligen Krieges gegen die Ungläubigen dar.

Der Versuch, die Jakobuslegende als friedensstiftend anzusehen, ihr somit die moderne Vereinigung Europas zuzuschreiben, scheitert also. Es sollte nicht übersehen werden, daß die damalige "Vereinigung" eine Eingliederung unter dem Machtanspruch einer Amtskirche und der mit ihr verbundenen Mächte war. Religiöse und kulturelle Unterschiede wurden gerade nicht toleriert, sondern hinausgedrängt.

Dieser Machtanspruch setzte sich über Europa hinaus fort, als seit dem Ende des 15. Jahrhunderts die Eroberung der "Neuen Welt" Amerikas von den iberischen Mächten unter dem Zeichen des Jakobus geschah.

Die Bedeutung des Grabes

Es muß immer bedacht werden, daß zur Zeit des frühen Mittelalters ein nationales Spanien oder ein Kulturraum Europa nicht existierte. Es fehlte gänzlich die alles übergreifende Ideologie, für die die Menschen bereit sind zu sterben. Das frühchristliche Spanien hatte dem von den Arabern besetzten Teil Spaniens nichts entgegenzusetzen. Die Muselmanen wußten, wofür sie kämpften, für Allah und Mohammed, seinen Propheten. Ihr Streben ging nicht unbedingt in die Richtung, Völker zu unterjochen, aber der Islam als ihre Heilsreligion wurde selbstverständlich in den eroberten Gebieten eingeführt. Die späteren christlichen Kreuzzüge waren in dieser Hinsicht wohl radikaler und haben mehr Elend angerichtet. Vielmehr kann davon ausgegangen werden, daß Córdoba, das Hauptstadt des Kalifats auf der Iberischen Halbinsel war, um die Mitte des ersten Jahrtausends von der restlichen arabischen Welt als kulturell hochstehendste und glanzvollste Region des Islam betrachtet wurde.

Über die ganze damalige Welt wurde ausgedehnt Handel betrieben, und in den Universitäten von Córdoba und Toledo fand sich ein Gemisch von Völkern ein, die zum großen Ruhm dieser Universitäten beitrugen. Kulturelle Vielfalt steht für Wissenserweiterung, für den Vergleich verschiedener Lebensarten. Jede Gruppe konnte von dieser Auseinandersetzung profitieren, ohne die eigene Identität zu verlieren. Dennoch führte diese Bildung nicht zu einer dauerhaften gegenseitigen Toleranz.

Über lange Zeit gab es in den Grenzregionen zwischen Christen und Moslems kleinere Reibereien, deren beide Seiten mit Waffengewalt nicht Herr werden konnten. In diese Zeit fällt die Entdeckung des Grabes des Jakobus, und diese Entdeckung sollte weitreichende Folgen haben. Die Christen, in der vorausgehenden Zeit durch die Streitereien der Kleinreiche oder gerade erst christianisierten Gebiete Mitteleuropas einer gewissen Orientierungslosigkeit unterworfen, fanden nun etwas, woran sie guten Gewissens glauben konnten. An Legenden und den darin erzählten Wundern muß schließlich ein wahrer Kern sein. Dazu kam das Bedürfnis, das Heilsgeschehen und die Wundertaten persönlich mitzuerleben. Man könnte den Jakobsweg also in dieser ersten Zeit als "Militärstraße" apostrophieren. Denn nun sammelte sich hier nach und nach eine konsequentere Streitmacht, deren klares Ziel es war, den islamischen Einfluß über die Straße von Gibraltar zurückzudrängen.

Erst nachdem im 11. Jahrhundert die Mauren schon weit nach Süden und Osten (Valencia) verdrängt waren, bekam der Jakobsweg seine "zivile" Bedeutung. Mittlerweile waren Reliquienkult und Heiligenverehrung von der katholischen Kirche als ideales Medium

Nicht nur Kirchen und Klöster entstanden in Nordspanien durch den Jakobsweg, sondern auch eine für das Mittelalter moderne Verkehrsinfrastruktur: Brücke bei Liérganes/Kantabrien.

zur Vermittlung ihrer umfassenden Machtansprüche erkannt worden. Auf gesamteuropäischer Ebene ist dabei der zu dieser Zeit gerade zuende gehende "Investiturstreit" von großer Bedeutung. Von seiten der Kirche war ein Streit über die "Laieninvestitur" ausgelöst worden, d.h,. ob durch die weltliche Gewalt kirchliche Würdenträger wie Äbte, Bischöfe und Päpste in Amt und Besitz eingesetzt werden durften. Natürlich paßte es der Kirche besser, die mit nicht geringer "weltlicher" Macht ausgestatteten Ämter selbst zu vergeben und in der Frage "Wer krönt wen?" (der Kaiser den Papst oder umgekehrt) für sich zu entscheiden. Im Ergebnis des "Wormser Konkordates" obsiegte die Kirche nicht ganz, erzielte aber eine Aufteilung der Befugnisse über die "Spiritualien" und die "Temporalien". Nun war über die "moralische Führung" hinaus der Weg zur Gewinnung der absoluten weltlichen Führung frei.

Die weiter zunehmende politische Macht galt es aber auch durch die Gläubigkeit und Frömmigkeit der Bevölkerung zu festigen. Dafür waren Anhaltspunkte wie das Grab des Hl. Jakobus ideal. In der Folge strömten die Gläubigen aus aller Herren Länder an das Grab, um die angekündigten Wundertätigkeiten mit eigenen Augen zu verfolgen. Sogar hochgestellte Persönlichkeiten wollten keine Ausnahme darstellen, das eigene Heil zu erwandern: Ludwig VII. von Frankreich ist unter den Wanderern zu finden (ob er wirklich selbst gewandert ist?), genauso wie Franz von Assisi oder Heinrich der Löwe. Doch nicht nur taktische Überlegungen verbinden sich mit der Wallfahrt. Für unzählige Menschen war es eine ehrliche Abkehr von weltlichen Gütern, die man vor der Reise zurückließ. Die Erfüllung eines Gelübdes oder die angestrebte Buße entstanden aus reinem Herzen und brachten mit der Gnade des Verzeihens über die Jahrhunderte sicherlich viel Gutes unter die Menschen in Europa.

Dem stand aber auch die Überzeugung im gesamten Abendland gegenüber, daß diese gläubigen Menschen und vor allem die Überreste des Apostelgrabes mit Waffengewalt vor den Ungläubigen geschützt werden müßten. Die Muselmanen mußten unbedingt verdrängt werden, um den Pilgern den dauerhaften freien Zugang zum heiligen Grab ermöglichen zu können. Alles in allem trug diese neue Erfahrung zur Schaffung eines Gemeinschaftsgefühls bei, etwas, woran zu glauben den langen Weg wert war, in einer dunklen Zeit des Aberglaubens und des Schreckens. War er auch gegen das fremdländische der Araber gerichtet, so förderte der Weg doch innerhalb Europas den kulturellen Austausch, verband die Völker und förderte die Kunst. Nicht zuletzt führte der neue Weg im 12. Jahrhundert zur Niederschrift des vielleicht ersten Reiseführers der modernen Welt. Noch lange Zeit war es nicht so einfach möglich, ohne Auftrag, ein Buch zu schreiben. Deshalb bemühte der französische Geistliche Aimerico Picaud, der wahrscheinlich die fünf Bücher über die sämtlichen Geschichten des Apostels Jakobus ("Liber Sancti Jakobi") zusammentrug, folgende Herkunft des Berichtes: Die Bücher seien als "Codex Calixtinus" von Papst Calixt II. in göttlicher Eingebung verfaßt und "aufs härteste" geprüft worden.

Durchschriften erhielten der Patriarch von Jerusalem und der Erzbischof von Santiago de Compostela, weniger zur Korrektur als mehr zur Bekräftigung des Inhaltes. Schon zum Zeitpunkt des Entstehens im 12. Jahrhundert werden jedoch reichlich weltliche Motive im Nebensatz genannt: Die im fünften Buch enthaltene Beschreibung des Weges nach Santiago de Compostela richtet sich gegen die "Verbrechen der bösen Wirte am Weg meines Apostels". In elf Kapiteln findet sich im Klassiker aller Reiseführer die Darstellung aller näheren Umstände. Dies reicht von der Beschreibung der verschiedenen Hospitäler bis zu Warnungen vor giftigem Trinkwasser. Das Verlagswesen - vor Erfindung des Buchdrucks - war allerdings noch nicht weit fortgeschritten: So wurde der "Codex Calixtinus" nur in rund 100 handgeschriebenen Exemplaren an die Öffentlichkeit gebracht. Der Inhalt wurde durch mündliche Überlieferung in alle Ecken der damaligen Welt verbreitet.

Daneben war der Jakobsweg - modern gesprochen - geradezu eine "Entwicklungsachse": Romanische Baukunst, provençalische Lyrik, weltliche Legenden über ruhmreiche Heldentaten mythischer Krieger, Musik und romanische Sprache fanden über den Weg Eingang auf die Iberische Halbinsel.

Bis zum 17. Jahrhundert war das Volk auf dem Jakobsweg ständig in Bewegung. Erst dann ließ der Pilgerstrom nach, um in der heutigen Zeit eine Wiederbelebung zu erfahren. Dem Wallfahren ist also nicht nur die Schaffung eines ganz speziellen abendländischen Bewußtseins zu verdanken, sondern der organisierte Fremdenverkehr mag seine Wurzeln in der belebten Geschichte des Jakobsweges finden.

Die Pilger und der Ablaß

Unmassen von Menschen machten sich in der Folgezeit auf den Weg nach Santiago de Compostela. Sie kamen aus allen Ecken der damaligen Welt. Die Stadt wurde reich und zu einem kulturellen Mittelpunkt. Ihre Bedeutung wird dadurch ersichtlich, daß Papst Calixt II. für Santiago einen eigenen Erzbischof ernannte und die Jahre, in denen der 25. Juli als Jakobstag auf einen Sonntag fällt, zu Heiligen Jahren erklärte. In diesem Zusammenhang darf die Geschichte um den Sündenablaß nicht vergessen werden: Anfang des 12. Jahrhunderts verlieh Papst Alexander III. allen Santiago-Pilgern, die sich der Buße unterworfen hatten, den vollen Ablaß und die Vergebung ihrer Sünden. Also Menschen, die ein Verbrechen begangen oder sich sonst unchristlich verhalten hatten, machten sich auf den Weg nach Santiago. Es wurden sogar Gerichtsurteile gefällt, welche die wegen Beleidigung Verurteilten auf den Jakobsweg schickten und bis zu ihrer hoffentlich geläuterten Rückkehr aus ihrer Heimatstadt verbannten. Gleichzeitig wurde damit Vorsorge getroffen, daß die Täter nicht zu Opfern wurden. In diesen dunklen Zeiten forderte noch die Blutrache ihren Anteil. Diese Rettungsmaßnahmen führten allerdings zu manch unguten Auswüchsen: Wohlhabende Übeltäter, die zur Pilgerfahrt nach Santiago verdammt worden waren, konnten sich den Luxus leisten, einen Ärmeren gegen

Sold auf die Fahrt zu schicken. Dieser wurde dann dazu verpflichtet, nicht nur für sich selber für die Buße zu sorgen, sondern gleichzeitig für den Daheimgebliebenen.

Der Mechanismus des Sündenablasses funktionierte denkbar einfach: Nach der Ankunft in Santiago und nach der reinigenden Waschung im Fluß mußte die erste Nacht in der Kathedrale mit Gesang und Messen verbracht werden. Am nächsten Morgen war es an der Zeit, den Geldbeutel zu erleichtern. Ein "alle" Sprachen sprechender Geistlicher nahm sich der Sache an und verteilte die freiwilligen Gaben der Pilger an die Heiligen und zu einem ordentlichen Teil an die Kirche. Danach trat die Sündenvergebung ein. Der dritte Teil aller Sünden war bei Erreichen von Santiago automatisch gelöscht worden.

Wenn es den Pilgern gelingt, Santiago in einem Jahr zu besuchen, in dem der Jakobstag auf einen Sonntag fällt, wird der vollkommene Ablaß erreicht. 1999 ist ein Jahr mit dem 25. Juli als Sonntag, ein halbes Jahr vor der Jahrtausendwende. Ein vorzüglicher Anlaß zu neuen Prophezeiungen und Legenden!

Stellt sich für die am Ablaß Interessierten nur noch die Frage, wie die Pilger denn eigentlich aussahen, wie sie sich kleideten. Reisende der damaligen Zeit waren weniger mit dem Koffer oder Mountain Bike unterwegs. Vielmehr wurde äußerst schlichte und bequeme Kleidung bevorzugt. Schlicht allein schon deswegen, um die in den Straßengräben lauernden Räuber nicht unnötig anzulocken. Denn deren gab es viele. Nicht nur die Wirte in den Gasthäusern versuchten also, ihre Gäste übers Ohr zu hauen und zu schröpfen. Gegen die Straßenräuber setzten sich die Pilger mit Hilfe der Ordensritter zur Wehr, und gegen die hinterlistigen Wirte halfen die geschriebenen Chroniken. Schlechte Erfahrungen wurden entweder zu Papier gebracht oder mündlich weitervermittelt. So entstand ein eigenes Ordnungs- und Sicherungssystem. Dienlich war der Pilgerstock eines typischen Wanderers, einerseits um sich gegen Getier und anderes üble Gesindel zur Wehr zu setzen, andererseits um sich aufstützen zu können. Weiterhin trug der typische Pilger einen breitkrempigen Hut gegen Sonne und Regen und einen kurzen Überrock, der beim Gehen nicht behindert. Nicht zu vergessen den Beutel, wenn möglich aus Hirschleder, in dem alle notwendigen Reiseutensilien zu finden waren. Dieser Beutel durfte zum Zeichen des guten Glaubens und des Vertrauens in die Leidensgenossen nicht verschlossen sein.

Gewandert wurde meist in Gruppen, denn für einen einzelnen Menschen war der lange Weg ein wirklich gefährliches Unterfangen. Das Erkennungszeichen der Jakobspilger war die Muschel "Vieira", die in allen Hospizen für den freien Eintritt sorgte. Sie wurde meist am Hut angebracht. Die Hospize als Unterkünfte der Pilger wurden entweder von den Klöstern oder von den Ritterorden gebaut. Ein Ausweichen auf die Gasthäuser sollte umgangen werden. Dies war jedoch in der Hochsaison nicht immer möglich. Doch, was hat nun eine Muschel als Erkennungszeichen mit den Jakobspilgern zu tun?

Die Muschel - Symbol der Wallfahrer

Um den Jakobskult ranken sich also zahlreiche Legenden. Ebenso um die Herkunft der Muschel als Zeichen der Wallfahrer. Im Altertum dienten Muscheln als Gefäße, um Lebensmittel aufzubewahren, doch hier liegt die Sache ein wenig anders.

Die Legende sagt, daß ein Ritter, der den Jüngern des Heiligen Jakobus dank seiner inneren Überzeugung folgte, auf der Flucht vor Räubern einen Meeresarm durchquerte. Als er aus dem Wasser auftauchte, waren er und das Pferd überall mit Muscheln bedeckt.

Es könnte in der Anfangszeit ein Souvenir gewesen sein, denn die Fischer von Santiago de Compostela verkauften die Muscheln vor dem Dom in Santiago. Dieser Verkauf war nur in Santiago möglich, und jeder, der es außerhalb der Stadtmauern versuchte, war von der Exkommunikation bedroht. Man schuf sich also gleich ein Monopol. Bis heute hat sich die Muschel als Zeichen der Jakobspilger erhalten.

Die neueste Zeit, die für unzählige Menschen wieder besonders die Frage nach Sinn und Ziel des Daseins aufgeworfen hat, brachte auch dem Jakobsweg ein Wiedererwachen. Die über weite Strecken immer noch stillen und kargen Landschaften fördern, zu Fuß auf den Spuren der Pilger erschlossen, grundlegende Tugenden und Einsichten. Eine "Freunde des Jakobsweges" genannte internationale Gruppe kümmert sich inzwischen um die gute Ausschilderung und unterhält sogar Pilgerherbergen. Lassen wir uns also von der Muschel leiten und gehen - hoffentlich zu Fuß - ein paar Stationen des Weges an das Ende der Welt, nach "Finis terrae".

Auch nach der Erklärung des Europarates zum "Kulturerbe Europas" bleibt die Muschel das wichtigste Erkennungszeichen am Jakobsweg.

Vor Spanien:

Vorbereiten und Anreisen

Vorbereitung

Informationen

Es lohnt sich, gerade vor der Reise nach Nordspanien, sich mittels Landkarten, Büchern und Fremdenverkehrsprospekten ein wenig einzustimmen. Dabei muß nicht unbedingt eine feste Route herauskommen. Aber, wie nun schon aus verschiedenen Winkeln beleuchtet, ist Nordspanien nicht einfach nur das "Vier-Wochen-an-den-Strand"-Ziel.

... von zu Hause aus (in der Regel nur schriftliche oder telefonische Anfragen)

Spanische Fremdenverkehrsämter

Deutschland

- Myliusstraße 14, Postfach 17 05 47, 60079 Frankfurt am Main, Tel. 069/72 50 33, Fax 069/72 53 13

- Oberanger 6, Postfach 15 19 40, 80051 München, Tel. 089/538 90 75, Fax 089/532 86 80

- Kurfürstendamm 180, 10707 Berlin, Tel. 030/882 65 43, Fax 030/882 66 61

Schweiz

- Seefeldstraße 19, 8008 Zürich, Tel. 01/252 79 31, Fax 01/252 62 04

Österreich

- Rotenturmstr. 27, 1010 Wien, Tel. 1/535 31 91, Fax 533 88 04

In SPANIEN:

Auskünfte bei den **Oficinas de Información de Turismo** oder **Centro dy attraction turismo**, mit oft sehr freundlichen und hilfsbereiten Leuten.

Spanische Botschaften

- in Deutschland

Schloßstr. 4, 53115 Bonn, Tel. 0228/21 70 94, Fax 02 28/22 34 05

- in Österreich

Argentinierstr. 34, 1040 Wien, Tel. 0222/65 91 66

- in der Schweiz:

Brunnadernstr. 43, 3006 Bern, Tel. 031/44 04 14

Anreise

Mit dem Flugzeug

Knapp ein Drittel der 52 Millionen Touristen, die 1990 Spanien besuchten, sind mit dem Flugzeug eingeflogen. Ganz klar, von diesen 16,5 Mio. sind nur ein Bruchteil in den schönen Norden gereist, die meisten sind wohl als Sonnenanbeter auf die spanischen Inseln oder in die anderen Touristenhochburgen "gechartert" worden.

Dies erklärt auch die Tatsache, daß Flugverbindungen in die Städte des Nordens wie Bilbao, A Coruña oder Santiago de Compostela nur als Linienflüge bestehen.

Flugverbindung - der Reihe nach:
- beste Verbindungen bestehen nach Madrid und Barcelona von allen deutschsprachigen Zentralflughäfen (Frankfurt/Zürich/Wien). Allerdings, von hier aus geht's noch ein ganzes Stückchen in den Norden, nicht vergessen (siehe Kap. Rumkommen).

- im Angebot sind auch Flüge ab Düsseldorf, Köln, Hamburg, München, direkt oder mit Umsteigen, nach Bilbao und Santiago de Compostela.

Informiert euch in eurem Reisebüro, wie ihr unter Ausnutzung der PEX- und der Flieg&Spar-Tarife der Lufthansa oder Swissair am günstigsten fliegt. In der Regel gilt bei diesen Tarifen eine Mindestaufenthaltsdauer von 6 Tagen und eine maximale Zeit von drei Monaten.

Binnenflugverkehr
Innerhalb Spaniens sorgt die IBERIA, die nationale Fluggesellschaft, für die Hauptverbindungen, die AVIACO für kleinere Relationen. Ab Madrid und Barcelona werden über 20 Flughäfen direkt angeflogen. Zwischen diesen beiden Verkehrsdrehscheiben besteht sogar ein stündlicher Shuttle ohne Voranmeldung - wahrscheinlich solange, bis die Hochgeschwindigkeitsbahnstrecke fertig ist (und das dauert wohl noch bis zur Jahrtausendwende).

Pauschalflugreisen
Auch hier könnte man sämtliche Angebote im Reisebüro durchforsten - vor allem in der Vor- und Nachsaison ist es durchaus überlegenswert, die Anreise und die ersten Tage in Spanien über eine Pauschalreise zu erreichen. Zum Teil sind die Konditionen für Flug und Unterbringung im Hotel enorm günstig.
Wichtig ist nur, daß man den Absprung rechtzeitig schafft und dann das Land auf eigene Faust erkundet - die organisierten Touren bieten dagegen oft Nepp für Pseudo-Folklore.

Mit der Bahn

Die ganz große Anbindung an das europäische Hochgeschwindigkeitsnetz ist greifbar nahe! Aber sie wird trotz der flotten Bauweise in Frankreich noch bis zur Jahrtausendwende brauchen. Und der Urlaub soll ja wohl schon etwas früher beginnen.

Zudem ist die Bahnreise ehrlich gesagt nicht gerade billig. Leider haben sich die Spanier den Lorbeer verdient, die übel-

sten Preistreiber von Europas Bahnen zu sein. - Pardon! Die "Eurostar"-Chunnelzüge darf man natürlich nicht vergessen - halb so schnell und doppelt so teuer wie das Flugzeug ...

Nun, man sollte sich nicht täuschen. Auch andere individuelle Anreisearten sind teuer, wie z.B. die Berechnungen der Autobahngebühren (siehe unten) zeigen werden. Und: Es gibt durchaus noch Chancen, den einen oder anderen Rabatt bei der Bahn auszunutzen. Also dann, vielleicht doch "auf die Schiene"?!

Bahn konkret
Zu den unterschiedlichen Spurweiten und ihren Legenden im Special Feature zu *Rumkommen* mehr. Hier nur soviel: Das Hauptnetz ist immer noch in spanischer Breitspur. Deshalb muß aus allen normalen Zügen - mit Ausnahme der EuroCity-Talgos - an der Grenze zu Spanien umgestiegen werden. Bahnmäßig gibt es eigentlich nur drei Übergänge von Frankreich her, wobei die zwei Hauptachsen natürlich entlang der geographisch eher günstigen Küsten führen und ein dritter reichlich wildromantisch in den Ostpyrenäen liegt - für Bahnfreaks und solche, die es werden wollen, ist dieser Übergang allerdings ein "Muß" (s. ***Special-Feature*** **Pyrenäenmetro**).

Der Vorteil des Nachteils der lediglich zwei Hauptübergänge mit Umsteigezwang ist nun schon seit einigen Jahrzehnten die Massierung der internationalen Traveller-Gemeinde an diesen beiden Punkten. Wer also bisher keine Kontakte zu anderen Bahnreisenden gefunden hat - hier in Cerbère/Portbou und Hendaye/Irún sind sie auf jeden Fall möglich - nur über die Qualität läßt sich streiten.

Auch die Anreise bis zu diesen Punkten läßt sich in ganz unterschiedlicher Qualität organisieren:

Die "gewöhnliche" Anfahrt
Obwohl Lyon und die östliche Hauptachse Paris-Marseille-Nizza das Ur-Rückgrat des TGV (Train à Grande Vitesse, erster fahrplanmäßiger Hochgeschwindigkeitszug Europas) darstellt, verkehren auf dem Zweig nach Westen, Richtung Avignon, Montpellier, Narbonne, Perpignan und schließlich Cerbère noch hauptsächlich "klassische" Fernschnellzüge der SNCF. Die sind aber traditionell schon recht schnell und modern. Angelpunkte für den Anschluß aus Deutschland sind Verbindungen über Straßburg oder Basel-Genf jeweils nach Lyon.

EC, TGV, Talgo
Zwar reichen die Ausbaustrecken wie gesagt noch nicht bis nach Spanien, doch gerade im Westen wird praktisch nur noch mit TGV bis an die Grenze nach Hendaye gefahren. Hier kommen die etwas neueren TGV-A der Route Paris-Bordeaux zum Einsatz. Außer für Bahn-Enthusiasten bietet sich diese Anreise aus Deutschland nördlich Frankfurt an. In diese höhere Zugklasse sind auch jene spanischen Talgo-Züge einzureihen, die aufgrund ihrer Spurwechseltechnik die Systemgrenze überfahren können. Sie laufen inzwischen international unter dem Markenzeichen "EuroCity EC". Wieder sind Paris und Genf (über Avignon) die Ausgangspunkte.

In Paris ist zu beachten, daß man in der Regel am Gare du Nord oder am Gare de l'Est ankommen wird, die noch recht nahe beieinander liegen. Doch weiter geht es mit dem TGV vom modernisierten Gare Montparnasse im Südwesten aus. Zum Transfer deshalb beachten: Alle Bahnhöfe sind mit gleichnamigen Metrostationen verbunden, deren Linien nach den Endpunkten benannt sind. Ab Nord und Est nimmt man die Linie Porte d'Orléans, um zum Montparnasse zu kommen. Je nach Erfahrung ein bis zwei Stunden Übergangszeit einkalkulieren.
Um komfortable und vernünftige Anschlüsse zu bekommen, wird man nach Paris mit EuroCity anreisen. Insgesamt ist dieser Zweig also etwas teurer, aber auch "state-of-the-art" der europäischen Eisenbahnen.

Liegewagenzüge

Nachts sieht es wieder anders aus. Da sind beide Strecken ähnlicher. Über beide Hauptachsen verkehren die berühmt-berüchtigten Liegewagenzüge, die wohl am meisten genutzt werden, nicht zuletzt weil man einen Tag dabei spart. Hier ist das Gedränge allerdings groß, wenn auch - soweit man eine Liegewagen-Pritsche vorreserviert hat - ein einfaches Schlafplätzchen gesichert ist. Bei Zuschlägen unter 30 DM ist das auf jeden Fall ratsam. Zu beachten ist, daß Liegewagenzüge andere Startbahnhöfe haben! Ab Paris ist es nicht Montparnasse, sondern der Gare d'Austerlitz (ab Nord und Est Metro Place d'Italie), ab Lyon ist es Perrache, wobei auch im Bahnhof Part-Dieu der Liegewagenzug aus Genf durchkommt. Ebenso kann von Ventimiglia/Nizza mit dem Liegewagenzug angereist werden, ein Weg der bei der Anreise über Gotthard oder Brenner über Mailand und Genua denkbar wäre. Eine Anreise über Paris ist aber eher ungeschickt, da man trotz Liegewagen mitten in der Nacht an der Grenze ankommt.

EuroCity-Night

Doch auch ohne Orient-Express läßt sich richtig gediegen und komfortabel anreisen. Sogar mit noch weniger Umsteigen. Das Zauberwort heißt "EuroCity-Night EN"! Schon ab Zürich - das ja inzwischen auch von Berlin aus ohne umsteigen im ICE erreichbar ist - verkehren so poetisch getaufte Züge wie "Pau Casals". Auch Genf, Bern und Mailand sind zu günstigen Zeiten angeschlossen. Und es geht per Spurwechselautomatik über die Grenze direkt nach Barcelona oder Madrid. Um nachts nicht belästigt zu werden, halten diese Züge zum Teil gar nicht in Frankreich.
Nicht zu unrecht sind auch die neuen DB AG-Züge für den komfortablen Hauptstadt-Nachtverkehr (Bonn-Berlin, München-Berlin) Talgozüge. In kleinen aparten Kabinen für bis zu 4 Personen ("Tourist"), mit Dusche und Barwagen, läßt sich vom feinsten über die Schienen ins sonnige Spanien schaukeln. Das Ganze ist 1. Klasse und kostet natürlich in jeder Hinsicht einen Sonderpreis. Selbstredend gelten hier keine Billigtickets wie Inter Rail oder Euro Domino.

Bahn-*Wegweiser*

Auf jeden Fall empfehlenswert ist - auch für Schweizer und Österreicher, die mit der Bahn anreisen wollen - das bewährte "Auslandskursbuch" der DB, das nun von der Deutschen Bahn AG weiter herausgegeben wird. Es informiert aktuell und recht übersichtlich zu Anreise-Fahrplänen und den wichtigsten Strecken in Spanien. Zu beachten ist nur, daß es nach Erscheinen zum Fahrplanwechsel Ende Mai und Ende September jeweils recht rasch vergriffen ist. Deshalb am besten gelegentlich im Juni oder Oktober auf einem deutschen Bahnhof vorbeischauen. Die Kursbuchstelle der Deutschen Bahn verschickt leider keine Einzel-Exemplare mehr, und Bahnhofskioske führen die Kursbücher auch meist nur in den ersten Erscheinungstagen.

Günstige Tickets

Vor allem für Leute unter 26 Jahren sind die Billigangebote von Twentours oder Eurotrain - jeweils für eine bestimmte Hin- und Rückfahrt - rentabel. Hier liegen die Preise 40 % unter den normalen Tarifen. Außerdem sind die Karten zwei Monate gültig, und die Reise kann überall unterbrochen werden. Buchen könnt ihr die Tickets in den meisten Reisebüros. Aktuelle Infos gibt es als Preis-Tableau jährlich im Frühjahr im Reisebüro der DER-Agentur oder auf großen Bahnhöfen der DB AG.

Wer nun aber einen ganzen Monat Zeit hat und Südwesteuropa bzw. Spanien bereisen möchte, der sollte sich überlegen, ob nicht ein **Inter-Rail-Ticket** in Frage kommt. Voraussetzung auch hier: unter 26 Jahren. Dabei bietet das seit 1994 geltende Angebot der Inter-Rail-Zonen weitere Vorteile. Es muß für eine Spanienreise nicht unbedingt das teuere Global-Ticket genommen werden, es können auch eine Zone (z.B. F mit Spanien, Portugal und Marokko für 15 Tage, günstigste Preisklasse), zwei Zonen (F und E, zusätzlich Frankreich und Benelux für 30 Tage rund DM 500,- für Deutsche) oder 3 Zonen (F, G und E für Schweizer und Österreicher überlegenswert; für 30 Tage) gelöst werden. Auf Anfahrtsstrecken werden 50 % Ermäßigung gewährt. Da auch beim Global-Ticket im eigenen Land 50 % des Fahrpreises anfallen, ist das bei geradliniger Anfahrt sicher günstig.

Wer nur noch "geistig" ins Schema "unter 26" paßt, für den gibt es zwar in Kontinentaleuropa noch immer kein Inter Rail +26, doch inzwischen wenigstens das Angebot "Euro Domino". Hier kauft man sich einzelne Länderbahnnetze praktisch als "Dominosteine". Für die Anreise werden immerhin noch 25 % Ermäßigung gewährt. Auch hier können Spanien einzeln oder kombiniert mit Schweiz, Italien, Frankreich etc. gewählt werden. Die Preise für "Erwachsene" liegen allerdings deutlich höher, es können allerdings für den vollen Komfort auch 1.Klasse-Dominos gekauft werden. Und auch die Fahrt muß sorgfältiger geplant werden, denn die Karten gelten nur 3, 5 oder 10 Tage. Dafür aber sind diese Tage frei wählbar - der Aufenthalt kann also "beliebig" ausgedehnt werden.

Als Wermutstropfen bleiben die Zuschläge. Für den TGV sind sie mit der Sitzplatzreservation verbunden. In Spanien wird das komplizierte System der Zuschläge nun reformiert. Mehr darüber unter "In Spanien - Mit der Bahn".

Nach Spanien auf "Flughöhe 0" - der TGV macht's möglich!

🌐 Mit dem Auto

Natürlich immer noch die individuellste Art des Reisens, insbesondere zur unabhängigen Erkundung des spanischen Nordens. Allerdings sollte man sich nicht täuschen lassen: Mit dem Auto anzureisen ist nicht die billigste Variante!

Zwar wird es um so billiger, je mehr Leute mitreisen, doch bedeutet dies auch Gedränge mit Gepäck, größerer Verschleiß etc. Mehr zu Buche schlagen allerdings die Autobahngebühren: In Frankreich (F) sind die Autobahnen oftmals privat finanziert und deshalb gebührenpflichtig, dies gilt ähnlich für Spanien (E), nur sind dort die Preise noch höher! In der Schweiz (CH) wird eine Gebührenmarke, die sog. "Vignette", verlangt. Sie gilt pauschal ein Jahr und ist unabhängig von der gefahrenen Strecke. Der Staat nimmt diese Zahlung zur Finanzierung der Verkehrswege.

Die Vignette (sFr. 30.-) ist an der Windschutzscheibe anzubringen, zu erwerben an jedem Zollamt und bei den Automobilclubs zu Hause. Wer ohne Vignette fährt, wird am Zoll angesprochen, wer "ohne" auf der Autobahn erwischt wird, zahlt kräftige Strafen - Ausländern wird dabei in der Regel das Auto einbehalten!

In F und E wird eine Gebühr für die jeweils zurückgelegte Strecke erhoben. Kenntlich gemacht wird dies mit dem Wort "péage" in F und "peaje" in E. Nicht das Ticket verlieren, das man bei der Auffahrt bekommt, sonst wird die größtmögliche Strecke berechnet. Auch Motorräder zahlen Autogebühren!

Ein Preisbeispiel: die Strecke Mühlhausen-Lyon kommt auf ca. DM 120.-. In Spanien kosten 100 km rund 15,- DM. Zur "Erleichterung" werden auch Kreditkarten (Visa, Eurocard, etc.) genommen.

TIP zur Durchquerung Frankreichs: Wer genug Zeit mitbringt, sollte die Autobahnen aus Kostengründen vermeiden. Die "route nationales", die grün gekennzeichneten Nationalstraßen, stammen aus Napoleons Zeiten und sind seither aber gut ausgebaut. Empfehlenswert sind die **ITINERAIRES BIS**, als "Umgehungsstraßen" übersetzt, besser aber als "B-Wege" zu bezeichnen. Diese führen ins reizvolle Hinterland, umgehen Großstädte und Verkehrsknoten. Von Werbepartnern werden Landkarten herausgegeben, und an den Straßen stehen dunkelgrüne Wegweiser.

In Frankreich besteht generelle Anschnallpflicht. Wer seinen Führerschein erst seit einem Jahr hat, darf nicht schneller als 90 km/h fahren. Franzosen fahren zügig und nicht unbedingt den Verkehrsregeln entsprechend. Gegenseitige Rücksichtnahme ist also immer sinnvoller als das Bestehen auf seinem Recht.

Durch die Pyrenäen bei Irun ist inzwischen ein Straßentunnel in Bau, gegen den allerdings regionale und internationale Umweltschützer heftig zu Felde ziehen. Mit der Fertigstellung und Nutzung ist allerdings nicht vor Ende des Jahrhunderts zu rechnen.

Hier nun einige Streckenvorschläge, die je nach Ausgangsort in Frage kommen:

Route 1
(von Mittel- und Norddeutschland):
Frankfurt - Freiburg - Muhlhouse - Lyon - Nîmes - Toulouse - San Sebastian.
Die Hauptstrecke nach Spanien und deshalb in den Sommermonaten entsprechend stark frequentiert. Trotz allem die schnellste und bequemste Verbindung, es sei denn, man steht im Stau ...

Route 2
(von Süddeutschland, CH, Österreich):
Zürich bzw. Basel-Genf-Lyon- ... der Rest s.o.
Eine landschaftlich schöne Strecke, allerdings ein Grenzübergang mehr und sehr korrekte Zöllner ("Gruezi", Vignette nicht vergessen!)

Route 3
(für Leute mit etwas Zeit):
Über Genf oder Lyon ins Rhônetal, dann bei Valence über Privas, Aubenas nach Mende und auf der N 88 nach Toulouse und San Sebastian.
Um einiges länger, aber landschaftlich wirklich sehenswert, vor allem das erste Stück durch die Ardèche und das Massif Central. Wer eine Übernachtung bei der Anreise in Kauf nimmt, bekommt dafür ein Stück unverfälschtes Frankreich geboten.

Route 4
(schnellstmöglich im Atlantik baden ...):
Von Basel, Genf oder über Dijon nach Clermont-Ferrand und auf der N 89 nach Bordeaux, dann entweder die Autobahn nach San Sebastian oder gemütlich an der Küste entlang.
Etwas schneller als Route 3, aber ab Bordeaux ein herrlicher Küstenstreifen. Vorsicht: sich nicht zu lange hier aufhalten, die Küste heißt bezeichnenderweise "Côte D'Argent". Diese "Geldküste" erreicht ihren Höhepunkt mit dem allseits bekannten Luxusbadeort Biarritz; für Surfer und Wellenreiter zwar ein Paradies, das aber teuer erkauft werden muß.

Nützliches für Autofahrer unterwegs

Achtung: Generell **Anschnallpflicht**, **Promillegrenze** 0,8!

In Frankreich:
- **Geschwindigkeitsbegrenzungen:** Ortschaften 60 km/h, Landstraßen 90 km/h, Autobahnen 130 km/h.
- **Benzinpreise:** noch höher als bei uns, der Liter Super kostet um die DM 2,-, Diesel ca. DM 1.50. Bleifreies Benzin ("sans plomb") ist inzwischen an fast jeder Tankstelle erhältlich.
- **Notruf (deutschsprachig):** ADAC in Paris Tel. 1/45 00 42 95

In Spanien:
- **Grüne Versicherungskarte** empfehlenswert
- **Tempolimits:** Ortschaften 50 km/h, 2spurige Landstraßen 90 km/h, 3spurige Landstraßen 100 km/h, Autobahnen 120 km/h.
- **Benzinpreise:** etwas teurer als in Deutschland, bleifrei günstiger. Außerhalb der großen Städte ist das Tankstellennetz nicht sehr dicht; außerdem solltet ihr euch, um sicher an bleifreies Benzin ("gasolina sin plomo") zu kommen, eventuell vorher beim ADAC informieren (Übersichtsplan der Tankstellen); Diesel heißt "gasoleo".

- Notrufe in Spanien:
Pannenhilfe des RACE in vielen Städten, Nummern den örtlichen Telefonbüchern entnehmen.

Notrufdienst: Tel. 91/593 75 33 33, in den Städten auch die "Policia Municipal" und die "Guardia Civil". ADAC-Partner sind in Barcelona unter Tel. 93/478 78 78, in Alicante Tel. 96/511 26 54 (nur im Sommer), Valencia Tel. 96/360 05 04 (nur im Sommer) und Madrid Tel. 91/593 00 41 zu erreichen.

- Notrufe in Deutschland:
Zentralruf der Autoversicherer in den wichtigsten westdeutschen Großstädten unter der einheitlichen Rufnummer 1 92 13.

Automobilclubs: ADAC (Fahrzeugschaden) Tel. 07 49/89/22 22 22, Fax 07 49/89/76 76 22 88, (Verletzung/Krankheit) 07 49/89/76 76 76, Fax 07 49/89/76 76 25 01; ACE Tel. 07 49/711/530 31 11; ACV Tel. 07 49/221/75 75 75; AvD Tel. 07 49/69/660 66 00; DTC Tel. 07 49/89/811 12 12; KVDB 07 49/73 33/80 82 02.

Mitfahrzentralen

Für beide Partner sinnvoll, also für Leute, die nicht halbleer nach Spanien fahren wollen, als auch für diejenigen, die eine Mitfahrgelegenheit suchen.

Mitfahrzentralen gibt's mittlerweile in allen Uni-Städten. Von Anbietern kann dieser Service kostenlos genutzt werden, Mitfahrer von Deutschland aus sollten, je nach Distanz, ca. 100-150 DM rechnen.

Eine Auswahl:
Mitfahrzentralen in Deutschland
Ein Gesamtverzeichnis verschickt gegen Rückporto die

Arbeitsgemeinschaft Deutscher
Mitfahrzentralen e.V. (ADM)
Lobuschstr. 22, 22765 Hamburg

86154 Augsburg, Branderstr. 36, 0821/414655

26603 Aurich, Lilienstr. 8, 04941/66966

10623 Berlin, U-Bhf. Zoo, 030/310331

33615 Bielefeld, Siegfriedstr. 46, 0521/130088

71032 Böblingen, Stuttgarter Str. 23, 07031/226095

28203 Bremen, Körnerwall 1, 0421/72022

28199 Bremen-Neustadt, Pappelstr. 30, 0421/500203

09112 Chemnitz, Henriettenstr. 5, 0371/34358

03046 Cottbus, Bahnhofstr. 15, 0359/24373

64283 Darmstadt, Rheinstr. 47, 06151/87087

01097 Dresden, Königstr. 10, 0351/5022231

40223 Düsseldorf, Aachener Str. 10, 0211/346218

26721 Emden, Am Burggraben 17, 04921/20083

99089 Erfurt, Moritzwall 6, 0361/25048

45128 Essen, Heinickestr. 33, 0201/221031

24943 Flensburg, St.-Jürgen-Platz 1, 0461/17961

60329 Frankfurt am Main, Baseler Platz 7, 069/236444-5

15230 Frankfurt/Oder, Karl-Marx-Str. 43, 0330/23035

02828 Görlitz, Nordring 60, 0355/64256

06108 Halle/Saale, Schulstr. 10, 0346/29229

22765 Hamburg, Lobuschstr. 22, 040/391721

30161 Hannover, Eckerstr. 7, 0511/344011

74072 Heilbronn, Rosenau 15, 07131/627662

07743 Jena, Fürstengraben 30, 0378/24990

34121 Kassel, FrankfurterStr. 197, 0561/24031

24103 Kiel, Knooperweg 90, 0431/51431

56068 Koblenz, Rheinstr. 34, 0261/18505

50674 Köln, Beethovenstr. 16-18, 0221/219067

78462 Konstanz, Münzgasse 22, 07531/21444

47799 Krefeld, Rheinstr. 55, 02151/802081

04105 Leipzig, Rudolf-Breitscheidstr. 39, 0341/2114222

55118 Mainz, Adam-Karrillonstr. 10a, 06131/671051

68169 Mannheim, Mittelstr. 9, 0621/371088

80335 München, Lämmerstr. 4, 089/594561

48143 Münster, Kreuzstr. 21, 0251/40158

17036 Neubrandenburg, Hufelandstr. 31, 0390/73732

26121 Oldenburg, Ofenerstr. 45, 0441/71041

49074 Osnabrück, Kl. Hamkenstr. 4, 0541/26600

33102 Paderborn, Bahnhofstr. 10, 05251/23077

18057 Rostock, Doberanerstr. 135, 0381/34929

66111 Saarbrücken, Großherzog-Friedrichstr. 59, 0681/63191

70180 Stuttgart, Falbenhennenstr. 5, 0711/603885

72070 Tübingen, Münzgasse 6, 07071/5081

78532 Tuttlingen, Hegaustr. 2, 07461/12436

89073 Ulm, König-Wilhelm-Str. 28, 0731/28024

65185 Wiesbaden, Bahnhofstr. 53, 0611/373776

26384 Wilhelmshaven, Gökerstr. 90, 04427/31043

Frauenmitfahrzentralen

20357 Hamburg, Kleiner Schäferkamp 32, 040/457800

33602 Bielefeld, August-Bebel-Str. 154 - im Frauenbuchladen, 0521/68461 (kostenlos)

72070 Tübingen, Bursagasse 2 - im Frauenbuchladen, 07071/26590 (kostenlos)

*Die Adressen stammen übrigens aus dem **Reisekalender** des Unterwegsverlags. Diesen nützlichen Ratgeber mit einer Unmenge von Tips und vielen hundert Adressen gibt's jährlich ab Oktober fürs neue Jahr im Buchhandel oder direkt beim Verlag. - **Da steckt was drin für Traveller!***

Mit dem Bus

Mit dem Bus anzureisen ist recht mühsam und dauert noch etwas länger als Bahnfahren, ist aber zweifellos eine der preiswertesten Transportalternativen. Man kann sich im Anzeigenteil von Stadtzeitungen/zeitschriften oder in der TAZ umschauen, hier tauchen gelegentlich Angebote auf. Regelmäßige Busreisen werden von der Deutschen Touring GmbH, Julia, Iber-Bus und Intercar angeboten.

Der Ticketvertrieb läuft über die DER-Reisebüros.

Adressen:

- Deutsche Touring GmbH, Am Römerhof 16, 6000 Frankfurt, Tel. 069/79 031.
- Iber-Bus, Vijzel Straat 89, 1017 HP Amsterdam, Tel. 020/239 349 (nur lohnenswert für Leute, die an der belgisch/holländischen Grenze wohnen).

Für Schweizer sind Intercar und Julia die billigsten Alternativen. Buchungen bei:
- Viajes Benitez, Stampfenbachstr. 85, 8006 Zürich, Tel. 01/363 1923

Trampen

Nicht sehr empfehlenswert, da sich die Fortbewegung gerade in Frankreich und Spanien als sehr problematisch erweisen kann. Nur akzeptabel, wenn man daheim schon einen LKW-Fahrer ausgemacht hat, der einem den größten Teil der Strecke mitnimmt.

Einreise

Grenzen

Die Grenzen sind immer geöffnet bei Irun, Behobia, Puigcerda, Seo de Urgel, Biriaton, La Jonquera; durchgehend bei Port Bou und Canfranc vom 1. Juni bis 30. September. Bei Lés und La Linea vom 1. Mai bis 30. September von 8-21.30 Uhr, alle übrigen von Juni bis September von 8-22 Uhr, in den restlichen Monaten von 9-21 Uhr.

Einreise

Benötigt wird zur Einreise ein gültiger **Reisepaß** oder **Personalausweis/Identitätskarte**. Die Aufenthaltsdauer darf aber drei Monate nicht überschreiten. Kinder (unter 16 Jahren) brauchen einen eigenen Kinderausweis zur Einreise bzw. müssen in den Familienpaß eingetragen sein.

Durch die Öffnung der Grenzen aufgrund der Bestimmungen der Europäischen Union - "Schengener Abkommen", dem Spanien nun auch beigetreten ist - kommt es zu großzügigerer Handhabung gegenüber EU-Bürgern ("einfache Sichtkontrolle").

Wer seinen **Vierbeiner** mit in den Urlaub nehmen will, muß ein Gesundheitszeugnis (darf höchstens zwei Wochen alt sein) und einen Nachweis über Tollwutimpfung in deutscher und spanischer Sprache vorlegen. Für die Tollwutimpfung gelten die üblichen Bestimmungen, d.h. sie muß mindestens einen Monat zuvor erfolgen und jedes Jahr erneuert werden.

Für das **Auto** ist ein internationaler Versicherungsschein ("Grüne Karte") obligatorisch. Dies ist praktisch eine internationale Bestätigung der Versicherung, die bei Wagen der Schweiz, Österreichs und Deutschlands als gegeben vorausgesetzt wird. Da die Bestimmungen nicht ganz einheitlich sind, ist es - besonders im Schadensfall - besser, man hat eine dabei. Wer nicht mit dem eigenen Kfz unterwegs ist, braucht eine beglaubigte Vollmacht des Besitzers.

Bei jeder Reise ist es sinnvoll, sich von allen "Pässen" und "Scheinen", die man so dabei hat (Paß, Ausweis, Studentenausweis, Jugendherbergsausweis, Auslandskrankenschein, Führerschein, Kfz-Schein, Kreditkarte etc.) eine **Fotokopie** anzufertigen und diese dann aber auch getrennt im Gepäck aufzubewahren.

Sollte einem das dringend benötigte "Kartenmaterial" abhanden kommen, so erleichtert die Kopie die Wiederbeschaffung oder die Identifizierung auf der Botschaft ungemein. Zur Ausstellung von Ersatzpapieren benötigt die Botschaft dann noch eine Verlustbestätigung der örtlichen Polizei und zwei Paßbilder - die man vielleicht auch am besten schon mal immer dabeihaben sollte.

Notruf / Botschaften

Notruf

Polizei 091, Unfallrettung 092
- weitere Auto-Notrufe unter "Anreise"

➢ Botschaften in Spanien

Botschaften, Generalkonsulate und Honorarkonsule sind für Deutschland, Österreich und die Schweiz in Spanien gutorganisiert anzutreffen.

Neben der einen Botschaft, die Staaten auf Gegenseitigkeit unterhalten, gibt es noch eine Reihe von Generalkonsulaten in wichtigen Städten, die nicht die Hauptstadt sind, wie z.B. Barcelona.

Während die Generalkonsulate direkt vom Staat unterhalten werden, sind die Honorarkonsule in der Regel Staatsangehörige des fremden Staates, die diese Aufgabe ehrenhalber ("honoris causa" - und nicht weil sie ein Honorar empfangen) ausüben. Sie haben zwar nur eingeschränkte Möglichkeiten und Befugnisse, haben aber den Vorteil, sich gut in den örtlichen Verhältnissen auszukennen. Deshalb ist der Tip der Bundesregierung, sich in Problemfällen erst einmal an den Honorarkonsul zu wenden, gar nicht so falsch.

Botschaften und Konsulate sollten nur in Notlagen angesprochen werden (Auto gestohlen, gesamtes Geld weg, Krankheit etc.). Es kann vorkommen, daß in extremen Notlagen geholfen wird, auch mit Krediten. Aber eigentlich ist die konsularische Hilfe immer nur Hilfe zur Selbsthilfe. Im Prinzip sollte man durch gute Vorbereitung, umsichtiges Vorgehen und sinnvolle Reiseversicherungen dafür sorgen, daß man sich selbst am besten helfen kann. Zudem besteht in Sommermonaten auch großer Andrang nach konsularischen Leistungen.

Sollte man allerdings in einer Streitigkeit einen Rechtsanwalt benötigen, so empfiehlt sich auf jeden Fall der Gang zur Botschaft/zum Konsulat, denn dort liegen Anwaltslisten von deutsch oder englisch sprechenden Anwälten aus.

➢ Deutschland

Botschaft Madrid, Calle de Fortuny 8, Madrid 4, Tel. 91/319 91 00/50

Generalkonsulat Barcelona, Paseig de Gràcia 111, Tel. 93/415 36 96

Generalkonsulat Bilbao, Calle Gobela 1, Las Arenas/Vizcaya, Tel. 464 -18 77 oder -18 88; Honorarkonsule in Nordspanien in Figueres, Gijón, San Sebastian, Tarragona, Vigo, Zaragoza.

➢ Schweiz

Botschaft, Calle Nunez de Balboa 35, Madrid 1, 91/43 13 400

➢ Österreich

Botschaft, Av. del Generalissimo 66, Madrid, 91/45 70 562

Geld

Die **spanische Landeswährung** ist die Peseta. Es gibt 5, 10, 25, 50, 100, 200 und 500 Ptas.-Münzen. Scheine gibt es zu 100, 500, 1000, 5000 und 10.000 Ptas. Landeswährung und ausländische Zahlungsmittel dürfen unbegrenzt eingeführt werden, günstiger ist es aber erst in Spanien zu wechseln. Die Ausfuhr von Landeswährung ist auf 1 Mio. Ptas. begrenzt.

Die Peseta war in den frühen 90er Jahren noch nicht in die Währungsschlange der EU eingereiht, deshalb gab es noch immer die von Südeuropa bekannte permanente Inflation. 1994 betrug der Gegenwert von 100 Ptas. rund 1,18 DM, die Tendenz dürfte zu 100 zu 1 gehen.

Die **Banken** sind Montag bis Freitag von 8.30 bis 14.00 Uhr und samstags bis 13.00 Uhr geöffnet. Allerdings muß hierzu gesagt werden, daß es keine einheitliche Öffnungsregelung gibt, manche Banken haben also auch nachmittags geöffnet bzw. bereits ab 12 Uhr oder am Samstag geschlossen.

Spanien war natürlich niemals Ostblock, dennoch gibt es in den dichtesten Touristenzentren schon auch hin und wieder die von dort bekannten Formen des Schwarzwechselns zu besonders "gutem Kurs". Die verlockenden Geschäfte sollen jedoch meist nur in dunkle Ecken lenken und gehen meist ganz anders aus - mit dem völligen Prellen um die Barschaft! Deshalb grundsätzlich von solchen Geschäften Abstand halten.

➢ Wechselstuben

Bei den Wechselstuben, die an Touristenplätzen länger (manchmal rund um die Uhr, auch sonn- und feiertags) geöffnet haben, kann man zwar Geld zum offiziellen Kurs wechseln, sie verlangen aber oft sehr unterschiedliche Wechselgebühren, die manchen Traveller schon in Staunen versetzt haben.

➢ Traveller Checks, Kreditkarten

Günstiger ist es da schon, man "arbeitet" mit Kreditkarten. Wer sich diesen Luxus für sein heimisches Konto noch nicht leistet, der kann nur für den Zweck der Reise American Express Traveller Checks mitnehmen. Diese werden daheim auf der Hausbank gegen geringe Gebühr in Stückelungen (z.B. zu 100 DM) ausgestellt. So gesehen sind sie praktisch "Geldscheine". Dennoch, ihren Nennwert erhalten sie erst bei Abgabe bei einer Bank oder akzeptierenden Stelle (Hotel etc.) durch eine nochmalige persönliche Unterschrift sowie die Vorlage des Passes. Der Diebstahl wird dadurch erheblich erschwert. Für Euroschecks und Travellerschecks werden aber ebenso in Spanien recht hohe Gebühren verlangt.

Geeignet für den Spanienaufenthalt ist das deutsche **Postsparbuch** (mit Ausweiskarte). Innert 30 Tagen können bis zu 2.000 DM vor Ort in Postämtern mit Gelddienst abgehoben werden.

An **Kreditkarten** werden vor allem VISA, American Express und Diners akzeptiert, auch Euroschecks und Eurocard. Die Akzeptanz ist natürlich sehr unterschiedlich, steigt aber schnell an.

In Spanien:
Rundreisen

Mit dem Auto

Die Spanier fahren gern rasant, und besonders in großen Städten wird "partnerschaftliches" Fahrverhalten erwartet, nach dem Motto, wer zuerst hupt, fährt zuerst. Immer noch sind einige Autos unterwegs, die bei uns schon vor Jahren nicht mehr über den TÜV gekommen wären. Da der Wohlstand - besonders durch den gemeinsamen Markt - wächst, verdrängt das "schöne, neue" Auto als Statussymbol die rostigen Gefährte immer mehr.

Im Landesinneren ist auch immer wieder mit landwirtschaftlichen Nutzfahrzeugen, die meist nicht über Blinker, oftmals auch nicht über Licht verfügen, zu rechnen. Auch mit Tieren auf der Fahrbahn rechnen, vor unübersichtlichen Stellen also lieber mal vom Gaspedal runter. Im Zweifelsfall gilt Gebot der Höflichkeit, haben der einheimische Mensch und sein Tier ja schließlich wohl Vorrecht!

➢ Vorschriften

In Spanien werden die Führerscheine aller EU-Mitgliedsländer anerkannt, allerdings nur während eines Jahres. Wer dauerhaft länger bleiben möchte, muß ihn bei amtlichen Stellen gegen einen spanischen eintauschen.

Innerorts gilt in Spanien noch keine Anschnallpflicht, ansonsten jedoch Gurtpflicht auch für den Rücksitz, falls Vorrichtungen vorhanden sind. Auch die Geschwindigkeitsbegrenzungen sollte man nicht als reine Hypothese abtun, wenngleich man manchmal vom Verhalten der anderen so den Eindruck haben könnte. Gerät man in eine Kontrolle, sind ohne Pardon rund 120,- DM pro 10 km/h zuviel fällig! Diskussion in jedem Falle zwecklos.

Zum Thema Parken sei gesagt, in Städten bedeutet ein durchgezogener gelber Strich am Straßenrand: absolutes Parkverbot. Unbedingt beachten, denn damit kann man leicht unerfreuliche Erfahrungen machen, d.h. der Wagen ist weg, wenn man zurückkommt. In diesem Fall nicht gestohlen, sondern abgeschleppt.

Ansonsten kann nur bemerkt werden: Eine Stoßstange ist zum Stoßen da, so jedenfalls der Habitus der spanischen Autofahrer, wer also sich gar mit speziallackierter Stoßstange nach Spanien aufmacht, sollte sich nicht wundern!!

➢ Noch eine *WARNUNG*:

Ausländische Autofahrer können fast mit Gewißheit einen **Auto-Aufbruch** erwarten. Deshalb ist heutzutage eine Hup-

Warnanlage oder eine andere wirkungsvolle Form von Diebstahlssicherung am eigenen Wagen zu empfehlen. Das gilt auch für "ältere Baujahre". Leider haben die politischen und wirtschaftlichen Veränderungen nach der Franco-Ära im Zuge der "Freizügigkeit" auch solche Probleme gebracht. Außerdem (und trotzdem): Nie wertvolle Dinge im Auto lassen. Auch auf Campingplätzen acht geben. Wichtige Papiere in den Tresor des Platzes oder des Hotels!

Mietwagen

Recht eingeführt, insbesondere natürlich in den Touristenzentren, ist die Mode, einen Wagen zu mieten. Man muß dazu mindestens 23 Jahre alt sein und einen gültigen Führerschein besitzen, der bereits mindestens sechs Monate alt ist. Ferner muß eine Kaution hinterlegt werden (Kreditkarte, Eurochecks). Darauf achten, daß im Mietpreis eine Haftpflicht (für Schäden an anderen) und ggf. auch eine Kasko-Versicherung (für eigene Schäden) beinhaltet ist. Durch die Probleme mit Einbrüchen, die eigenwillige Fahrweisen etc. sollte man sich diesen "Luxus" leisten.

In manchen Touristenzentren hat der Trend zum Automieten auch für den Kunden vorteilhafte Folgen: Es gibt sehr viele Anbieter, die Wagenzahl ist groß und - der **Konkurrenzkampf** verleitet zu Rabatten, die offen angegeben oder individuell ausgehandelt werden. Das gilt in der Regel nicht für die "internationalen" Marken, die vornehmlich ihre Counters an den Flughäfen haben. Dort sollte man nicht unbedingt mieten, auch deshalb, weil die Autos der vielen kleinen regionalen Vermieter wirklich in Ordnung und keine Rostlauben sind. Es ist also meist billiger z.B. vom Flughafen oder vom Bahnhof erst in das nächstgelegene Zentrum per Taxi zu fahren.

Durch das **spanische Kennzeichen** ist man mit einem Mietwagen jedoch alles in allem weniger auffällig als Tourist. **Kombiniert mit einer Bahn- oder Flugreise** ist dies vielleicht sogar die sinnvolle Alternative. Zugegeben: es kostet etwas und man kann in der Regel nicht soviel Gepäck mitnehmen. Doch man wahrt ein Optimum an Mobilität, Komfort und Sicherheit.

Mit der Bahn

Spanien bietet ein unerwartet effizientes und auch verhältnismäßig preisgünstiges Eisenbahnnetz. Das Kernnetz gehört der staatlichen spanischen Eisenbahngesellschaft **RENFE** (Red Nacional de los Ferrocarriles Espanoles, rund 12.000 km, größtenteils in 1.676 mm Breitspur), ist zwar weitmaschig, erstreckt sich aber über das gesamte Festland und verbindet alle wichtigen Städte und zweigt in manche abgelegene Landstriche ab.

Zudem gibt es noch mehrere private Regionalgesellschaften. Für den Traveller, der den Norden bereisen möchte, ist dabei die **FEVE** (Ferrocarriles de Via estrecha, rund 1.150 km, 1.000 mm Spurweite), eine Schmalspurlinie, wichtig. Deren Streckennetz zieht sich über Kantabrien, Asturien, Galicien und in Teile der Provinzen León und Palencia hinein. Gleichzeitig entstanden neue Gesellschaften: Im Zuge der Autonomie des Baskenlandes wurde 1980 die **Euska Trenbideak/Ferrocarriles Vascos** (ET, rund 200 km, 1.000 mm Spurweite) abgespalten, die aber mit dem FEVE-Netz kompatibel bleibt. Schließlich gibt es seit 1992, dem "großen Jahr" Spaniens, die *Alta Velocidad Española*, die AVE. Diese exklusive Gesellschaft soll dereinst das spanische Hochgeschwindigkeitsnetz betreiben, das in salomonischem Ausgleich mit deutschen Eurosprinter-Loks und französischen TGV-Nachbauten betrieben wird. Leider ist die AVE bislang nur zwischen Madrid und Sevilla, also nach Süden im Einsatz.

Noch wichtig: Städte im Norden, die von beiden Gesellschaften (RENFE und FEVE) bedient werden, haben meist verschiedene Bahnhöfe! Und: Interrailer müssen bei der FEVE voll bezahlen - zumindest solange sie nicht in die RENFE eingegliedert wird (Überlegungen seit 1990)!

Zurück zur **RENFE**. Im Einsatz sind eine Vielzahl von verschiedenen Zugtypen mit sehr unterschiedlichen Bezeichnungen. Eine kleine Vorstellung:

- **AVE**, das spanische Hochgeschwindigkeits-Zugnetz, ausgehend von der ersten Strecke Madrid-Sevilla; spezielles, zeitabhängiges Tarifsystem.
- **TALGO**, die schnellste und bestausgestattetste konventionelle Zugklasse. Hier werden die Passagiere in den Abteilen mit Air-Condition und Video verwöhnt. In Betrieb sind der moderne Talgo III mit bis zu 180 km/h, der Talgo Pendular mit kurvenabhängiger Wagenkastensteuerung und der Talgo internacional mit automatischen Spurwechselradsätzen; ebenso die Spur wechseln können die Talgo 200, welche auch die AVE-Strecken benutzen, dann aber weiter in den Süden fahren.
- **InterCity**, das landesweite Netz zwischen den Metropolen (Mindestentfernung 250 km).
- **Electrotren und Ter**, angenehm auch bei weiten Strecken, unterscheiden sich nur durch die größere Anzahl von Stopps (Mindestentfernung 200 km).
- **Nachtzüge** mit den aus Mitteleuropa bekannten Unterscheidungen zwischen Liegewagen und Schlafwagen verkehren ebenfalls zwischen den großen Metropolen.

Achtung: Platzkarten sind in all diesen großen Zügen Pflicht. Diese "billete de reserva" sind an den Ticketschaltern bis zwei Stunden vor der Abfahrt zu lösen. Außerdem sind obengenannte Züge für jeden, auch für Interrailer zuschlagpflichtig, der Preis wird relationsabhängig berechnet und unterliegt daher starken Schwankungen. Vorher erkundigen!

- **Expreso und Rapido**, Fernzüge, die ihren Namen zu Unrecht führen. Sie sind zumeist platzkartenpflichtig, mit Schlafwagen bestückt und variieren stark in ihrer Reisegeschwindigkeit (sind oft genug reichlich langsam).

- **Auto-Expreso**, Züge, die auch Autos mitnehmen; eine bequeme, aber leider überaus teure Angelegenheit. Interessant kann das Angebot werden zur Überbrückung der Staus in den Pyrenäen. Auto-Expresos nehmen auch Motorräder mit.

- tranvia, semidirecto, correo, ferrobus (zu deutsch "Schienenbus", tatsächlich gibt es auch in Spanien noch die unausrottbaren "Uerdinger") oder wie sie auch alle heißen mögen. Sie alle sind meist nur langsam und halten zudem noch an jeder möglichen und unmöglichen Stelle: Viel Landleben bei viel Zeit!

Einige Fahrzeiten

Madrid - Barcelona	8 h
Barcelona - Bilbao	9 h
Barcelona - Gijon	14 h
Barcelona - La Coruña	18 h
Zaragoza - Irun	5 h

➢ Tarife

Wie hoch (oder niedrig) nun auch immer die Geschwindigkeit der Züge sein mag, das Reisen mit der Bahn ist trotzdem billiger als in Mitteleuropa. Allerdings sind das Tarifsystem und vor allem die Ermäßigungen ein verwirrender Dschungel aus Zahlen.

Bis vor kurzem war Spanien berüchtigt für seine Zuschläge, die bei jedem Zug anders waren. Zwischenzeitlich hatte man dann noch das französische System der unterschiedlichen "Preis-Zeiten" hinzugenommen, die sich in einem Kalender in den französischen Nationalfarben (blau-weiß-rot) darstellen. Auch in Spanien galten bis März 1994 diese Farben. Nun aber wurde das aus dem Luftverkehr abgeleitete relationsabhängige Preissystem eingeführt, mit dem viele Bahnen in Europa liebäugeln. Das bedeutet, nicht Kilometer, Tageszeiten oder derartiges bestimmen den Preis, sondern die Nachfrage nach der Verbindung. Starke Nachfrage gleich teurer Preis und umgekehrt. Was das in der Praxis bedeutet, wie es mit den Billigtickets (Inter Rail, Euro Domino, Touristenkarte etc.) harmonisiert wird, das wird sich erst in den nächsten Jahren zeigen.

Tickets können bis zu 60 Tagen vor Reiseantritt an RENFE-Reisebüros oder -bahnschaltern erstanden werden. Ticketstornierungen werden bis zu 15 Minuten vor der Abfahrt noch angenommen, mit einer Rückerstattung zwischen 75-90 % des Fahrpreises.

➢ Ermäßigungen

Traveller können mit der **Touristenkarte (Tarjeta Turistica)** - die es weiterhin geben wird und die nur Ausländer erhalten - 8, 15 oder 22 Tage Fahrten auf beliebigen Strecken der RENFE unternehmen. Für Jugendliche unter 26 Jahren sind diese noch günstiger. Und die Touristenkarte ist als Angebot besser als der RENFE-Dominostein bei Euro Domino. Vor der Abfahrt im Bahnreisebüro genau beraten lassen und nachfragen!

Außerdem gewährt der Cheque-Tren, den sich Einzelreisende oder Familien ausstellen lassen können, eine 15 %ige Fahrpreisermäßigung auf beliebige Strecken.

➢ Fahrplan

An eines sollte man sich allerdings gewöhnen: Den von mitteleuropäischen Bahnen bekannten Taktverkehr (jede Stunde, alle zwei Stunden etc.) kennt man in Spanien noch nicht. Auch nicht bei der AVE. Angesichts der Straßenverhältnisse ist man sicherlich mit dem Auto im Prinzip auch nicht schneller. Aber Zugfahren braucht etwas mehr Planung.

Gar nicht schlecht für "große Sprünge": die Touristenkarte der RENFE

Wer einen umfassenden Einblick in die Fahrzeiten erzielen will, der sollte sich den "Guia RENFE" erstehen. Dieser Fahrplan für alle Bahnverbindungen kostet nicht viel und ist in der Regel an jeder Bahnstation erhältlich. Er ist ausführlicher als das Auslandskursbuch der DB AG. Zur schnellen kostenlosen Information gibt es Faltblätter über einzelne Bahnhöfe ("Zaragoza y sus trenes") und die Hauptverbindungen ("Galicia - Pais Vasco", "Trenes entre Ciudades" etc.).

Weitere Auskünfte erteilt die **RENFE** *Deutschland* Verkaufsvertretung RENFE Rhabanusstraße 3 55118 Mainz Tel. 0 61 31/63 21 75	*Spanien* RENFE Madrid Calle de Alcala 44 Tel. 91/73 33 000 oder 73 33 22 00. Übrigens: Bahnhof heißt auf spanisch "estación" und Eisenbahn "ferrocarril". Jetzt gibt's wohl kein Halten mehr!

☆ **Special Feature:**

Spanische Eisenbahnen

I Die "Trenes Touristicos"

Seit Ende der 80er Jahre hat man in Spanien die "Touristischen Züge" entdeckt. Man geht dabei etwas anders vor als bei den aus Deutschland oder England bekannten Museumsbahnen. Die Initiative ist eher vergleichbar mit dem Nostalgieprogramm der DB AG. Hauptsächlich durch die RENFE werden schön restaurierte Dampflokomotiven und passendes Wagenmaterial oder aber bestimmte Triebwagenzüge zur Verfügung gestellt, dazu wird auf Originalität des Personals geachtet. Schließlich kommen weitere "Erlebnisse" hinzu, wie Stadtführungen, Empfänge auf Bahnhöfen in historischen Gewändern, bei mehrtägigen Fahrten auch Hotel- oder Schlafwagenübernachtungen etc. Leider sind die Preise nicht immer mit jenen der Museumsbahnen zu vergleichen. Für eintägige Touren unter der Woche geht's aber schon ab rund 25,- DM los.

Von Sevilla aus wird meist mehrtägig der *Al Andalus* gestartet, er verfügt sogar über eine Diskothek und eine Piano-Bar. Aber auch ein Tageszug nach Jerez startet hier. Ab Valencia gibt es Tagesreisen mit dem *Papa Luna*. Nordspanien-Interessenten werden aber wissen wollen, ob es hier auch etwas gibt.

Tatsächlich noch besser sind die Touren ab **Barcelona** unter den Titeln *Delta del Ebro*, *Torre Galatea* und *Rutas del Cister* (Auf den Spuren der Zisterzienser) sowie am Wochenende nach Lleida mit der Dampfeisenbahn.

Die meisten Möglichkeiten gibt es natürlich ab **Madrid**. Als Tagestouren den *Tren de la Fresa* (Zug der Erdbeere) Madrid-Aranjuez, Toledo, *Murailles de Avila* (Stadtmauern von Avila), *Doncel de Sigüenza*, *Monestario de Piedra* und *Bezauberndes Cuenca*. Übers Wochenende gehen *Beeindruckendes Cáceres*, *Romanik in Zamora*, *Camino de Soria*, *Die Heimat des El Cid* und selbst *Palencia - Jakobsweg und Romanik Nordspaniens* wird angeboten.

Noch schöner ist diese Tour in drei Tagen von **Barcelona** aus über Pamplona, Burgos, León, Pontferrada nach **Santiago de Compostela** - also etwa der Jakobsweg auf Schienen!

Auskünfte über Touristikzüge
- Représentacion General de RENFE en Europe, 1-3 Avenue Marceau, 75116 Paris, Tel: 0033/1/47.23.52.01.
- Spanische Eisenbahnen, Verkaufsberatung, Rhabanusstraße 3, 55118 Mainz, Tel. 06131/632175.

II Die *eigene* Eisenbahn-Geschichte
Der spanische Staat hat sich erst nach Ende des Bürgerkrieges um die Koordination der drei großen Privatbahngesellschaften gekümmert und sie nach Entschädigung 1941 in die **Red Nacional de los Ferrocarriles Españoles RENFE** überführt. Die spanische Eisenbahn mag auf den ersten Blick dem berühmten spanischen Dorf ähnlich sein: Undurchschaubar, mit eigenwilligem Preissystem, mit iberischer Mentalität. Für Verwirrung mußte ein Dekret des Königs von 1844 zum ersten Bahnbau sorgen, das die Spurweite auf sechs kastilische Fuß festlegte (Übersetzung schwankt zwischen 1.670 und 1.676 mm), die englische Stephenson-Spur (1.435 mm) hatte sich zu diesem Zeitpunkt noch nicht endgültig durchsetzen können. Wie in Rußland hält sich auch hier hartnäckig das Gerücht, die Spurweite sei aus Furcht vor Invasionen eingeführt worden. Angesichts der Invasion napoleonischer Truppen, die mit dem Jahr 1808 erst wenige Zeit zurücklag, vielleicht gar nicht so falsch.

Während man sich schließlich weltweit einigte und in Großaktionen z.B. in Englands Südwesten ganze Systeme umgenagelt wurden, ist an der Pyrenäengrenze bis heute die komplizierte Technik des Umspurens geblieben. Sie wird automatisch für die Wagen der durchgehenden TALGO-Züge und einige Liegewagen angewandt, aus allen anderen Zügen muß umgestiegen werden, die Grenzbahnhöfe sind also schon zentrale Treffpunkte. Seit der Öffnung Spaniens zu Europa erweist sich die Umspurung vor allem für den Güterverkehr als problematisch. Zwar unterhält die Güter-Gesellschaft TRANSFESA eigene Umspuranlagen, doch droht die Bahn gegenüber dem - umweltschädlichen - LKW-Verkehr völlig ins Hintertreffen zu kommen. Durch die Kämpfe um neue Straßentunnel an den Pyrenäenküsten Mitte der 90er Jahre bei gleichzeitig vor sich hin schlummernden Bahnverbindungen in den Pyrenäen (vgl. Bahn-Special in Aragon) brechen diese Spannungen deutlich sichtbar aus.

III TALGO und AVE - Egoismus und Charakter
So war es einerseits nicht überraschend, aber dennoch mutig, daß der spanische Ministerpräsident Felipe Gonçales die Genehmigung neuer Hochgeschwindigkeitsstrecken im letzten Moment zur Chefsache erklärte und, einer Untersuchung der RENFE folgend, im Sommer 1989 bestimmte, die neuen Strecken seien in Normalspur und mit dem international modernsten Stromsystem 25 kV 50 Hz zu bauen. Das Umspur-Programm für dann rund 12- bis 14.000 km Strecke sollte bis ins Jahr 2010 verwirklicht sein.

Bei näherer Betrachtung der Kosten (520 Mrd. Ptas in Preisen von 1989!), die nicht nur für das "Umnageln" anfallen, sondern auch für neues Rollmaterial, neue Sicherungssysteme, das neue Stromsystem (bisher 3 kV Gleichstrom) etc., wich die Euphorie der Ernüchterung.

Immerhin war eine Folge der kurzfristig erhöhten Aufmerksamkeit, daß beschlossen wurde, die erste Hochgeschwindigkeitsstrecke bereits im modernen europäischen System zu bauen. Die Wahl fiel allerdings nicht auf die verkehrlich für das Land bedeutendste Strecke Barcelona-Madrid, sondern angesichts der Weltausstellung *Expo '92* auf die Strecke Madrid-Sevilla (471 km, 15 km in 14 Tunneln, 2gleisig, 1.435 mm, 25 kV 50 Hz, zunächst 230, später bis 300 km/h als Vmax). Die am Ostersonntag 1992 durch den König Juan Carlos eröffnete Strecke wurde immerhin selbst zum Weltrekord: Mit weniger als 4 1/2 Jahren zwischen Planungsentscheidung und Eröffnung schlägt sie alle Erfahrungen der "ach so fortschrittlichen" anderen Länder. Und dabei wurde von "Puffer zu Puffer" einschließlich der neuen Bahnhöfe Sevilla Santa Justa und Madrid Atocha völlig neu gebaut!

Weil es eine so schöne neue Eisenbahn ist, gab man ihr auch eine neue (Unter-)Organisation und ein neues Erscheinungsbild. Der offizielle Titel "Alto Velocidad Española" läßt sich poetisch in AVE (= Vogel) abkürzen. Die Züge fahren zwar immer noch nicht im Takt, aber wesentlich häufiger als auf der alten Strecke, die 103 km länger und weithin eingleisig war. Verkehrten dort, mit den Nachtzügen, nur fünf Züge, so werden auf der AVE die Frequenzen von Fahrplan zu Fahrplan erhöht. Die Fahrgastzahlen blieben auch nach Beendigung der Weltausstellung erfreulicherweise steigend.

Die Ausschreibungen für das Rollmaterial für die Hochgeschwindigkeitsstrecken ergaben einen Kompromiß: Als Gliederzug wurde eine französische TGV A-Variante eingesetzt - die aber vor allem in Außen-Design und Innen-Komfort verbessert wurde (mehr Platz, klimatisiert), für Lokzüge eine Weiterentwicklung der deutschen Allround-Lok E 120, die E 127 "Eurosprinter" mit 2 Stromsystemen. Damit sind von der Traktion her Geschwindigkeiten bis 300 km/h möglich. 1991 geriet die Übergabe der Lok der Baureihe 252 002 an die RENFE-Präsidentin Merce Sala zum Spektakulum: Es war die 20.000ste Lokomotive des Münchner Krauss-Maffei Konzerns, der zudem gerade 150 Jahre alt wurde.

Doch nicht nur die reinen AVE-Züge Madrid-Sevilla profitieren durch ihren angenehmen Stil von den Wachstumsraten. Auch die Talgo 200-Züge, die von den Elloks 252 gezogen werden und südlich von Sevilla die Spurweite der Breitspur annehmen können, erfreuen sich zunehmender Beliebtheit. Das Stichwort "TALGO" führt übrigens zu einer weiteren sinnvollen Eigenheit der Spanier, die einmal näher betrachtet werden sollte.

TALGO heißt eigentlich "Tren articulado ligero Goicoechea Oriol", was nicht nur leichter Gliederzug bedeutet, sondern auch den Namen der Erfinder und Förderer enthält. Den ersten Prototypen des Gliederzuges, dessen Wagen jeweils nur auf eine Achse abgestützt sind, stellten die Erfinder Goicoechea und Oriol bereits 1942 vor. Gebaut wurden die ersten Serienzüge 1950 in den USA. In anderen Ländern wurde die Idee zwar auch geprüft, schnell aber verworfen. 1969 konnten die weiterentwickelten Züge über Umspuranlagen erstmals Spanien verlassen, und bereits 1978 - die Engländer hatten mit ihrem Versuch gerade ein Desaster erlebt - gelang es den Spaniern, mit dem Talgo pendular einen Neigezug für schnelle Kurvenfahrten einzuführen.

In jüngster Zeit erlebt das Konzept eine Renaissance. Auf Tests in Deutschland erreichte ein Talgo 288 km/h. Als Nachtzug kommt der TALGO Pablo Casals bis nach Zürich. Und für die ebenfalls kurvenreiche Verbindung von dort nach München wird ein deutscher Talgo-Nachbau eingesetzt. Zwischen München/Bonn und Berlin sind Talgos als Hotelzüge unterwegs.

Dennoch wird auch in Spanien den Hochgeschwindigkeitszügen die Zukunft gehören. Das zeigt die 2. Auflage des "Nationalen Plans für die Infrastruktur (PDI)". Kosten der Umspurung hin und Diskussion um Trassenvarianten her, die Wege sind vorgezeichnet - in die richtige Richtung! Über die Hochgeschwindigkeitsstrecke Port Bou-Barcelona (145,6 km) haben der französische Präsident Mitterand und der spanische Ministerpräsident Gonçales bereits 1993 eine Vereinbarung getroffen. Durch die Verbindung von "TGV Méditerranée" (Valence-Montpellier) und des "TGV Languedoc-Roussillon" (Montpellier-Perpignan) mit einer AVE-Strecke nach Barcelona soll im Jahre 2002 eine Reise von Paris nach Barcelona nur noch 4 1/2 Stunden dauern! Verbindet heute ein nur 1.064 m langer Tunnel von 1878 die Grenzorte Cerbère und Portbou und schlängelt sich die Bahn mühsam an den kahlen Berghängen entlang, so soll künftig der fast 6 km lange "Tunnel de Perthus" eine Beschleunigung der Züge auf über 200 km/h ermöglichen. Umspuren ist dann auch nicht mehr nötig.

Für weitere rund 6 Mrd. US$ wird dann auch das "Zwischenstück" Madrid-Barcelona folgen bzw. eventuell - wenn es mit Zuschüssen der EU und privaten Finanziers klappen sollte - schon fertig sein. Statt 6 Stunden 35 Minuten wie heute, soll man dann nur noch rund 2 Stunden 30 Minuten unterwegs sein. Die Linienführung sieht eine Anbindung von Lleida und Zaragoza vor.

Doch auch die daraus entstehende Strecke Paris-Sevilla soll noch nicht genügen. Im Süden ist an Erweiterungen nach Huelva und Cádiz gedacht, noch wichtiger ist der Anschluß von Málaga ab Córdoba. Schließlich sollen Valencia und Albacete in einem Ypsillon an Madrid angebunden werden, und ab Zaragoza ist an eine Querverbindung nach Irun gedacht. Die größten Erweiterungen aber sind für Nordspanien vorgesehen. Zu diesem Zeitpunkt soll die Ausbaustrecke Irun-Valladolid-Madrid längst mit bis zu 220 km/h benutzbar sein, und auch das "baskische Ypsillon" Vitoria-Gasteiz-Bilbao-Irun soll dazugehören. Auf den neuen Strecken wird von Werten bis 350 km/h gesprochen.

Stadtplan Pamplona

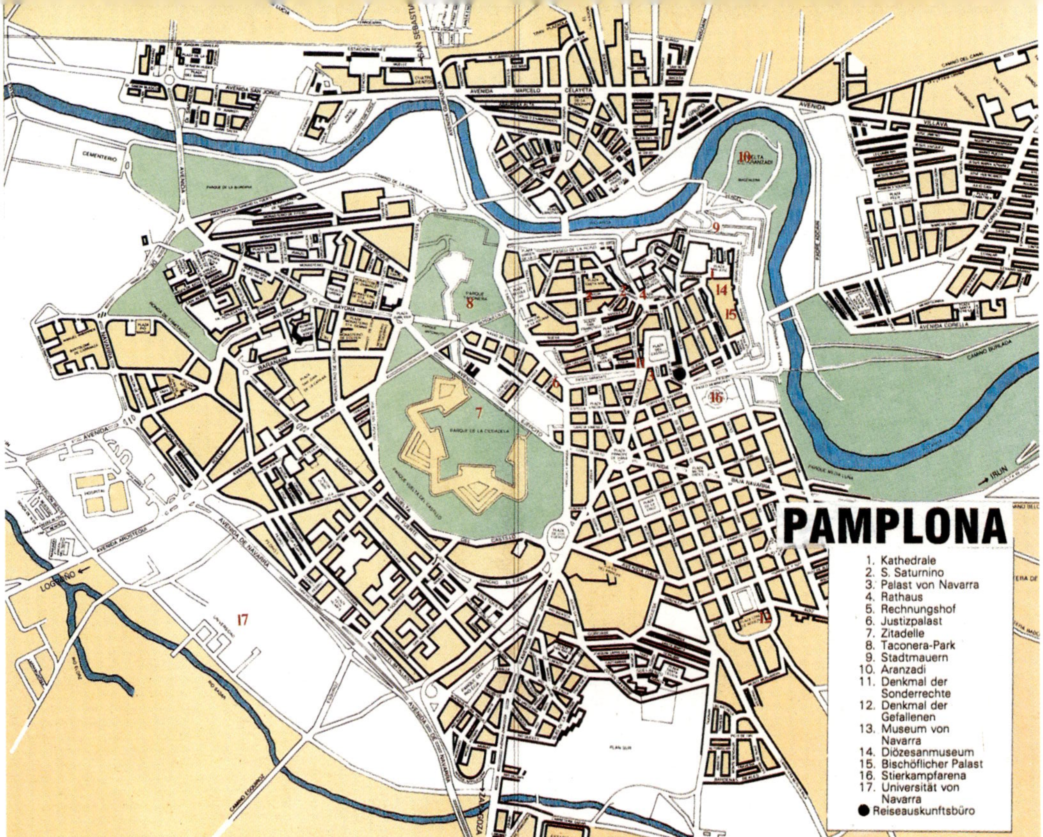
PAMPLONA
1. Kathedrale
2. S. Saturnino
3. Palast von Navarra
4. Rathaus
5. Rechnungshof
6. Justizpalast
7. Zitadelle
8. Taconera-Park
9. Stadtmauern
10. Aranzadi
11. Denkmal der Sonderrechte
12. Denkmal der Gefallenen
13. Museum von Navarra
14. Diözesanmuseum
15. Bischöflicher Palast
16. Stierkampfarena
17. Universität von Navarra
● Reiseauskunftsbüro
SAN SEBASTIAN
IRUN
LOGROÑO
ZARAGOZA
CEMENTERIO
AVENIDA SAN JORGE
AVENIDA MARCELO CELAYETA
AVENIDA CORELLA
CAMINO BURLADA
VILLAVA
AVENIDA DE NAVARRA
AVENIDA ARDITEGUI
BAJA NAVARRA
BARAÑAIN
BAYONA
PARQUE DE LA CIUDADELA
PARQUE TACONERA
HOSPITAL
PLAN SUR
UNIVERSIDAD

Fontaneria

Spektakulär wäre auch die feste Landverbindung zwischen Europa und Afrika über den "Gibraltar Rail Link". Selbst darüber verhandeln Spanien und Marokko seit längerem. Doch nicht nur die Fragen, ob Tunnel (wäre billiger) oder Brücke, 45 oder 64 km Gesamtlänge, Cádiz nach Tanger oder Ceuta, sind entscheidend, sondern auch der politische Wille, Europa an Afrika anzuschließen. Neben Aspekten des Tourismus und der (Armuts-)Wanderung haben allerdings heute schon die Warenströme solche Ausmaße erreicht, daß sich eine leistungsfähige Verbindung lohnen würde. In dieser Diskussion sind wohl noch Überraschungen zu erwarten.

Synchron dazu laufen, wenn nichts Größeres dazwischen kommt, die Eisenbahn-Projekte in den Nachbarländern. Es werden also bald echte "Fernhochgeschwindigkeitszüge" zwischen Spanien (und auch Portugal), Frankreich, Deutschland, England bis in die ehemals "Spanischen Niederlande" Belgien und schließlich Holland auf Normalspur und 25-kV-Strecken durchgehend verkehren, obwohl all diese Länder ihre abstrusen Alt-Systeme vorderhand nebenher noch behalten.

Optimistisch gerechnet steht das Netz im Jahr 2015. Um betriebliche Erfolge in Spanien zu erreichen, sollten 3.055 km Strecken geschlossen werden. Schon 1984 wurde der Schließungsplan auf 2.025 km zurückgenommen, doch dienen auf den verbleibenden 1.030 km nur noch 561 km dem Personenverkehr. Weitere Verhandlungen mit örtlichen Behörden bewirken noch immer Änderungen im Schließungsplan. So sollen vom normalen Netz nun doch Personenzüge verkehren auf insgesamt 649 km, darin Granada-Bobadilla, Utrera-La Roda, Mérida-Villanueva del Río, jedoch sehr ausgedünnt. Geschlossen oder nur als Güterstrecken benutzt sind einige Querbahnen, darunter im Westen Astorga-Plasencia, im Norden Calatayud-Soria-Burgos, Valladolid-Ariza und im Süden Puerto de St. María-Sanlucar westlich von Cádiz.

Eine Reorganisation der Geschäftsleitung nach Managementprinzipien und neues Zugmaterial werden die Attraktivität des Bahnreisens steigern. In Italien wurden sich neigende Gliederzüge gekauft und gemeinsam mit deutschen Firmen 3-kV-Elloks der Reihe S 250 entwickelt. Neue D-Zug-Wagen der Serie 9000 sorgen für modernen Komfort. Immerhin wurde auf bereits bestehenden Strecken mit der Lok 269-601 im Juni 1991 mit 241,3 km/h ein spanischer Rekord gefahren.

Mit dem Bus

Busfahren ist in Spanien ziemlich billig, aber wenig komfortabel. Die Tickets für längere Strecken sind in Reisebüros erhältlich. Es gibt einen gewissen Linienverkehr zwischen größeren Städten, so daß nicht zu lange Reservation notwendig ist.

Wichtig ist der Busverkehr vor allem zwischen kleinen Orten und großen Städten. Der "Fahrplan" ist übersichtlich organisiert, meist fährt zwei Mal pro Tag ein Bus vom Hauptplatz ab.

In Pamplona: Fiesta San Fermín.

Mit dem Flugzeug

Innerhalb Spaniens ist Fliegen ein beliebtes Transportmittel. Hierbei sind Madrid und Barcelona die zentralen Flughäfen für die Iberia, die nationale Luftfahrtgesellschaft. Die Aviaco, die kleinere Tochtergesellschaft, versorgt mit der Iberia zusammen alle Landesteile Spaniens, hat aber manchmal den Vorteil, weniger überfüllt zu sein. Außerdem sind bei Aviaco und anderen Chartergesellschaften die Tarife meist etwas günstiger.

➢ Ermäßigungen

Bei Buchungen in Spanien sind Nachtflüge, also zwischen 0 und 6 Uhr, bis zu 20 % billiger. Zusätzlich bieten Iberia und Aviaco spezielle "Tarifas-Minis" an. Diese innerspanischen Hin-Rückflüge gibt's nur an bestimmten Tagen und müssen eine Woche vorher gebucht werden. Ersparnis: bis zu 40 % des Normaltarifs, zu erfragen im Reisebüro bei Iberia. Die Jugend-Ermäßigungen gehen leider nur bis 22 Jahre, gelten aber noch für Studenten.

Zur Abwechslung auf's Rad: Schnappschuß im Park "San Juan de Arriaga" in Vitoria-Gasteiz, Baskenland

Mit dem Schiff

Trifft für einen Aufenthalt in Nordspanien weniger zu, sei aber erwähnt. Den größten Teil des Seeverkehrs führt die Transmediterránea aus. Sie befährt Linien zwischen dem spanischen Festland und den Balearen (von Barcelona oder Valencia aus). Im Süden hat sie Bedeutung im Übergang nach Marokko und den spanischen Besitzungen Ceuta und Melilla. Auch hier gibt es für Jugendliche unter 26 Jahren **Ermäßigungen**.

Mit dem Nahverkehr

U-Bahnen gibt es in Madrid und Barcelona. In den Ausbau der schienengebundenen Nahverkehrsnetze soll in den nächsten Jahren besonders viel Geld fließen, neue Züge gibt es öfter schon. Ansonsten ist der Bus das bekannte und beliebte Nahverkehrsmittel. Mit den "Bono-Bus"-Tickets kann man verbilligt mehrfach fahren. In der Regel sind U-Bahn und Busse von morgens 6 Uhr bis Mitternacht in Betrieb.

Mit dem Taxi

Selbstverständlich überall ein praktisches und in der Regel stets präsentes Verkehrsmittel. Nicht ganz so billig, wie man es vielleicht annehmen würde. Trotzdem Trinkgeld nicht vergessen.

In Spanien:

Herbergen und Paläste

▲ Hotels und Appartements

Die Kultur der Herbergen und Hotels ist seit ältester Zeit entwickelt. Nicht zuletzt zeugt der *Codex Calixtinus* über den Jakobsweg davon. Doch, gerade dieser Ur-Reiseführer warnt auch vor "üblen Wirten".

Ganz so schlimm ist es heutzutage nicht mehr, aber es gibt schon erhebliche Preisunterschiede. Die typischen Touristenburgen eignen sich für Individualreisen wenig. Nicht nur weil sie nicht am passenden Ort stehen und es schwierig ist, reinzukommen, sondern auch wegen der Preise, die für Alleinreisende verlangt werden.

Hotel-Kategorien

Daneben gibt es eine verwirrende Zahl unterschiedlicher Hotel-Kategorien, die - soweit staatlich anerkannt und kontrolliert - eine blaue Plakette tragen, die auch etwas über die Qualität aussagt. Eine Übersicht:

Paradores	National-Hotels (oberste Preisklasse)
H	Hotel
HR	Hotel Residencia (Ferienhotel, für längere Aufent halte geeignet)
HA	Hotel Apartementos (kl. Wohnungen, längere Aufenthalte)
RA	Residencia Apartementos
M	Motel (an Fernstraßen)
Hs	Hostal (einfacheres Hotel)
P	Pensión (auch Dauerquartiere)
HsR	Hostal Residencia (auch Dauerquartiere)
F	Fonda (einfache Herbergen, meist im Hinterland)
CH	Casas de Huéspedes (einfache Hotels)

Günstig sind die Hostales, die Pensionen oder Hotel-Residenzen (ohne Mahlzeiten, aber meist mit einer Cafeteria und Frühstück). Eine Pensión completa bietet Vollpension mit Frühstück, einem Lunch und einem kompletten Essen und ist nicht überragend teuer, noch besser ist die Halb-Pension, die Pensión media, die sich besser für den Ausflugsurlaub anbietet, der trotzdem den Komfort eines Hotelurlaubs mitbringen soll. "Komplettes Bad" oder "Bad" deutet dabei an, daß es Zimmer mit Dusche und Toilette gibt, dagegen meint "Dusche" nur, daß eine solche irgendwo vorhanden ist. Wenn auch der sonstige Komfort Ansichtssache ist, so sollte man in Bergregionen, in denen man vielleicht ein paar Tage bleiben möchte, auf Heizungen in den Zimmern achten.

Die **billigsten Unterkünfte** sind als **Casas de huéspedes** oder **hospedajes** bekannt. Sie sind sehr einfach ausgestattet. Etwas besser sind die Pensiones oder Fondas, gefolgt von den Hostales oder Hostal-Residencias. In die letzten beiden Kategorien kann man sich gut begeben, wenn man eine etwas angenehme Umgebung sucht, ohne gleich die Superpreise der Touristen-Hotels zahlen zu wollen.

Ansonsten gilt europäischer Standard: Die Zimmerpreise müssen im Empfangsraum und im Zimmer selbst gut lesbar angeschlagen sein; wer nicht auf alles hereinfallen will, der läßt sich auch das Zimmer zeigen, bevor er endgültig bucht. Sollte man wirklich Grund zum Beschweren haben oder der Verdacht vorliegen, überteuerte Preise zahlen zu müssen, sollte man das "Libro de Reclamaciones" verlangen. Hier können Beschwerden eingetragen werden, die offiziell in 48 Stunden den Behörden vorgelegt werden müssen. In den meisten Fällen hilft schon der Hinweis darauf. Sollte das auch nicht wirken, so ist zu empfehlen, sich an die lokale Tourist Information zu wenden.

Besonders wirkt sich die Saison auf die Preisgestaltung aus, zur Erkundung des Landes ist ohnehin die Vor- oder Nachsaison auch klimatisch günstiger. Wer etwas länger in einer größeren Stadt bleiben möchte (z.B. zwei bis vier Wochen), um etwa von hier aus Touren in die Umgebung zu unternehmen, für den bieten sich auch Appartement-Residenzen an, in denen man Appartements ab ca. einem Monat mieten kann. Das kann sich aber auch für kürzere Zeiten leicht rechnen. Aktuelle Informationen bei den Fremdenverkehrsämtern.

An den Küsten und in den Städten ist das Hotel- und Herbergennetz grundsätzlich sehr dicht. Etwas schwächer wird es natürlich im Hinterland, aber dort ballen sich erfahrungsgemäß die Besucher auch nicht so.

Wer sich wirklich auf eine intensive Rundreise mit zahlreichen, spontan wechselnden Hotelunterkünften begeben will, für den ist die Bestellung der "Guía de Hoteles" zu empfehlen, die jährlich beim spanischen Länderbüro erscheint. Sie enthält auch alle aktuellen Preise und ist so sehr gut für die Planung und den Vor-Ort-Vergleich geeignet.

☆ Hotel-Special

Zum Marquis ins Staatshotel

Wer ganz auf "Nummer Sicher" gehen will und die elegante Art liebt, der wählt die ***Paradores***, für die es auch spezielle Informationen und Landkarten gibt. Im Jahre 1928 hatte der königlich-spanische Tourismusbeauftragte Marquis von Vega-Inclan mit der Einrichtung von Nobelherbergen begonnen, die inzwischen zu einer flächendeckenden Kette im ganzen Land herangewachsen sind. Die Paradores wurden also schon vor der Franco-Ära erfunden.

Er erzielte mit seiner "Innovation" gleich mehrere strategische Erfolge: Einerseits wurde an die Tradition der vornehmen Herbergen der feudalen Zeit angeknüpft, wo Diener und Pferde in der "Posada" abstiegen und der Adel sich im "Parador" unter seinesgleichen Kontakte suchte. Andererseits aber wurden vor allem Gebäudekomplexe wie Paläste, Schlösser und Klöster, die zwischenzeitlich an den Staat gefallen waren und diesen bislang nur Unterhalt kosteten, einer neuen, gewinnbringenden Funktion zugeführt. Heute bieten die Paradores, die anfänglich auch noch moderat im Preis sein sollten, tatsächlich in der Regel erstklassigen Luxus und sind dementsprechend in den oberen Preiskategorien zu finden.

In **Nordspanien** sind vor allem zu empfehlen das "Hotel des los Reyes Católicos" in Santiago de Compostela, das ursprünglich von Ferdinand und Isabella persönlich eingerichtet worden sein soll (mit knapp unter 400 DM fürs Doppelzimmer auch eines der teuersten), und das "Hotel de San Marcos" in León sowie das "Hotel Fernando II de León" in Benavente südlich León. Auch ganz im Westen ist das "Conde de Gondomar" in Bayona/Pontevedra in einer alten Fortifikation ganz herrlich gelegen (Doppelzimmer um 240 DM). In Katalonien ist das "Duques de Cardona" über dem Geburtsort des Hl. Ramón Nonato sehr schön: Es ist in einer Burg eingerichtet (Doppel um 180 DM).

Eine **Reservierungszentrale** befindet sich in Madrid: Central de Reservas Paradores, Calle Velázquez, 18. 28001 Madrid, Tel. 91/435 97 00, Fax 91/435 99 44 und in Düsseldorf: Ibero Hotel Reservation, Steinstraße 21, 40210 Düsseldorf, Tel. 0211/864 15 20, Fax 0211/32 89 05.

Λ Camping

In Spanien gibt es um die 700 Campingplätze, von denen zwei Drittel an der Küste liegen. Sie sind in drei Kategorien eingeteilt, die in etwa auch der Preisgestaltung entsprechen. Natürlich ist Campen die günstigste Art unterzukommen, aber man muß auch die ganze Ausrüstung mitnehmen und transportieren. Auch die Spanier selbst begeistern sich zunehmend für diese Art der Freizeitgestaltung, was besonders im Naherholungsbereich der Städte deutlich wird. **Dauercamper** gehören da zum gewohnten Bild.

Jeder spanische Campingplatz ist übrigens verpflichtet, ein **Wertsachendepot** einzurichten, was auf jeden Fall die eigenen Nerven schont. Darüberhinaus müssen Beschwerdeblätter vorhanden sein - nur für den Fall, daß bei Problemen gütliche Einigungsversuche scheitern.

Wildcampen ist in Spanien überall erlaubt, aber nicht besonders gern gesehen. Innerhalb von Ortschaften ist es verboten, ebenso direkt am Wasser (Meer/Binnengewässer) und in ausgetrockneten Flußläufen. Daß man auf Privatgrundstücken (cozo privado) den Besitzer fragt, ist klar, außerdem lieben Gutsherren in Spanien gefährliche Dalmatiner-Hunde... Ansonsten aber kann in touristenarmen Gebieten, wo auch Zeltmarder kaum auftreten, das Wildcampen echt empfohlen werden. Aber oberstes Gebot: Verlaßt die Plätze so, wie ihr sie vorgefunden habt.

Vom Fremdenverkehrsamt die "Mapa de Camping" oder die "Guía de Camping" besorgen, falls die Special-Tips in diesem Buch nicht ausreichen. Die "Mapa" leistet allerdings auch als Landkarte gute Dienste.

Allgemeine Informationen über Camping in Spanien:

Federación Española de Campings y Ciudades de Vacaciones
General Oráa, 52, 2 D, 28006 Madrid, Tel. 91/562 99 94.

▲ Jugendherbergen

Auch in Spanien gibt es ein Netz von Jugendherbergen, das *Red Española de Albergues Juveniles* (REAJ). Im ganzen Land gibt es an die 250 Jugendherbergen, wovon etwa 100 ganzjährig betrieben werden.

Bis 26 Jahre sind die Preise sehr günstig, darüber wird ein Zuschlag verlangt. Meist liegen die Jugendherbergen etwas außerhalb, manchmal ist praktisch ein eigener Wagen erforderlich. Noch störender aber dürfte im Sommer- und Abendland Spanien die in der Regel frühen Schließungszeiten sein. Trotzdem sind die JuHes oft ausgebucht, manchmal muß man wochenlang vorreservieren. Wie in Deutschland oder der Schweiz werden sie hauptsächlich von Schulklassen angefahren, demgemäß ist auch viel Trubel.

Wer sich dafür entscheidet und das Internationale Jugendherbergsverzeichnis nicht mitnimmt, der wendet sich an REAJ, Calle José Ortega y Gasset, 71, Ap. 208, 28006 Madrid, Tel. 91/401/13 00.

▲ Sonstige Unterkünfte

➢ Casas Rusticás

Besonders im Baskenland bekannt und beliebt: Landhäuser mit einfachem Komfort und sehr billigen Preisen. In offiziellen Verzeichnissen unter dem Bereich "Agrotourismo", aber keine Angst, man muß nicht Bauer sein, um hier zugelassen zu werden.

➢ Casas Particulares

Die eigentlichen Privatunterkünfte, oft nur durch Restaurant- und Kneipenwirte bzw. Empfehlungen in Tourist Informationen zu erfahren. Eine gute Alternative, wenn man richtig ins Hinterland fährt, wo es dann sowieso nicht an jeder Ecke eine Pension oder ein Hotel gibt.

➢ Refugios

Eigentlich nur Wanderhütten; die meisten sind offen und stehen den Wanderern unter Einhaltung der Ordnungsregeln zur Verfügung. Besonders in den Pyrenäen und in den Kantabrischen Kordilleren bekannt. Eignet sich natürlich für einen Ausflug, aber nicht für einen Daueraufenthalt.

➢ Klöster und Konvente

Eine weitere sehr günstige Unterkunft. Manche verlangen prinzipiell keine Gebühr (Es wird allerdings - zurecht - eine milde Gabe erwartet). Die Klöster spielen ebenso im Hinterland wie auch am Jakobsweg eine besondere Rolle. In der Beherbergung werden natürlich die Respektierung der Regeln erwartet. Dies gilt für den Umgang im Haus und für die getrennte Unterbringung der Geschlechter. Auf der anderen Seite kann man hier in aller Stille die wunderbarsten romanischen und gotischen Gebäude in nahezu originaler mittelalterlicher Stimmung erleben. Wer das nicht nur als schrille Alternative begreift, sondern sich der Kontemplation hingeben möchte, für den ist es sicherlich ein guter Tip. Die lokalen Tourist Informationen verfügen stets über nähere Informationen.

In Spanien:

Wichtiges von A bis Z

✗ AIDS

Auch in Spanien, wie überall in der Welt, ein Thema. Man sollte sich einprägen, daß landläufige Vorurteile nicht gelten: Man kann einem Menschen nicht ansehen, ob er AIDS hat oder nicht. Übertragungen im normalen Umgang sind äußerst selten, dagegen besteht ein hohes Infektionsrisiko beim Sexualverkehr. Das Kondom ist zur Zeit das einzige Mittel, das Schutz vor HIV und anderen sexuell übertragbaren Krankheitserregern bietet, wenn man es richtig benutzt. Gute Markenkondome gibt's auch in Spanien, speziell natürlich in den Touristikzentren.

✗ Angeln

Angeln ist in den Flußläufen Nordspaniens beliebt bei Einheimischen wie Touristen. Zu den Fischarten, die im Süßwasser gefangen werden können, zählen Forellen, Lachse, Karpfen und Barben, Lachsforelle und Hechte sind heimisch. Besondere Informationen für die Fischer gibt es in den spanischen Touristenbüros vor Ort. Der Angelfreund sollte jedoch sein Zubehör von zu Hause mitbringen, da dieses an Touristen nur zu überhöhten Preisen abgegeben wird.

✗ Apotheken

Spaniens Apotheken sind in der Regel mit einem weißen Schild, auf dem ein grünes Kreuz abgebildet ist, gekennzeichnet. Geöffnet sind die farmacias meist von 9 bis 13 Uhr und von 15 bis 19 Uhr, samstags nur bis 12.30 Uhr. Abends und am Wochenende gibt es wie bei uns Apotheken mit Notdienst. Die Adresse der nächsten Apotheke mit Notdienst hängt in jeder Apotheke im Schaufenster aus bzw. wird in den Tageszeitungen abgedruckt.

Das Angebot in den spanischen Apotheken ist meist kleiner als bei uns. Viele Medikamente sind unter anderen Bezeichnungen geläufig. Wichtige Medikamente, insbesondere auch Antibabypillen, lieber von zu Hause mitnehmen. Ansonsten sind die gängigen Mittel preisgünstig.

Sehr positiv ist, daß man den Eindruck gewinnen kann, Apotheker seien eine Art "Barfußärzte" im ganzen Land. Will sagen: Mit kleineren Verletzungen kann man sich auch an einen Apotheker wenden.

✗ Bleifreies Benzin

Inzwischen existiert auch in Spanien ein flächendeckendes Netz von "Bleifrei"-Tankstellen.

✗ Diebstahl

Achtung: In Spanien wird immer noch viel geklaut; ausländische Autofahrer können fast mit Gewißheit einen Auto-

Aufbruch erwarten. Wer länger travellt, dem sei eine Hup-Warnanlage in seinem Wagen empfohlen. Außerdem (und trotzdem): Nie Wertvolles im Auto lassen. Auch auf Campingplätzen acht geben. Wichtige Papiere in den Tresor des Platzes! Vor Hotels, insbesondere in großen Städten, während dem Ausladen immer einen Bewacher am Auto lassen. Vor jeder Übernachtung alles aus dem Auto räumen, am besten auch den Autoradio im Wechselrahmen mitführen.
Doch auch wer "nur" zu Fuß unterwegs ist, sollte sich vorsehen. Taschen- und Trickdiebstahl kennen unvorstellbare Varianten. Wer zuerst ob der Gastfreundschaft über eine zufällig ans Revers geheftete Blume ganz hingerissen ist, bemerkt unter Umständen bald die fehlende Brieftasche ...

✗ Feiertage

1. Januar	Neujahr
6. Januar	Hl. Drei Könige
19. März	
Gründonnerstag, Karfreitag	
(Katalonien: Karfreitag, Ostermontag)	
1. Mai	
24.Juni	
29.Juni	
Fronleichnam	
18. Juli	Beginn des Bürgerkriegs 1936
25. Juli	Hl. Jakobus
15. August	Mariä Himmelfahrt
12. Oktober	
1. November	Allerheiligen
8. Dezember	Mariä Empfängnis
15. Dezember	
25. Dezember	

✗ Darüber hinaus feiert jede Stadt das Fest ihres Stadtheiligen.

✗ Fotografieren

Filme und Zubehör sind in Spanien wesentlich teurer als bei uns. Man deckt sich also vor der Reise am besten mit ausreichend Material ein.

✗ Fußball

Unter den Arenasportarten zieht er inzwischen mit dem Stierkampf gleich. Wer sich in Barcelona während eines Heimspiels aufhält, sollte nicht verpassen, einmal im Stadion dabeizusein. Das Erlebnis geht mit Sicherheit weit über den Bundesliga-Alltag hinaus!

✗ Gastronomie

Typisch für die spanische Küche ist die Verwendung von Olivenöl und Knoblauch, während ansonsten die Kochgewohnheiten regional sehr unterschiedlich sind. Gut sind besonders Eierspeisen, Reisgerichte und Fisch. Zwei Besonderheiten: Das Frühstück fällt sehr mager aus, und die Essenszeiten sind sehr spät (mittags 14-16 Uhr und abends 21-22 Uhr). Bestens geeignet für den Hunger zwischendurch sind die *tapas*, *pinchos* oder *banderillas*, leckere Kleinigkeiten, die an den Theken der Kneipen (Tascas) aufgebaut sind (Tortillas, Fleischbällchen, Calamares etc.).
Als Getränke zum Essen üblich sind die Hausmarke, der *vino de la casa*, den der Gast oft noch mit Wasser verdünnt. Neben Flaschenbier gibt es inzwischen auch vielerorts offenes (una cana bestellen).

✗ Geschäftszeiten

sind in der Regel von 9 bis 13/14 Uhr und von 16 bis 19 Uhr. Dazwischen ist die berühmte *siesta*.

✗ Gesundheit

Es empfiehlt sich, eine "internationale Anspruchsbescheinigung" (Auslandskrankenschein) der gesetzlichen Krankenkasse mitzunehmen. Medikamente müssen bar bezahlt werden, die Kosten werden jedoch von der Krankenkasse rückerstattet. Daneben empfiehlt es sich, unabhängig vom benutzten Verkehrsmittel, eine kleine Reise-Apotheke anzulegen und mitzunehmen. Besondere Impfungen sind für (Nord-)Spanien nicht erforderlich, eine (aufgefrischte) Tetanusimpfung, die gegen Blutvergiftung auch bei kleinsten Verletzungen schützt, ist aber immer nützlich.

Wer lebensnotwendige Medikamente braucht oder einfach als Traveller "up-to-date" sein will, der hat noch den ENA dabei, den Europäischen Notfallausweis. Er ist in EU-Sprachen abgefaßt und beschreibt die eigene Blutgruppe, lebenswichtige Medikamente, die man benötigt, Überempfindlichkeiten und Allergien etc. Gegen einen Unkostenbeitrag von ca. 2,- DM kann er bei einigen Groß-Druckereien oder beim Deutschen Bundesverlag, Postfach 12 03 80, 53005 Bonn, Tel. 0228/382080 bestellt werden.

Ärzte, die auch deutsch oder englisch sprechen, sind vor allem in Touristikzentren und großen Städten anzutreffen. Schließlich kann zusätzlich zum gesetzlichen oder privaten Versicherungsschutz für meist günstige Prämien eine zeitlich begrenzte Reiseversicherung abgeschlossen werden. Diese kann mit Rückholungsdiensten versehen werden, die immer wichtig werden können. Bei Auto- und Euroschutzbriefen sind solche Versicherungen teilweise mit inbegriffen. Also, nicht überversichern, aber ggf. vor der Reise beraten lassen.

✗ Golf

Auch in Spanien setzt sich der Siegeszug des weißen Balls auf grünem Rasen fort. Noch ist Golf kein Volkssport (und soll es wohl auch nie werden), die Anzahl von inzwischen weit über 100 Golfplätzen im ganzen Land führt aber zu einer "Verbreiterung". Wer also zu Hause Mitglied eines Clubs ist oder hin und wieder dort gerne vorbeischaut, der kommt auch auf der Reise nach Spanien gelegentlich zu seinem Hobby. Zugegeben sei allerdings, daß die "Golfküste" nicht in Nordspanien liegt, sondern um Málaga im Süden an der Costa del Sol.

In Barcelona ist der führende Club der Real Club de Golf El Prat. Mit Gerona gibt es in Katalonien an die 10 Plätze. Auch in Santander gibt es einen Nobelclub, den Real Golf de Pedreña. Im Real Golf Club de San Sebastián spielt der Golfstar José Maria Olazabal nicht nur, er wuchs hier praktisch auf: Sein Vater war Greenkeeper. Und wer sich ganz bis an den Westzipfel in die Provinz Pontevedra durchschlägt, der wird mit dem hübschen Platz La Toja auf der gleichnamigen Insel belohnt.

Wer sich rechtzeitig über den aktuellen Stand der eingerichteten Plätze und die genauen Adressen informieren möchte, der schreibt an die Real Federación de Golf, Calle Capitan Haya 9, Madrid, Tel. 91/455-2682.

✗ Maßeinheiten

Keine Umstellung gegenüber mitteleuropäischen Gewohnheiten (Längen, Gewichte, Kleidermaße). Auch die Stromspannung (220 Volt, 50 Hz) entspricht jener in Deutschland, allerdings sollte man sich ggf. einen Adapter besorgen.

✗ Medizinische Hilfe

- siehe Gesundheit

✗ Museen, Galerien

Die staatlichen Museen sind meist Sonntag mittags und Montag geschlossen. Die Preise sind nicht übermäßig hoch, es ist jedoch in der Regel nicht erlaubt zu fotografieren, schon gar nicht mit Blitzlicht! Längere Öffnungszeiten haben in der Regel die die privaten Museen und Galerien. Sie sind allerdings im Eintrittspreis auch marktorientiert.

✗ Polizei

Vier verschiedene Gruppen:

Guardia Civil - Gehaßt und gefürchtet, weit über Spanien hinaus bekannt, auch ein Relikt aus der Franco-Ära. Als Bundespolizei mit Befugnissen an den Grenzen und im Land steht die Organisation immer noch mit einer Sonderrolle neben der Staatsorganisation. Inzwischen scheint sie sich jedoch auf die demokratische Verfassung gestellt zu haben. Als Repräsentanz des spanischen Einheitsstaates ist sie natürlich auch bevorzugtes Angriffsziel der radikalen Separatistengruppen. Das erklärt auch die überreizte Spannung, welche die Guardia Civil in Atem hält. Leider ist der Fall eines deutschen Touristen, der - in einer Einbahnstraße als Falschfahrer verirrt - vor einer Guardia-Civil-Dienststelle wenden wollte und dabei "vorsorglich" erschossen wurde, keine Legende, sondern den Autoren persönlich verbürgt. Zurückhaltendes Benehmen als fremder Gast ist also mehr als angebracht.

Policia Nacional - Ebenfalls eine nationale Polizei, zwar auch in (hellbraunen) Uniformen anzutreffen, jedoch mit eher kriminalpolizeilichen Aufgaben.

Policia Municipal - Die regionale oder örtliche eigentliche Polizei in den blauen Uniformen. Ihr werden z.B. Verkehrsunfälle gemeldet.

Touristenpolizei - In sog. Centres de Atención Policial Juridico können in Touristenzentren kleine Fälle von Kriminalität gemeldet werden wie Diebstähle etc. Meist wird deutsch, englisch oder französisch gesprochen.

✗ Post (Correos)

Geöffnet von Mo-Fr 9-14 Uhr und 16-19 Uhr, samstags bis 13 Uhr. Auch postlagernde Sendungen (für Nachsendungen oder Notfälle vielleicht wichtig) können durch Vorlegen des Personalausweises empfangen werden. Das Stichwort dazu ist "Lista de Correos" - das sollte der Absender statt einer Straßenadresse auf die Sendung schreiben.

Post- und Telefondienst sind in Spanien übrigens zwei getrennte Unternehmen. Und auch einen für Touristen wichtigen Postdienst kann man anderswo erledigen: Briefmarken (z.B. für die Ansichtskarte an Tante Frieda in Bottrop) gibt's auch in Tabakläden, *Estancos* (also, keine Ausreden!).

✗ Preise

Früher war Spanien ein richtiges "Billigland". Mit dem Anschluß an die europäische Wirtschaft, die Aufnahme in die EG hat sich das geändert. Zum Glück. Denn das Lebensniveau für die Spanier lag weit unter jenem Mitteleuropas. Noch immer erleiden Regierungen in Spanien Krisen durch Demonstrationen und Streiks, die aufgrund sozialer Ungerechtigkeit oder hoher Arbeitslosigkeit zustande kommen. Aber das allgemeine Wirtschafts- und Lebenshaltungsniveau hat sich doch rasant an das der nördlichen Umgebung angepaßt. Damit ist Spanien auch kein ausdrückliches "Billiglohnland" mehr, diese unselige Funktion haben inzwischen andere, vor allem östliche Länder übernommen.

Zurück zu den Preisen. Sie sind in den Touristenzentren - abgesehen von den von Deutschland aus gebuchten Pauschalangeboten - natürlich reichlich hoch. Auf dem "flachen Land", sprich etwas abseits der Touristenpfade, also vor allem auch in Nordspanien, kann man jedoch noch vorteilhaftere Grundpreise wahrnehmen. Dazu sollte man sich allerdings auch in ortsüblicher Umgebung bewegen (kleine Hotels, "spanische" Campings, Bars, normale Geschäfte etc.) und den ortsüblichen Service akzeptieren. "Wiener Schnitzel" kostet immer mehr. Zurecht.

✗ Ski fahren

Vielleicht am wenigsten im Bewußtsein ist die Tatsache, daß Spanien zu den gebirgigsten Ländern Europas, nach Norwegen und der Schweiz, gehört. So ist vor allem in Nordspanien auch Ski fahren keine völlig unbekannte Größe, wenn es auch den Winter (Weihnachten bis Ostern) dazu braucht. Auf der gesamten Länge der Pyrenäen finden sich Wintersportorte. Bedeutende Orte sind hier Baqueira-Beret, Tuca-Betrén, Formigal, Candanchú, Astún, Cerler, El Port-ainé, La Molina und Nuria. Auch in den Picos de Europa und in den Kantabrischen Kordilleren sowie in den Bergen von Galicien gibt es Wintersportplätze. Der besondere Reiz zwischen "morgens Ski fahren und mittags im Meer baden" gibt es allerdings nur zu bestimmten Zeiten ganz im Süden unter der Sierra Nevada.

✗ Reisezeit

Im ganzen nordspanischen Klimagürtel liegen die Temperaturen noch in Bereichen wie in Süddeutschland, der Schweiz oder Österreich in einem schönen Sommer, d.h. warm, aber gerade noch unter tropisch heiß. Im heißesten Monat August können in Pamplona, Zaragoza oder Vitoria-Gasteiz schon 35° C erreicht werden, im Mai oder September können es aber auch durchschnittlich 15° bis 20° C sein. Aufgrund der geographischen Lage gibt es im Binnenland zwischen Tag und Nacht starke Schwankungen, also nicht nur im T-Shirt anreisen! An den Küsten werden diese Schwankungen eher ausgeglichen, und das Leben an der Promenade und am Strand profitiert davon.

✗ Sprachschulen

Spanisch als Weltsprache besitzt immer noch große, vielleicht sogar zunehmende Bedeutung. Statt langweilig zu Hause zu pauken, könnte man das ja auch vor Ort tun - von lauter muttersprachlich sprechenden Spaniern umgeben, ganz nebenbei auch noch unter südlicher Sonne und im Getriebe der Ramblas ...
Das denken wirklich viele, und so ist gerade Barcelona eine Stadt der Sprachkurse und Sprachschulen. Im Sommer gibt es hier auch die Möglichkeit Studentenzimmer oder in Appartementhotels nette kleine Wohnungen für einen oder zwei Monate zu mieten. Eine wirklich reizvolle und empfehlenswerte Alternative für einen Aufenthalt "am Puls" des Landes.

Offizielle Zusammenstellungen angebotener Kurse in der Saison werden vom spanischen Kulturministerium herausgegeben. Nähere Informationen bei den Spanischen Fremdenverkehrsämtern in Deutschland etc.

✗ Surfen

Sicherlich bekannter als Ski fahren in Spanien. Windsurfen ist an nahezu allen Stränden in Spanien möglich und weit verbreitet, d.h. man kann auch vor Ort meist Surfbretter mieten.

✗ Telefonieren

Von Hotels aus nicht empfehlenswert, da überaus zu teuer! Ist ins Ausland aber auch von Münzfernsprechern aus möglich (25-, 50- und 100 Ptas.-Münzen) bzw. neuerdings auch von Kartentelefonen ("tarjetas telefonicas"); Vorwahl nach Deutschland 07 (Wähltton abwarten) 49 (bei der deutschen Vorwahl die 0 weglassen). Gleiches Vorgehen in die Schweiz mit 07 41 und nach Österreich mit 07 43. Nach Deutschland kostet eine Minute ca. 180 bis 200 Ptas. Die internationale Telefonauskunft hat die Rufnummer 008.

Das R-Gespräch kommt inzwischen auch bei der deutschen Telekom in Mode, d.h. man ruft an, aber der Empfänger in Deutschland bezahlt. Die bislang bekannt gegebene Nummer ist 900-99-0049.

✗ Toiletten

In Hotels und Museen mit viel internationalem Publikum und neueren Bauten unsere von zu Hause gewöhnten Sitztoiletten. Auf Campingplätzen oder den am Strand aufgestellten Toiletten fehlt oft das Papier; also immer eine Rolle in der Tasche haben. Außerdem sollte man seine Füße immer in Schuhen mit Plastiksohlen verwahren, tritt man den Gang zum Lokus an. So manche Espradilles segneten bei den zahlreichen Kloüberläufen das Zeitliche, und besonders reinlich ist es auch nicht, blanken Fußes im Klowasser zu waten.

Ja, ja, sie wären ja hygienischer, wenn alle richtig zielen und anständig nachspülen würden. Aber so schluckt mancher eher zart besaitete Zeitgenosse erstmal, wenn ihn das erste Stehklo ereilt. Nun, sind sie gepflegt, ist ein Stehklo mindestens genauso gut wie die gute alte Klobrille, und ansonsten ersparen wir uns weitere Kommentare ...

✗ Trinkgelder

Spanien ist auch in der Frage des Bedienungsgeldes in Restaurants und der Mehrwertsteuer (IVA) an mitteleuropäische Normen herangekommen. Das heißt, diese Prozentsätze sind bereits inbegriffen. Dennoch ist es eine gute Regel, daß man "aufrundet" oder bis zu 10 % Prozent als "tip" aufschlägt. Absehen sollte man von solchen "Trinkgeldern" gegenüber Polizei oder Guardia Civil. Ein solches Vorgehen wird sofort als Bestechungsversuch gewertet!

✗ Verhaltensregeln

Natürlich ist der Zugereiste "Tourist". Aber vielleicht kann er sich in einigen Dingen so verhalten, daß er nicht gerade extrem gegen die Vorstellungen und Gewohnheiten der Bevölkerung verstößt. Wer sich nicht von vorneherein "outen" will, der trägt - außer am Strand und beim Sport - in Spanien keine kurzen Hosen!! Auch eine gemeinsame Rechnung im Lokal ist immer normal. Die ja insbesondere im prüderen Norddeutschland übliche Sitte, sich nie an einen Tisch zu setzen, an dem schon jemand sitzt, kann beibehalten werden. Auch Spanier schätzen es nicht, wenn man fragen würde: "Ist noch etwas frei?" Wenn man erst einmal sitzt, so kann es auch am Morgen schon normal sein, Alkohol, z.B. einen Sherry, zu trinken. Neben Wein und Cognac wird abends zum Abschluß auch gerne ein Whiskey genommen. Nur, "betrunken" sollte man in Spanien nie sein! Säufer und Horden von bierseligen Deutschen oder Engländern werden tief verachtet. Und schließlich sollte man sich nie über die ausgedehnte und wirklich sehr ruhige Siestazeit am Nachmittag aufregen. Was bis zum Mittag nicht erledigt ist, muß einfach bis morgen Zeit haben.

✗ Verhütungsmittel

Verhütungsmittel sind zwar auch in Spanien erhältlich, um sich aber unnötiges Suchen und die Konfrontation mit der immer noch sehr prüden Mentalität zu ersparen, hier gibt es keine Präservative im Automat, zu ersparen. Man nehme das, was man meint zu brauchen, unbedingt in ausreichender Menge mit.

✗ Waldbrand

Wie in allen südeuropäischen Ländern wird auch Spanien jeden Sommer wieder von Waldbränden heimgesucht. Im Jahre 1994 war es in Nordspanien besonders schlimm. Gezielte Brandstiftung zum Hinauftreiben von Grundstückspreise, aber auch die immer wieder achtlos weggeworfene Zigarette oder die Wahnsinnsidee, mitten im Wald ein Feuer zu machen, führen immer wieder zu Waldbränden. Paßt also auf, macht kein offenes Feuer, und haltet die Augen auf, denn leider kommen bei den sich rasend schnell ausbreitenden Bränden auch in niederem Gebüsch jedes Jahr Menschen zu Tode, die von den Flammen überrascht und eingeschlossen werden.

✗ Wandern

Nordspanien ist geradezu ideal für Wanderfreaks, man muß nicht wie Luis Trenker irgendwelche Gletscher bezwingen, sondern die Berge sind angenehm zu erwandern, insbesondere für die etwas Ungeübteren.

✗ Zeit

Auf dem spanischen Festland gilt die Mitteleuropäische Zeit, ebenfalls zeitgleich von Anfang April bis Ende September die Sommerzeit.

✗ Zeitungen

Die landesweit verbreiteten, großen Zeitungen sind *El Pais*, *Diario 16*, *El Correo Español, ABC* und *La Vanguardia.* Die angesehenste Tageszeitung ist *El Pais*, die in Madrid erscheint und eher liberal ausgerichtet ist.

Die beste Auswahl an Zeitungen und Zeitschriften hat man natürlich in den großen Städten und an den Flughafen-Kiosken. Deutsche Zeitungen und Zeitschriften werden in den meisten Orten der touristisch erschlossenen Gebiete der Nordküste und in den großen Städten am Zeitungskiosk angeboten, ebenso in großen Hotels und auf großen Campingplätzen. In der Regel sind die Zeitungen nur mit einem Tag Verspätung in Spanien erhältlich.

✗ Zoll

Was manchmal gerne verwechselt wird, ist **Grenzpolizei** und **Zoll**.

Trotz der neuen Freizügigkeit in der EU gilt noch ein sog. "Mengenkatalog" für Waren, die zollfrei - also ohne eine zusätzliche Steuer - zwischen den EU-Ländern ein- oder ausgeführt werden dürfen. Dies dient im Sinne des Gesetzgebers zur Abgrenzung des privaten Verbrauchs vom gewerblichen Handel. Allerdings sind die Mengen soweit nach oben geschraubt worden, daß wohl ein gewöhnlicher Rucksack im Zug oder Pkw auf der Straße nicht ausreicht, das alles mitzunehmen. Der Mengenkatalog von 1994 stellte maximal fest: Zigaretten 800 Stück, Zigarillos 400 Stück, Zigarren 200 Stück, Rauchtabak 1 kg; alkoholische Getränke: Spirituosen 10 Liter, Zwischenerzeugnisse wie Likör etc. 20 l, Schaumwein 60 l oder Wein 90 l, Bier 110 l (na denn, Prost!).

In Spanien:

Kleiner Sprachführer

Spanisch ist als romanische Sprache für Deutschsprachige relativ einfach, und vieles kann sehr schnell aufgeschnappt werden. Man wird schnell merken, daß außerhalb der großen Metropolen auch Englisch- oder Französischkenntnisse nur bedingt von Nutzen sind. Da der Fremdsprachenunterricht in Spanien lange vernachlässigt wurde, ist ein Wörterbuch oder ein Sprachführer eine sinnvolle Anschaffung. Eine kleine Übersicht, in der schnell die einfachsten Wörter nachzuschlagen sind, soll die Kommunikation erleichtern. Wir geben nachfolgend eine kleine Auswahl an Alltagsvokabeln des Kastilischen mit auf die Reise.

Ausspracheregeln

b und p: viel weicher als im Deutschen
c: entspricht unserem k vor a, o, u und Konsonanten, vor e und i wie das englische "th"
ch: stimmloses deutsches "tsch"
ei/eu: Buchstaben werden einzeln ausgesprochen wie bei Amadeus
g: wie deutsches g vor a, o, u und Konsonanten, vor e und i wie "ch"
gue/gui: wie deutsches g
h: grundsätzlich stumm
j: wie "ch"
ll: wie deutsche lj, aber das j überwiegt. Im Kastilischen steht das ll oft am Wort- oder Silbenanfang.
ñ: wie gn bei Champagner
qu: vor e und i wie unser k
rr: gerolltes Zungen-R
s: stimmlos und scharf wie ß
v: wie ein leichtes b
y: am Wort- oder Silbenanfang wie ein j, am Ende des Wortes wie ein i
z: wie s, nur vor e und i wie engl."th"

Die **Betonung** im Spanischen liegt auf dem Vokal der vorletzten Silbe. Logischerweise verschiebt ein Akzent die Betonung auf den entsprechenden Vokal. Männliches endet in der Regel mit o, Weibliches mit a.

Allgemeines

ja/nein	sí/no
bitte/danke	por favor/gracias, con mucho gusto
Keine Ursache!	da nada!
Herr/Frau	Señor/Señora
Entschuldigung	perdón, disculpe
Guten Tag	buenas días (bis 12 h) buenos tardes (20 h)
Gute Nacht	buenos noches (ab 20 h, auch Gruß)
auf Wiedersehen	adios (Verabschiedung für immer)
bis dann	hasta luego
hallo	hola
grüß dich!	qué tal!
wie geht's?	qué tal estás?

du bist schön	estás hermoso
ich liebe dich	te quiero
verstehen Sie mich?	me entiende?
ich verstehe nicht	no comprendo
wie geht es Ihnen?	como está?
sehr gut	muy bien
können Sie mir sagen?	puedo decirme?
wie spät ist es?	que hora es?
um wieviel Uhr?	a que hora?
wo?	dónde?
wohin?	adónde?
wann?	cuándo?
wieviel?	cuánto?
gut/schlecht	bueno/malo
sauber/schmutzig	limpio/sucio
heiß/kalt	caliente/fríoa
offen	abierto
geschlossen	cerrado
(nicht) richtig	(in) correcto
früh/spät	temprano/tarde
voll/leer	llemo/vacio
groß/klein	grande/pequeno
ich möchte	quiero
ich brauche	necesito
ich suche	busco

Unterwegs

links/rechts	izquierda/derecha
geradeaus	derecho, directamente, todo seguido
abbiegen	torcer
wo ist?	dónde esta?
wie komme ich nach?	cómo llego a?
wo fahren Sie hin?	adónde va usted?
wohin führt diese Straße?	a dónde conduce esta calle?
wie weit ist es bis?	a que distancia estoy de?
weit/nah	lejos/cerca
wie lange dauert diese Fahrt?	cuánto dura esta viaje?
wann fährt der Bus ab?	cuándo sale el autobús?
Ticket	tiquete
Stadtplan/Landkarte	plano/mapa
Tankstelle	bomba, gasolinera
ich brauche Benzin	necesito gasolina
Auto	el coche
Auto mieten	alquilar coche
Führerschein	permiso de conducir
Panne	avería
Unfall	accidente
Rad, Reifen	rueda
defekt	estropeado
Reifenpanne	reventón de neumático
Werkstatt	taller
Geschwindigkeit	velocidad
Kilometer	kilómetros
Polizei	policía
Reisebüro	la agencia de viajes

Geographie

Westen/Osten	oueste/este
Süden/Norden	sur/norte
Fluß	rio
Meer	mar
Gebirge	sierra
Strand	playa
an der Küste	en la costa
Stadt/Dorf	ciudad/pueblo
Stadtteil	barrio
Rathaus	ayuntamiento
Rathaus-, Hauptplatz	plaza mayor
Platz	plaza
Stierkampfarena	plaza de toros

Übernachten

Zimmer	habitación, cuarto
wie teuer ist?	cuánto vale?
Nehmen Sie Kreditkarten?	acepta tarjetas de crédito?
Reservierung	reserva
Gepäck/Koffer	equipaje/maleta
für zwei Personen	para dos personas
Betten	camas
Bad	baño
Waschbecken	lavabo
Warmwasser	agua caliente
Dusche	ducha
Balkon	balcón
Ventilator	van, abaníco
belegt	completo
inklusive	incluido
Hotel	hotel
Doppelzimmer	doble
Appartement	apartemento

Restaurant

essen/trinken	comer/beber
Hunger/Durst	hambre/sed
Kellner	camareno
Speisekarte	carta, menú
bestellen	pedir
bezahlen	pagar
Rechnung	cuenta
Trinkgeld	propina
ich möchte	quiero
es ist genug	es bastante
Toilette	servicios
Herren/Damen	caballeros/señoras
Frühstück	desayuno
Mittagessen, Mahlzeit	comida
Tagesmenü	menú del día
Abendessen	cena
Vorspeise	entremeses
Nachtisch	postre
Gabel	tenedor
Löffel	cuchara
Messer	chuchillo
Teller	plato
Glas	vaso
Fleisch	carne
Schweinefleich	cerdo
Rindfleisch	vaca
Steak	biste(c)
Schinken	jamón
Huhn	pollo
Fisch	pescado
Forellen	truchas
Krabben	camarones
Hummer	langosta
Meeresfrüchte	maríscos
durchgebraten	asado
Salz/Zucker	sal/azucar
Essig/Öl	vinagre/aceite
Salat	ensalada
Reis	arroz
Nudeln	pasta
Suppe	sopa
Kartoffeln	papas
Pommes Frites	papas fritas
frisch	fresca
Obst	frutas
Käse	queso
Omelette	tortilla
Brot	pan
Speiseeis	helado
Eis	hielo
Das Getränk ohne Eis, bitte!	las bebidas sin hielo, por favor!
Fruchtsaft	jugo de frutas
Bier	cerveza
Rum	ron

Besichtigung

offen	abierto
geschlossen	cerrado
Eingang	entrada
Ausgang	salida
Fremden-/Reiseführer	guía
heute/morgen	hoy/mañana
Montag	lunes
Dienstag	martes
Mittwoch	miércoles
Donnerstag	jueves
Freitag	viernes
Samstag	sábado
Sonntag	domingo
wann?	cuándo?
um wieviel Uhr?	a qué hora?
öffnet/schließt	abre/cierra

Post/Telefon

Post	el correo
Postfach	apartado
Briefmarke	sello
Postkarte	postál
Brief	carta
Telefon	teléfono

ich möchte nach Deutschland/nach Hause telefonieren
deseo llamar por teléfono a Alemania/a casa

Erkrankung

Arzt	doctor, médico
Krankenhaus	hospital
Apotheke	farmacia
Medizin	medicina
es geht mir schlecht	estoy mal
ich benötige einen Arzt	necesito un médico
Durchfall	diarrea
Fieber	la fiebre
Verletzung	herida

Einkaufen

gibt es?	hay?
Preis	precio
was kostet das?	cuánto cuesta? cuánto es?
wie teuer ist?	cuánto vale?
es gefällt mir nicht	no me gusta
teuer	caro
es ist zu teuer	es demasiado caro
dieses	esos
Markt	mercado
Kunsthandwerk	artesanía

Geldwechseln

Bank	banco
Geldwechselstelle	casa de cambio
tauschen	cambiar
Geld	dinero
Reisescheck	cheques de viajeros

Gibt es hier in der Nähe eine Bank?
hay un banco acqui?

Farben

schwarz	negro, -a
weiß	blanco, -a
grün	verde
rot	rojo, -a
gelb	amarillo, -a
blau	azul
grau	gris
orange	naranja
Gold	oro
Silber	plata

Zahlen

0	cero
1	un(o)
2	dos
3	tres
4	cuatro
5	cinco
6	seis

7	siete	30	treinta
8	ocho	40	cuarenta
9	nueve	50	cincuenta
10	diez	60	sesenta
11	once	70	setenta
12	doce	80	ochenta
13	trece	90	noventa
14	catore	100	cien(to)
15	quince	101	ciento uno
16	dieciseis	200	dos cientos
17	diecisiete	500	quinientos
18	dieciocho	1000	mil
19	diedinueve	1001	mil uno
20	veinte	2000	dos mil
21	veintiuno	1.000.000	un millón

FEDERACION ASOCIACIONES DE AMIGOS
DEL CAMINO DE SANTIAGO EN ESPAÑA

ANLEITUNG ZUM PILGERBRIEF

Der Pilgerbrief erneuert die Tradition der Empfehlungsschreiben oder Geleitbriefe der frühen Pilger und kann auf Wunsch eines jeden Pilgers von den Empfangsorganisationen für die Pilger entlang des Camino de Santiago ausgestellt werden. Der Pilgerbrief erleichtert die Anerkennung als Pilger und die traditionelle gastfreundschaftliche Aufnahme entlang des Camino de Santiago.

Der Pilgerbrief kann von allen Personen beantragt werden, welche die Pilgerfahrt nach Santiago zu Fuß, mit dem Fahrrad oder zu Pferd unternehmen. Voraussetzung für die Ausstellung des Pilgerbriefes ist, daß die Reise weder unterbrochen noch teilweise mit dem Auto durchgeführt wird. Personen, die in einem Begleitfahrzeug an der Pilgerfahrt teilnehmen, können keinen Pilgerbrief erhalten.

Sofern die betreffenden Personen die Bedingungen erfüllen und sich in geeigneter Weise durch ein Empfehlungsschreiben oder ein sonstiges Dokument ausweisen, wird ihnen der Pilgerbrief auf Wunsch und kostenlos ausgestellt.

Die Pilger verpflichten sich zu angemessener Verhaltensweise entlang des Camino de Santiago und insbesondere in den Pilgerherbergen. Mindestens einmal täglich ist der Pilgerbrief bei einer der offiziellen Anlaufstellen entlang des Camino de Santiago vorzulegen, wo das Passieren mit Datum, Unterschrift und Stempel bestätigt wird. Bei Ankunft in der Kathedrale von Santiago de Compostela können die Pilger durch Vorlegen des Pilgerbriefes und nach Erfüllung der von der Kathedrale gestellten Bedingungen die "Compostela" beantragen, ein traditionelles Dokument, das die Pilgerfahrt nach Santiago de Compostela "devotionis causa" beglaubigt.

Dank der uneigennützigen Arbeit einer Vielzahl von Personen erhalten die Pilger üblicherweise in vielen Orten des Camino de Santiago, entsprechend den vorhandenen Einrichtungen, eine wohltätige und kostenlose Aufnahme. Dabei ist es unbedingt notwendig, daß die für jede Pilgerherberge gültigen Vorschriften sorgfältig beachtet werden. In einigen Fällen sind aufgrund der beengten Platzverhältnisse Sonderregelungen für Pilger mit Fahrrad oder Begleitpersonen mit Auto erforderlich. Diese Einschränkungen sollten mit der einem Pilger angemessenen Geisteshaltung der Einfachheit und Brüderlichkeit akzeptiert werden.

Bei Nichterfüllung der Bedingungen oder nicht angemessener Verhaltensweise kann der Pilgerbrief durch die Leitung jeder Pilgerherberge, die sich als solche auszuweisen hat, entzogen werden.

Information zum Empfang des Pilgerbriefes: Den Original-Pilgerbrief erhält jeder am Anfang des Weges, doch er muß sich auch als Pilger verstehen und verhalten!

Der Jakobsweg

Die Wegbeschreibung

Unterwegs zwischen Mittelalter und Moderne

Auch heute noch dürfte jeder im christlichen Europa irgendwann einmal in seinem Leben von dem Begriff *Jakobsweg* hören. Und in den meisten Fällen wird der Begriff mehr Fragen hervorrufen, mehr die Vorstellungskraft und Phantasie beflügeln, als pauschale Antworten zu geben sind. Jeder wird mit der Vorstellung anders umgehen, aber auch jeder, der den Weg selbst aufsucht, erwandert, bereist, wird seine ganz individuelle Faszination erleben, sein ganz eigenes Bild behalten.

Sicher, es gibt immer noch zwei *Klassen* von Reisenden an diesem Weg: die Besucher und die Pilger. Wer wirklich pilgern will, der muß sich auch heute noch an gewisse strenge Grundsätze halten. Und das ist sicher gut so. Denn darin drückt sich unter anderem die Ehrerbietung vor den anderen Pilgern (aller Jahrhunderte) und jenen Menschen aus, die am Weg in Klöstern und Unterkünften wie früher selbstlos ihr Leben in den Dienst des Pilgerweges stellen. Der eine oder andere Zugereiste mag eine andere Weltanschauung haben. Es ist aber immer und in jeder Situation geboten, die Einstellung der Pilger und *Freunde des Weges* zu respektieren und sie in der Ausübung ihrer Sitten und Gebräuche nicht zu stören. Ebenso ist es nicht statthaft, Pilgereinrichtungen z.B. als "billige" Übernachtung zu mißbrauchen. Dagegen wendet sich die *Vereinigung der Freunde des Jakobsweges* konsequent und mit Recht.

Dennoch heißt das alles nicht, daß der *normale Reisende* sich dem Jakobsweg nicht nähern darf. Ganz und gar nicht! Alle Wegabschnitte sind öffentlich und frei zugänglich, alle Kultstätten sind zu bestimmten Zeiten zu besuchen, alle Sehenswürdigkeiten stehen der Bewunderung offen. Jeder kann sich also auch einen beliebigen Abschnitt oder den ganzen Weg näher betrachten.

Des Pilgers Verkehrsmittel

Allerdings wird in der Wahl des Reiseweges und -abschnittes als auch in der Wahl des Verkehrsmittels bereits eine wesentliche Bestimmung getroffen: Für den echten Pilger ist das wichtigste *Verkehrsmittel* der **Pilgerstab**! Die Pilger dürfen nur zu Fuß, zu Pferde oder - ein sinnvoller Kompromiß an die Moderne - mit dem Fahrrad den Weg aufnehmen. Und sie sollten möglichst zu einem frühen Punkt nach der französisch-spanischen Grenze den genau bestimmten

Weg aufnehmen. Bei Ausländern, die ja nicht in Spanien starten, wird ohnehin davon ausgegangen, daß sie eventuell schon bis zur Grenze in dieser Art hergekommen sind.

Obwohl also in modernen Beschreibungen der spanischen Tourismusagenturen immer wieder vom **Auto** die Rede ist, darf im strengen Sinne nur der Tourist ein solches benutzen. Deshalb verlaufen auch die Streckenabschnitte des Pilgerweges nicht auf breiten *Auto-Bahnen*. Manchmal folgt der Weg zwar einer Nationalstraße, in vielen Fällen sind es aber auch niederrangige Straßen oder gar unbefestigte Wege: Genau an dieser Stelle werden sich die trennen, denen "das Blech" heiliger ist als der Weg!

Die Pilgerreise *aus der Welt*

Genau dieses Denken in Hab und Gut ist den eigentlichen Pilgern fremd. Als sie sich aufmachten nach "finis terrae", ans "Ende der Welt", ließen sie oftmals alles zurück. Und gerade das bringt unschätzbare Vorteile für die modernen Reisenden: Mit den Pilgern, die den Jakobsweg gingen, begann nicht nur die schriftliche Reisebeschreibung. Für viele Hunderttausende war die Pilgerreise mehr als eine Abwesenheit von zu Hause, sie hatten ihr gesamtes Hab und Gut für die Reise eingesetzt und deshalb eigentlich keine Verbindung mehr "nach Hause". So bot es sich an, einfach am Weg oder in Spanien zu bleiben, wurden doch gerade hier immer mehr Gebiete von Mauren zurückgelassen. So entstanden entlang des Weges eine ganze Reihe noch heute äußerst interessanter Siedlungen und Stätten.

Im Mittelalter zählte man die in Santiago ankommenden Pilger vor der Kathedrale mit Erbsen: *In großen Jahren* sollen bis zu 400.000 gekommen sein. Angesichts der Bevölkerungszahlen in Europa damals vielleicht etwa so, als ob sich heute ganz Polen in einem Jahr in Santiago versammeln würde. Nur die Moderne - in unserer bevölkerungsreichen Zeit - bricht die Superlative: 1993 sollen 7 Mio. Gäste die Stadt Santiago aus diesem oder anderen Gründen besucht haben. Allerdings gab es zwischendurch eine Unterbrechung. Mit dem Wallfahren hatte es ein Ende, als **Sir Francis Drake** im späten 16. Jh. die galicische Küste bedrohte und der Bischof von Santiago die Gebeine des Heiligen versteckte. Dummerweise starb der Bischof, bevor er jemandem dieses Versteck mitgeteilt hatte, und so konnten erst 1879, als sie erneut gefunden wurden, die Pilgerreisen wieder belebt werden.

Die europäischen Zugangswege zum Jakobsweg

Der im Calixtinischen Codex enthaltene Pilgerführer beschreibt die vier Hauptwege durch Frankreich sowie den Weg, der von den Pyrenäen durch Nordspanien nach Galicien verlief. Für den spanischen Jakobsweg gibt es zwei Zweige, die in der Nähe von Pamplona aufeinandertreffen. Von dort ging ein einheitlicher Weg aus. Zum westlichen spanischen Zweig über Roncevalles führten drei Wege aus Frankreich. Der erste kann über Bordeaux, Poitiers, Tours, Orléans und Paris weiter gedacht werden bis nach London, Brüssel und Amsterdam. Der zweite führte über tiefes Binnenland und kleine Klosterorte wie Périgueux, Saint-Léonard bei Limoges, Bénevent-L'Abbaye, La Châtre, Nevers, Vezelay und kann über Auxerre, Troyes, Chalons-sur-Marne, Verdun und Metz weitergeführt werden bis Trier, Koblenz und Köln. Der dritte schließlich orientiert sich bereits nach Südosten und führte durch das südliche Zentralmassiv nach Le Puy. Auch dieser Weg stellte eine direkte Verbindung von Lyon, Genf, Zürich, München, Salzburg und Wien her. Nur zum östlichen spanischen Zweig führte nur ein Zulauf entlang des Nordhangs der Pyrenäen, über Toulouse, Montpellier nach Arles und Avignon und damit auch über Nizza in die Lombardei, nach Italien, Slowenien und Kroatien.

Es hat allerdings im Laufe der Zeit einige Änderungen gegeben. Der Weg hatte auch Zuleitungen, die von einem zeitweise recht beliebten Küstenweg hierher führten. Und bekannt ist die von **Aimerico Picaud** beschriebene Strecke. Schließlich gibt es eine Pilgerroute zur Kirche **San Salvador in Oviedo**, die von León nach Asturien führte und über Lugo wieder auf den Jakobsweg stieß. Es sei darauf hingewiesen, daß die von Picaud angeführten Etappen sich auf die Zeiten bezogen, in denen die Pilger sich zu Fuß oder zu Pferd fortbewegten; ihre Länge ist sehr unterschiedlich, weshalb im folgenden die ursprüngliche Einteilung des Wegs nicht respektiert wird.

Einige Autoren haben schon früher in dieser Ungleichheit ein Motiv geistiger Art sehen wollen und beriefen sich auf das Argument, daß jede Etappe des Jakobswegs einen weiteren Schritt in Richtung auf die Offenbarung darstelle und als solche eine eigene Bedeutung hatte.

Die älteste Route, die ebenfalls von Frankreich kam, durchquerte das **Baskenland**, Kantabrien und Asturien und führte über Lugo nach Galicien.

Die aus anderen Mittelmeerländern kommenden Pilger begannen ihren Pilgerweg mit dem Besuch von **Montserrat**, Santes Creux und Poblet in Katalonien und zogen dann durch Los Monegros nach Zaragoza. Von dort begaben sie sich nach Logroño, wo sie den französischen Weg einschlugen.

Die auf islamischem Gebiet wohnenden Pilger benutzten ihrerseits die **Silberstraße**, einst römische Heerstraße, die um die Mitte des 13. Jh. zusammen mit der Eroberung von Sevilla, Córdoba und Jaén in die Hände der Christen fiel. Ihre Strecke durchquerte Extremadura, Salamanca (wo sich die aus Portugal kommenden Pilger mit ihnen vereinten) und Zamora. Von dort zogen einige über Verín und Orense weiter, andere begaben sich in Astorga auf den Jakobsweg.

Die über das Meer von den britischen Inseln und den skandinavischen Ländern kommenden Jakobspilger gingen, wenn sie nicht von den Piraten daran gehindert wurden, bereits in **Galicien** in den Häfen Padrón, Noya und A Coruña an Land.

Somit war wirklich ganz Europa auf verbindlichen Wegen direkt an das Kernstück des Jakobsweges oder zumindest an sein Ziel, Santiago de Compostela, angeschlossen.

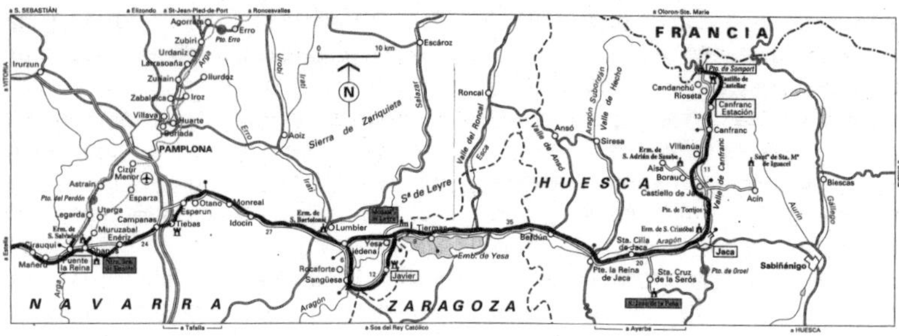

Die 12 Etappen des Jakobswegs

Von Somport nach Puente la Reina

Zwischen **Somport** und der Stadt **Jaca** folgte der Jakobsweg einer Strecke, deren Lauf dem der heutigen Nationalstraße N-300 ähnelt. Ungefähr einen Kilometer vom Grenzposten zu **Aragón** entfernt, befand sich das Hospital Santa Cristina; es wird im Codex als eines der drei bedeutendsten der Welt zitiert. Genau an diesem Punkt überlagern sich der Jakobsweg und die Landstraße und setzen sich über Candanchú und **Canfranc** (vgl. *Eisenbahn-Special* über Canfranc-Estación unter Aragón) bis **Castiello de Jaca** fort, wo der Pilgerweg bis zum Ortskern aufwärts führt. Hinter der Brücke von Torrijos bleibt rechts die Kapelle San Cristóbal liegen, und der Weg mündet in **Jaca** ein, das eine der Hauptetappen des Pilgerweges darstellt.

Vor dem Reisenden taucht zuerst die herrliche fünfeckige Zitadelle auf, die im Auftrag Philipps II. im Jahre 1592 erbaut wurde. Links erhebt sich bereits innerhalb des mittelalterlichen Stadtteils (der zuerst durch die Calle Mayor betreten wird) die Kathedrale, die in der spanischen Romanik eine Schlüsselstellung einnimmt, denn in ihr hat ein großer Teil der Kunstelemente des Jakobswegs Gestalt angenommen. Sie wurde im 11. Jh. als das ehrgeizigste Werk ihrer Epoche entworfen, das die Prinzipien der romanischen Baukunst genau einhält. Das Hauptportal - in einer geräumigen Vorhalle gelegen - ziert ein prächtiges Christusmonogramm, das von zwei Löwen flankiert und von Inschriften umgeben ist, die dem Pilger die Bedeutung jener Figuren erklären. Der an der Südseite gelegene Eingang weist eine herrliche Sammlung von Kapitellen auf, die mit einem in der mittelalterlichen Kunst völlig neuen Feingefühl aus dem Stein gehauen wurden. Bevor man die Kathedrale verläßt, sollte man sich ein geometrisches Dekorationsmotiv - das Schachbrettmuster - einprägen, das eine Konstante am Pilgerweg ist. Einen Besuch verdient in Jaca das Diözesanmuseum. Auch das Rathaus (1546), das Ayuntamento, an der Calle Mayor besticht durch aragonisch-platereske Formen.

Tourist Information

Jaca, Av. Regimiento 2, Tel. 360 098

Unterkunft in Jaca

Hotels: Gran Hotel, Pso. de la Constitución, Tel. 360 900, DZ, Früh. ca. 13.000 Ptas.

Ciudad de Jaca, C/ 7 de Febrero, Tel. 364 311, DZ, Früh. ca. 6.000 Ptas.

Hostal París, Pl. San Pedro 5, Tel. 361 020, DZ, Früh. ca. 3.500 Ptas.

JuHe, Av. Perimetral 6, Tel. 360 536, ca. 1.000 Ptas. p.Person.

Camping Peña Oroel, an der Straße Jaca-Sabiñánigo, geöff. Ostern und Mitte Juni bis Sept., Tel. 360 215; ca. 500 Ptas. je Pers. und je Auto.

In 9 km Entfernung von Jaca zweigt von der Landstraße C-134 (in Richtung Pamplona) eine Straße ab, die nach **Santa Cruz de la Serós** und zum Kloster San Juan de la Peña führt. Bei der Ankunft in Santa Cruz de la Serós taucht links die kleine Kirche San Caprasio auf, ein nackter, hermetisch verschlossener Bau der primitivsten Romanik. In geringer Entfernung erhebt sich die Kirche Santa María, ein Beispiel des gleichen Stils in einem weiterentwickelten Stadium. Das Christusmonogramm am Portal ist wesentlich gröber gearbeitet als das von Jaca, entstand jedoch zur gleichen Zeit.

Zwischen den beiden Kirchen beginnt die Landstraße, die nach **San Juan de la Peña** aufwärts durch ein zum Teil von gewaltigen Steinwänden flankiertes Tal führt. Das Kloster ist buchstäblich in einen gewaltigen Felsen hineingebaut, es ist eine der unumgänglichen Besichtigungen auf dem aragonischen Jakobsweg. Obwohl seine Errichtung von der westgotischen Zeit bis zur Renaissance dauerte, sind die Kirche und der Kreuzgang zwei einmalige Exponenten der mittelalterlichen Baukunst, weil die Kirche teilweise in den Felsen eindringt und der Kreuzgang vom Felsen vollständig überwölbt ist. Die Kapitelle des letzteren stellen das Leben Jesu und einige Szenen der Genesis dar. Wenn man auf die Landstraße nach Pamplona zurückgekehrt ist, kann man den Pilgerweg am Fluß Aragón entlang bis zum Stausee von Yesa fortsetzen.

Rechts bleibt auf einem Hügel **Berdún** zurück, das letzte aragonische Dorf und ein gutes Beispiel für die mittelalterliche Bauweise. Sogleich wird die Landschaft schroffer und ist von den erodierten Hängen gekennzeichnet, die den Stausee umgeben. Am Ufer ist noch das verlassene Dorf Tiermas zu sehen, das im *Pilgerführer* mit einem Hinweis auf die Thermalbäder aus römischer Zeit erwähnt wird; sie wurden noch benutzt, als der Kleriker Picaud die Pilgerreise unternahm. Nun ist es im Stausee der modernen Energieversorgung geopfert.

Das folgende Etappenziel - nun in **Navarra** - ist das **Kloster Leyre**, das man über eine 4 km lange Abzweigung erreicht. Die große Anlage - in der noch ein von den Brüdern geleitetes Gästehaus in Betrieb ist - bewahrt eine Krypta, die zu den ältesten der Romanik zählt. Anfänglich war es ein einsames Benediktinerkloster, das zeitweilig den Navarreser Hof aufnahm. Außer der im 10. Jh. datierten Krypta und der über ihr errichteten Kirche sollte man in Leyre das Westportal besichtigen, das ebenfalls mit einem Christusmonogramm verziert und mit ausgezeichneten Bildhauerreliefs ausgestattet ist, von denen einige phantastische Tiere und seltsame Personen mit Kaninchenohren oder Hörnern darstellen. Vor Verlassen des Klosters sei daran erinnert, daß sich in dieser Gegend die **Legende von San Virila** zutrug: Ein Mönch fiel, als er dem Lied der Nachtigall lauschte, in Verzückung und verlor den Sinn für die Zeit. Als er wieder zu sich kam und ins Kloster zurückkehrte, wurde festgestellt, daß 300 Jahre vergangen waren.

Wenn man den Aragón überquert, kommt man bald nach **Sangüesa** und läßt links die Burg Javier zurück. Sangüesa (in 8 km Entfernung von der Nationalstraße) bietet eines der besten romanischen Portale des Pilgerwegs. Die Südseite von Santa María la Real vereint in einer verworrenen Zusammenstellung eine Reihe von herrlichen Bildwerken mit starkem Symbolwert. Hingewiesen sei auf die als Säulen dienenden Statuen, die den Eingang flankieren; unter ihnen ist ein außergewöhnlicher erhängter Judas zu sehen. Die Kirche Santiago (12. und 13. Jh.) wird von einer gotischen Figur des Apostels Jakobus mit zwei knienden Pilgern beherrscht. In Sangüesa sollte man aber auch die Kirchen San Salvador und San Francisco (13. Jh.), den Königlichen Palast und den Palast des Herzogs von Granada, ein gutes Beispiel der Gotik, besichtigen.

Eine 5 km lange Nebenstraße verbindet Sangüesa mit der Nationalstraße N-240. Hier überquerte der Pilgerweg den Fluß Irati und mündete in **La Foz de Lubier**. Über diese Schlucht führte eine Brücke, von der heute nur noch die Ansätze erhalten sind. Die Nebenstraße führt weiter nach Pamplona, es ist aber zweckmäßig, in **Monreal** (in etwa 20 km Entfernung) zu halten, wo die zweite Etappe des von Jaca kommenden Pilgerwegs ihren Höhepunkt erreicht. Auf der Strecke nach Puente la Reina (Punkt der Vereinigung mit der von Rocesvalles-Pamplona kommenden Route) hat der Reisende die Möglichkeit, die interessante Kirche von **Eunate** zu besuchen. Um dorthin zu gelangen, wird links die Ortsstraße nach Tiebas einschlagen (das von einer verfallenen Burg beherrscht wird) und von dort nach Puente la Reina gefahren. Hinter La Venta de Campanas gabelte sich der Pilgerweg links in Richtung auf die einsame Kirche. Heute führt eine asphaltierte Straße nach Eunate, dem letzten Halt vor Puente la Reina. Eunate ist eine der drei Grabeskirchen am Jakobsweg. Daher ist es wohl nicht gewagt, ihre allgemeine Anlage mit der Kirche des Heiligen Grabes in Jerusalem in Zusammenhang zu bringen, die sich im Laufe des Mittelalters in ein Musterbeispiel für diese Art Bauten verwandelte.

Puente la Reina schließlich verdankt seinen Namen der von Doña Mayor im 11. Jh. errichteten Brücke, die den Durchzug der Pilger erleichtern sollte. Die Kirche Santiago (mit einer schönen Figur des Apostels im Pilgerkleid) und die Kirche El Crucifijo sowie ganz allgemein der gesamte Ortskern, der für die Städte am Jakobsweg repräsentativ ist, lohnen einen geruhsamen Besuch. Am Ortsausgang stellt die Pilgerbrücke eines der besten Ingenieurswerke des Mittelalters dar.

▲ Unterkunft in Puente la Reina

Hotels: Puente, P. de los Fueros, Tel. 340 146, DZ, Früh. ca. 8.500 Ptas.

Von Roncesvalles nach Puente la Reina

Die westliche, ebenfalls erste Etappe des Jakobswegs, die kürzer ist und stärkeren Verkehr hat, fällt mit der Landstraße C-135 annähernd zusammen, die den Grenzbezirk von Arnéguy mit Pamplona und der Nationalstraße N-111 verbindet. Auf ihr geht die Fahrt bis Puente la Reina weiter.

Der erste Halt erfolgt im Dorf Valcarlos, dem legendären Schauplatz der im Rolandslied enthaltenen Sagen, die sich zwar nicht wirklich hier zutrugen, die aber vom Flair des wildromantischen Ortes bis heute unzweifelhaft herüber geweht werden. Der Name ruft Karl den Großen in Erinnerung. Wenn man nach rund 20 km den Paß von Ibañeta durchquert hat - wo ein Mönch die Glocken läutete, um den Pilgern den Weg zu zeigen -, taucht das Gästehaus von Roncesvalles auf. Sein heutiges Aussehen ist stark geprägt durch die Umbauten und Erweiterungen, die Ende des 16. Jh. vorgenommen wurden; seine Gründung erfolgte jedoch im ersten Drittel des 12. Jh. Aus dieser Zeit sind die Kapelle Espíritu Santo (spöttisch auch als "Silo" Karls des Großen bekannt) und aus dem 13. Jh. die Kapelle Santiago erhalten, beide am südlichen Ausgang des Gästehauses gelegen. Die restaurierte Stiftskirche war eines der ersten Beispiele der gotischen Kunst in Spanien. In ihr ist - neben anderen wertvollen Stücken - eine Marienfigur aus dem ausklingenden 13. Jh. zu sehen; einer frommen Legende zufolge wurde sie von einem Hirsch entdeckt, der in seinem Geweih einen Stern trug. Die Hirsch-Legende lebt also nicht nur im deutschen Wald.

Tourist Information

Mühle bei der Casa Sabina Hostería, Tel. 760 193.

Unterkunft in Roncevalles:

Hostal Posada, Tel. 760 225, DZ, Früh ca. 7.000 Ptas.

JuHe Albergue Juvenil Roncevalles beim Kloster, Tel. 760 015.

Burguete, Espiñal und Viscarret beschließen die erste Etappe des Jakobswegs. Die folgende setzte sich am Fluß Arga entlang nach Pamplona fort und verläuft durch Dörfer wie Zubiri, Larrasoaña, Zuriain und Villava. In **Trinidad de Arre** (bei Villava) stand ein kleines Spital, das zu dem in Roncesvalles gehörte.

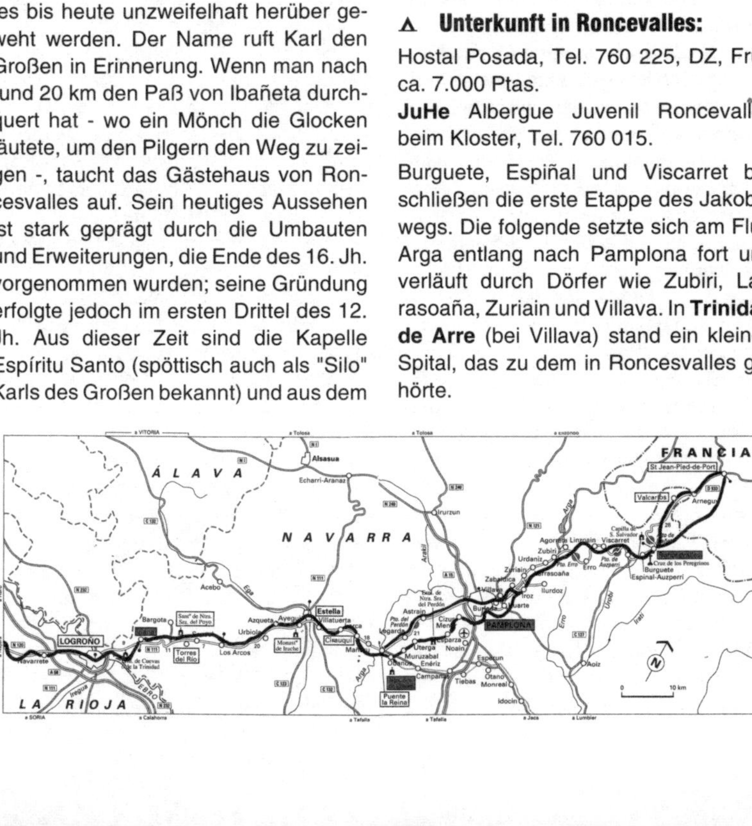

Pamplona / Iruña
Aus vielen Gründen legendär

Sowohl für den Jakobsweg als auch durch **Ernest Hemingways Roman** "Fiesta" ist Pamplona (bask. Iruña) von größter Bedeutung: Jedes Jahr am **6. Juli, um Punkt zwölf Uhr mittags** wird vor der Casa Consistorial, dem Rathaus in Pamplona, die Chupinazo, die Rakete, gezündet, welche die Rui-Rui-Prozession in Bewegung setzt, eine Art Karnevalsprozession mit alegorischen Figuren. Mit diesem Signal beginnt das 600 Jahre alte **Stadtfest zu Ehren des Stadtpatrons San Fermín**, im Volksmund nur die *Los Sanfermines* genannt. Nun stürzen sich die Massen in eine acht Tage und Nächte währende Dauerfete. Und dabei steht eine ganze Stadt alljährlich regelrecht Kopf, besäuft sich, singt lauthals, ißt ungezügelt und scheint durchgehend auf den Beinen zu sein. Kaum zu glauben, daß dieses unheilige Treiben durchaus einen religiösen Hintergrund hat und zu Ehren eines Märtyrers abgehalten wird.

Der Sage nach wurde der Hl. Fermín von Stieren gejagt. (Allerdings kam er im nordfranzösischen Amiens zu Tode, nachdem Pamplona schon im 1. Jh. durch den Priester Honesto christianisiert worden war). Jedenfalls wird deshalb nun der *Encierro* ab dem 7.Juli jeden Morgen punkt acht Uhr abgehalten: Junge Kampfstiere werden dabei mitten in der Stadt losgelassen, 825 Meter durch die Straßen (Calles) Santo Domingo, Mercaderes und Estafeta bis zur Plaza de Toros gejagt, und die mutigen Jungmänner der Stadt - oder aus aller Welt -, gekleidet in weiße Hemden und rote Tücher, rennen den Stieren und Bullen voraus. Natürlich kann man sich durch einen Sprung über die Barrieren am Straßenrand - in der Regel - in Sicherheit bringen, doch sollte man möglichst lange vor den rasenden Stieren aushalten, um nicht als Prahlhans oder Feigling zu gelten. Tote sind hier keine Ausnahme! - Das Ganze wird dann selbstverständlich noch täglich professionell zelebriert, in der Stierkampfarena, ebenfalls bei der Plaza Mayor gelegen. Bei speziellem Interesse sollte man sich hierfür rechtzeitig Tickets besorgen, ruhig schon von zu Hause aus beim Spanischen Fremdenverkehrsamt, denn die wichtigsten Corridas sind oft schon wochenlang ausgebucht. Mit den Bewohnern Pamplonas feiern jährlich Tausende von Zugereisten, wobei natürlich die ersten Tage die härtesten sind, bis zum 14. läßt das Ganze ein wenig nach. Mittelpunkt ist die Plaza Mayor, in deren Innenrasen auch die wildesten Wildcamper vor Ort im Schlafsack hausen. Merke: Seit Hemingway will ganz Amerika mindestens einmal im Leben nach Pamplona!

Aber auch zu "normalen" Zeiten empfiehlt sich ein aufmerksamer Streifzug durch die im Winter 75 v.Chr. als *Pompaelo* (Stadt des Pompeius) gegründete Siedlung. Die Stadt ist dadurch entstanden, daß dem alten Ort eine Gruppe fränkischer Siedler einverleibt wurde. Der Stadtteil Navarrería und die Marktflecken (burgos) San Cernin und San Nicolás haben noch heute die Anlage, die aus Anlaß der Pilgerwanderungen und der auf die Erleichterung der Wiederbesiedlung Navarras ausgerichteten Pfründe entworfen wurde. In Pamplona gab es vier Spitäler für die Jakobspilger, und im allgemeinen kann man sagen,

Nicht ganz ungefährlich - der Encierro in Pamplona

daß die gesamte Stadt sich entsprechend den Bedürfnissen des Pilgerweges ausdehnte. Neben der gotischen Kathedrale (die an die Stelle einer romanischen trat, weil diese 1397 eingestürzt ist) sollte man die Kirche San Cernin, auch San Saturnino genannt, die von einer Figur des Hl. Jakobus beherrscht wird, die Kirche Santo Domingo (ebenfalls mit einer Apostelfigur auf dem Hochaltar) und die Kirche San Nicolás aufsuchen. Beeindruckend sind das einzige gotische Profangebäude, die Rechnungskammer Cámara de Comptos, und eine Reihe von Palästen, die allerdings auf das 17. bis 19. Jh. zu datieren sind.

Für die Stadt-Erholung kann auch etwas getan werden. Sehr schön ist die unter Felipe II. erbaute **Zitadelle** mit drei von fünf erhaltenen Bollwerken, heute ein in sich geschlossener Park. Hier finden das Jahr über Open-air-Veranstaltungen statt. Aus den neuzeitlichen Tagen des Königreichs stammt der **Palast von Navarra**, der erst 1843 bis 1851 erbaut wurde und heute die Provinzregierung beherbergt. Zu finden ist dort auch ein Portrait von Fernando VII., das Goya gemalt hat. Interessant ist auch, daß in der Stadt mit Sitz eines Erzbischofs der sagenumwobene Orden Opus Dei eine eigene Universität unterhält.

Daß man auf seine *Sonderrechte* immer schon etwas hielt, zeigt auch das **Denkmal der Sonderrechte** (Ley Foral), das schon 1903 errichtet wurde. Zwar ist Navarra kulturell nicht so eigenständig wie etwa Katalonien oder das Baskenland, man hält aber sehr viel auf die bald 1000jährige Geschichte der eigenen Reiche. Das drückt sich bis heute in der Existenz der *Autonomia Navarra* aus. Allerdings weiß man eines selbst nicht so genau: weshalb das Denkmal Ley Foral nie eingeweiht wurde?! Vielleicht dauert die Sanfermines doch zu lange ...

Für Unterhaltung während des Jahres seien noch die Gegenden *Casco antiguo* (Altstadt), *San Gregorio* und *San Nicolás* (eher touristisch) sowie das empfehlenswerte *Barrio San Juan* genannt.

Tourist Information

Calle Duque de Ahumada 3, E-31020 Pamplona, Tel. 948/220 741.

Unterkunft in Pamplona

Hotels: Príncipe de Viana I, Av. Zaragoza, Tel. 249 146; DZ ca. 12.000 Ptas.
Bearán, San Nicolás, Tel. 223 428, DZ ca. 8.000-15.000 Ptas.
Fonda La Unión, C. San Nicolás, Tel. 221 319, DZ ca. 6.000 Ptas.

☆ Camping Special:

Eusa bei Pamplona (Straße in Richtung Tolosa), Tel. 948/331 665; geöff. vom 1.Juni bis 30. September. Preise: 450,- P, 450,- A, 450,- Z (480 Personen).

Lage/Anfahrt: Der Platz liegt etwa 8 km vom Zentrum entfernt, von der N 121 bei km 7,3 links abbiegen in Richtung Berriosuso; das Gelände liegt 2 km von der Straße entfernt, auf erhöhtem Wiesengelände, ausgeschildert.

Der Platz: Schlicht gesagt: eine Katastrophe! Aber er ist nunmal der einzige Camping in der Nähe von Pamplona; und Pamplona ist eben die einzige Stadt, in der die Sanfermines ablaufen. Zum Zustand des Platzes. Sanitäranlagen: saumäßig; Sicherheit: vergeßt es, wenn der Platz voll ist; Schatten: ein paar Bäume, viel nackte Sonne. Ein Swimmingpool, eine total überlastete Schanktheke, wenn der Platz voll ist. Ja, und wann ist der Platz voll: eben, nur während St.Fermín, vom 6. bis 14. Juli. Der Überfüllung wird abgeholfen, indem viele Camper gar nicht auf den Platz kommen, sondern auf einem Gelände ca. 1 km Richtung Pamplona ihre Zelte aufstellen oder aber frei um den Platz herum campen. Das Problem dabei: Es dürfte keinen Ort der Welt geben, an dem während einer Woche mehr geklaut und geknackt wird als eben in der St.-Fermín-Woche in Pamplona. Der Autor hat es selbst erlebt, zweimal an einem Tag wurde das Auto aufgebrochen.

Essen auf dem Platz: Wer wird denn wohl ans Essen denken, wenn der Wein aus Litergläsern getrunken wird. Trotzdem: Auf dem Platz gibt es einen Mini-Markt, und in der ersten Kneipe links von der Einfahrt in die Hauptstraße werden leckerste Bocadillos und billige Kleingerichte gereicht. Und cerveza, natürlich!

Von Pamplona aus folgt der Pilgerweg einer der Straße N-111 nahen Linie, die durch Cizur Menor (wo sich die Ruinen eines Pilgerspitals befinden), Zariquiegui (wo ein gepflasterter Abschnitt des Pilgerwegs in Richtung nach Alto del Perdón erhalten ist) und Muruzábal nach Obanos verläuft. An der **Kapelle San Salvador** treffen die Wege von Somport und Roncesvalles zusammen.

Von Puente la Reina nach Santo Domingo de la Calzada

Kurz nach der Überquerung des Flußes Arga führt der Jakobsweg, ganz in der Nähe der heutigen Landstraße nach Estella verlaufend, ins Ortszentrum von Cirauqui. **Cirauqui** bewahrt in der Kirche San Román recht viele Erinnerungen an die Pilgerwanderungen. In etwa 500 m Entfernung kreuzt der Pilgerweg den Fluß Salado an einer Stelle, die im *Pilgerführer* als sehr gefährlich für die Reittiere bezeichnet wurde. Picaud zufolge pflegten Wegelagerer sich am Ufer aufzustellen und die Pilger aufzufordern, ihre Maultiere zu tränken. Die Tiere wurden sofort krank und starben, denn anscheinend war das Wasser sehr giftig, und die Missetäter häuteten sie eiligst ab, um die Häute zu verwerten.

In den Kirchen und im Hospital von Lorca und in der Kapelle San Miguel von Villatuerta sind einige Reste der Pilgerzüge erhalten. In rund 5 km Entfernung liegt Estella. Obwohl im 11. Jh. bereits ein kleiner Ort namens Lizarra existierte, kann man sagen, daß die heutige Stadt direkt auf die Pilgerzüge zurückgeht; König Sancho Ramírez entschied, daß sich jener Ort in einen wohlhabenden Marktflecken (burgo) namens **Estella** verwandeln sollte, wahrscheinlich in Anspielung an den Stern, der das Grab des Apostels Jakobus angezeigt hatte. Neben dem Palast der Könige von Navarra, einem romanischen Bau, sollten auch die Kirchen San Pedro de Lizarra, San Pedro de la Rúa, Santo Sepulcro, San Míguel, Santa María Jus del Castillo und San Juan sowie die Kapelle Rocamador und die Kapelle von Puy besichtigt werden, die mit dem Jakobskult in Frankreich verbunden sind. Durch seine noch erhaltenen ehemals jüdischen, fränkischen und Navarreser Bezirke wirkt die Ortschaft besonders eindrucksvoll.

🌐 Tourist Information

C. Rúya 3, Tel. 554 011.

▲ Unterkunft in Estella

Hotels: Cristina, Baya Navarra 1, Tel. 550 772, DZ, Früh. ca. 7.000 Ptas.
Pensión San Andrés, Pl. Santiago 50, Tel. 550 448; DZ, Früh ca. 7.000 Ptas.
Camping: Lizarra, Ordoiz s/n, Tel. 551 733; ca. 450 Ptas. p. Person.

Über die Nationalstraße N-111 führt die Strecke weiter in Richtung Logroño. Das Kloster Irache und die verfallene Burg

San Esteban in Villamayor de Monjardín erinnern ebenfalls an die beste Zeit der Pilgerzüge. In etwa 20 km Entfernung von Estella breitet sich **Los Arcos** zu beiden Seiten des Pilgerwegs aus. Im Ortskern fällt die Pilgerroute mit der Straße San Antón zusammen und führt am Brunnenplatz, am Platz der Früchte und am Platz Santa María vorbei. Der nächste Halt ist **Torres del Río** (in etwa 7 km Entfernung). In diesem Ort steht eine interessante Grabeskirche mit achteckigem Grundriß, die vom Ritterorden des Heiligen Grabes errichtet wurde und wahrscheinlich mit dem in Jerusalem in Verbindung steht. Ein Gewölbe des sogenannten kalifalen Typs läßt vermuten, daß Mudejaren an dem Bauwerk mitarbeiteten, und unterstreicht jedenfalls den orientalischen Anhauch der Anlage. Nun ist Viana in der Nähe. Auch hier wird deutlich, daß seine Anlage vom Jakobsweg beeinflußt ist, der den Ort von Osten nach Westen durchkreuzt und durch die Puerta de Estella in den Ort einmündet. Einen aufmerksamen Rundgang verdienen die Kirche Santa María mit einem herrlichen Renaissance-Portal, die Ruinen der Kirche San Pedro und die schönen wappengeschmückten Häuserfassaden.

Die **Region Rioja** ist ganz nahegerückt. Nach 10 km stößt man auf die alte steinerne Brücke jakobäischen Ursprungs, die nach Logroño weist.

Im alten Stadtkern von **Logroño** hat sich die Atmosphäre eines mittelalterlichen *burgo* erhalten. Die Straßen Ría Vieja und Calle Mayor wurden von den die Stadt durchquerenden Pilgern benutzt. Vorher besuchten sie aber die Kirche Santíago el Real (mit einem Bildwerk aus dem 17. Jh., das die Erscheinung des Apostels in der Schlacht von Clavijo darstellt), die Kirchen Santa María de Palacio mit einem 45 m hohen pyramidenförmigen Turm, die sogar auf Kaiser Konstantin den Großen zurückgehen soll, San Bartolomé (aus dem 13. Jh.) mit dem bedeutendsten gotischen Portal von La Rioja und die Kathedrale Santa María la Redonda, ein schönes gotisches Gotteshaus mit zwei Barocktürmen. Um dieses stattliche Gotteshaus gruppiert sich die Stadt Logroño. Wenige Straßen weiter ist das **Museum von La Rioja**, dessen Schätze sich auf die Enteignung der Klöster der Gegend im Jahre 1835 gründen (Pl. Augustín 23, Tel. 222 735). Neben der steinernen Brücke der Pilger gibt es noch die eiserne Brücke. Die wunderschönen Parque del Espolón und Grünzonen am Ufer des Ebro runden das Bild der beschaulichen Großstadt ab. Abends wird's dann an den **casco antiguos** zwischen dem Park und dem Fluß etwas lebendiger. Richtig in Fahrt kommt die Stadt während der **Ferias de San Bernabé** (die Pez-Brüder verteilen dann gratis Essen) in der Woche vom 11. Juni und in den **Ferias de la Vendimia**, die eine Stier-Jagd bieten (Mitte September).

Tourist Information

C./ San Mig. Villanueva 10, Tel. 291 260.

Unterkunft

Hotel París, Av. de la Rioja, Tel. 228 750, DZ, Früh ca. 7.000 Ptas.

Pensión Fonda Bilbaína, C. Capitán Eduardo Gallarza 10, Tel. 254 226, DZ ca. 5.000 Ptas.

Camping: La Playa, Av. Playa, Tel. 252 253, p. Person und Auto je ca. 500 Ptas.

Auch wenn es abseits des Jakobsweges liegt, sei auf das 17 km entfernte **Clavijo** hingewiesen. Dort besiegte Ramiro I. von Asturien am 23. Mai 844 den Córdobeser Abderramán II., und der Legende zufolge entschied das Eingreifen des heiligen Jakobus als *Maurentöter* den Sieg.

Die Straße N-120 setzt nun annähernd den jakobäischen Weg fort. Wenn sie Logroño verlassen, schlagen die Pilger den Weg nach Fuenmayor ein oder gehen vom Weg ab in Richtung Entrena, d.h. sie kommen auf zwei Wegen, die etwas länger als die heutige Landstraße sind, nach **Navarrete**. Kurz vor der Einfahrt liegen rechts die Ruinen eines alten Spitals aus dem 12. Jh. Die an der Kirche Asunción vorbeiführende Calle Mayor hat noch heute den Verlauf, den ihr der Pilgerweg vorschrieb. Am Ortsausgang findet der Reisende am Friedhof von Navarrete das erhaltene Portal des Spitals (vor Betreten des Ortes). Dies romanische Werk stellt ein Ereignis der *Rolandssage* dar; übrigens war Roland in dieser Gegend beim Volk besonders beliebt. An dem in der Nähe gelegenen sogenannten Poyo de Roldán (Steinbank Rolands) stand die Burg des Riesen Ferragut, eines Nachkommen des Riesen Goliath, der christliche Ritter gefangenhielt. Von einem nahen Hügel warf Roland dem Riesen einen schweren Stein an die Stirn, während dieser am Burgtor schlief, und befreite auf diese Weise die Gefangenen.

Seit dem Jahr 1030, in dem Sancho der Große beschloß, den Pilgerweg zu verlegen, war **Nájera** ein Etappenziel des Pilgerweges. Sein Sohn García IV. befahl den Bau des Klosters Santa María und einer Pilgerherberge, wodurch sich der Charakter Nájeras als Pilgerort endgültig festigte. Der Pilgerweg führte durch Najerilla und links an der gotischen Kirche Santa María la Real vorbei, die Anfang des 15. Jh. über einem früheren Gotteshaus erbaut war. Der Kreuzgang und das Grabmal von Doña Blanca, das des Diego López de Haro, das Pantheon der Könige und der Chor sind Meisterwerke jener Epoche.

Wiederum sei darauf hingewiesen, daß man sich nun ganz in der Nähe von zwei Wallfahrtsorten befindet. Südlich liegt **San Millán de la Cogolla** mit den Klöstern Monasterio de Suso und Monasterio de Yuso und Valvanera, die mit den Pilgerzügen zwar nicht in direktem Zusammenhang stehen, wohl aber im christlichen Spanien des Mittelalters einen großen Einfluß ausübten. Das Kloster von Suso befindet sich an jenem Platz in den Distercios-Bergen, an dem St. Millan im Jahre 574 starb. Rund um das Grabmal erhebt sich das Westgotische Kloster, das unter Benutzung verschiedener, aus den Gebirgsfelsen ausgehauener Höhlen errichtet worden war. Äußerlich noch großartiger ist das Kloster von Yuso, in das die sterblichen Überreste von St. Millan später überführt wurden. Durch die palastartige Ausweitung vor imposanter Bergkulisse wird es auch als *Escorial von La Rioja* bezeichnet.

Zurück auf den Pilgerweg. Am Ausgang von Nájera wendet sich der Pilgerweg geradlinig nach Azofra, verläuft also parallel zur heutigen Landstraße N-120. Heute ist es am bequemsten, diese Straße und die linke Abzweigung nach **Azofra** zu befahren. Dieses Dorf hatte einst ein Spital und eine Kirche, San

Pedro, in der auch Jakobspilger begraben wurden.

Bald hinter Azofra fällt der Pilgerweg mit der Landstraße zusammen, die nach **Santo Domingo de la Calzada** (13 km), einer der wichtigsten Etappen des Weges, führt. Der Pilgerweg durchquert den Ort von einem Ende zum anderen; die Kathedrale mit dem Grabmal des heiligen Dominikus wurde mitten am Wege erbaut, so daß dort der Durchzug der Pilger unterbrochen wurde.

Der heilige Dominikus war ein Mönch, der einen großen Teil seines Lebens damit verbrachte, den Durchzug der Pilger zu erleichtern, indem er selbst die Brücke über den Oja errichtete und die befestigte Straße anlegte, die dieses Städtchen mit Redecilla verbindet. Eine der meistverbreiteten **Legenden des Jakobsweges** berichtet von einem dreihundert Jahre nach seinem Tod vollbrachten Wunder. Ein Bursche, der mit seinen Eltern nach Compostela pilgerte, wies anscheinend das Werben einer der Mägde des Gasthofes, in dem er Rast machte, zurück, und aus Rache versteckte diese in seinem Gepäck einen silbernen Becher und klagte ihn des Diebstahls an. Der Richter verurteilte den Unschuldigen zur Todesstrafe durch Erhängen; seine Eltern zogen weiter zum Grab des Apostels. Bei ihrer Rückkehr hielten sie vor dem Henkerspfahl an und stellten fest, daß ihr Sohn noch lebte und gesund war. Sogleich benachrichtigten sie den Landrichter, der sich gerade an den Tisch setzen und ein leckeres Gericht, bestehend aus einem **Hahn und einem Huhn**, verzehren wollte. Ungläubig rief er aus, daß die Federtiere auf seinem Teller krähen würden, wenn der Bursche noch lebendig wäre. Und das geschah tatsächlich: "In Santo Domingo de la Calzada krähte das Huhn, nachdem es gebraten war." Seitdem sind zur Erinnerung an jenes Wunder in der Kathedrale ein Hahn und ein Huhn mit weißen Federn zu sehen.

Die Kathedrale ist ein herrlicher Bau, der um die Mitte des 12. Jh. begonnen und bereits in der Epoche der Gotik beendet wurde. Er enthält neben anderen kostbaren Kunstschätzen das Mausoleum des Heiligen und einen Hochaltar, den man aufmerksam betrachten sollte. Das von dem heiligen Dominikus gegründete Gästehaus wurde im 14 Jh. errichtet und nun in einen Parador für den Fremdenverkehr umgebaut.

🌐 Tourist Information

Casa de Trastámara, C. Mayor 70, Tel. 343 334.

▲ Unterkunft in St. Domingo d.l.C.

Hostal Casa de Huéspedes Miguel, Av. Juan Carlos I. 23, Tel. 340 352, DZ ca. 5.000 Ptas.

Hotel Santa Teresita, Pinar 2, Tel. 340 700, DZ ca. 8.000 Ptas.

Von Santo Domingo de la Calzada nach Sahagún über Burgos

Diese Etappe ist etwas länger als die vorige und deckt sich zum großen Teil mit der Landstraße N-120. Noch in der Rioja-Region führt die Straße des heiligen Dominikus in Grañón über die Calle Santiago und die Calle Mayor. Gleich darauf berührt die Strecke die **Provinz Burgos** in Kastilien und León und führt durch **Redecilla del Camino**, das auch ein Pilgerspital hatte. In der Calle Mayor wird der Pilgerweg sichtbar als eine Achse, in deren Mitte sich die Kirche erhebt. In 2 km Entfernung liegt Castildelgado, wo im 12. Jh. ein Spital und die Kirche Nuestra Señora la Real del Campo gegründet wurde. Etwas weiter links trifft man auf Viloria, die Wiege des heiligen Dominikus. In der Kirche ist das Taufbecken erhalten, über dem der Heilige getauft wurde.

Belorado (8 km weiter) setzte sich ebenfalls aus einem kastilischen und einem fränkischen Ortskern zusammen und war auch mit einem Pilgerspital ausgestattet. Die Kirchen Santa María und San Pedro bewahren Figuren des heiligen Jakobus als Wanderer und Krieger. Weitere Etappen des Wegs nach Compostela sind Tosantos, Villambistía und **Espinosa del Camino**. Am Ausgang des letztgenannten Ortes ist links von der Landstraße die Apsis von San Felices erhalten, die zu einem im 9. Jh. gegründeten mozarabischen Kloster gehörte. In der Nähe liegt Villafranca de Montes de Oca, dessen Name den fränkischen Ursprung seiner ersten Besiedler verrät. Es war im Mittelalter weitbekannt und wird in einigen Pilgerchroniken hauptsächlich wegen der Existenz des Hospital de la Reina (oder San Antonio Abad) lobend zitiert. Die Kirche Santiago bewahrt ein Weihwasserbecken, das aus einer der größeren am Jakobsweg gefundenen Muscheln besteht. Vom Ortsausgang etwa 2 km entfernt ist an der Kapelle Virgen de Oca eine Quelle zu finden, die von den mittelalterlichen Wallfahrern benutzt wurde.

In 12 km Entfernung liegt das Kloster **San Juan de Ortega**, ein Anfang des 12. Jh. gegründetes Gästehaus. Es wurde von einem frommen Mönch gegründet, der wie der heilige Dominikus Wege und Brücken baute, um den Zug nach Compostela zu erleichtern. Die Kirche ist ein schöner romanischer Bau mit späteren Zusätzen; vor einem von Isabella der Katholischen geschenkten Tempelchen lohnt es sich zu verharren. In der Krypta ist das Grabmal des Namensgebers mit einem interessanten romanischen Zenotaph (Schein-Grabstätte, die den Körper nicht [mehr] birgt) erhalten. Von hier aus wendet sich der Pilgerweg über verschiedene Strecken, von denen keine genau mit der Anlage der heutigen Landstraße übereinstimmt, nach Burgos.

Burgos

Durch die Straße Las Calzadas ziehen die Pilger in die Stadt Burgos ein und begeben sich durch die Straßen San Juan, Los Avellanos und Fernán González zur **Kathedrale** unter der Festungsruine am Burghügel. Die Erstellung der Kathedrale, die 1221 begann, konnten die Jakobspilger, die Jahr für Jahr Burgos besuchten, über die Jahrhunderte erleben. Ohne alle Kunstschätze hier einzeln aufzählen zu können, die dieses herrliche gotische Gotteshaus enthält, sei darauf aufmerksam gemacht, daß man Erinnerungen an die Pilgerfahrten insbesondere in der Kapelle Santiago findet. Die Figur des Santísimo Cristo wird von den Pilgern am meisten verehrt; sie versicherten, daß der Bart wuchs und der Körper blutete. Die äußerlich aufkommende Erinnerung an Köln ist übrigens nicht ganz falsch: 1458

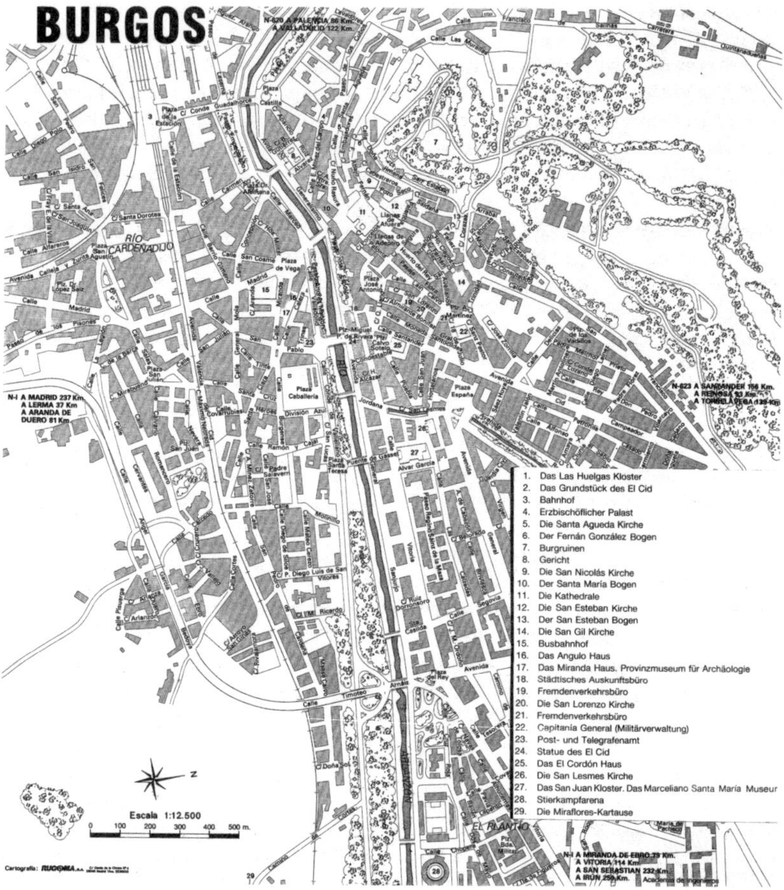

wurden die beiden Haupttürme nach Plänen des Hans von Köln hinzugefügt. Außer der Kathedrale sollte man in Burgos noch andere Besichtigungen unternehmen. Besonders zu empfehlen ist der Besuch der Kirche San Lesmes, weil sie das Grabmal des Heiligen enthält; er war ein Mönch fränkischer Herkunft, der die Pilger gastlich aufnahm. Ohne so bedeutende Monumente wie den Alkazar, die Kirche Santa Agueda und die Casa del Cordón auszulassen, sei unbedingt zum Besuch der Kartause von Miraflores und des Klosters Las Huelgas Reales geraten. Im letztgenannten ist eine Kapelle Santiago im Mudéjar-Stil erhalten, in der eine bewegliche Figur des Apostels einen besonderen Platz einnimmt; diese Figur schlug die Könige zu Rittern und richtete ihr Interesse auf den Kampf gegen die Ungläubigen. In der Nähe des Klosters Las Huelgas steht das Hospital del Rey, ein herrlicher Renaissancebau, der die Stelle einer mittelalterlichen Gründung einnimmt. Lohnend ist ein Abstecher in den **Monasterio de las Huelgas**, der etwa 2 km westlich von Burgos liegt. Ursprünglich ein Lustschloß der kastilischen Könige, wurde es 1187 in ein Zisterzienserinnen-Stift umgewandelt, in dem die höheren Töchter der Stadt nun nach strengen Klosterregeln erzogen wurden.

Zudem sind sehr schön die Plaza del Rey San Fernando mit einem beeindruckenden Stadttor, dann die beiden Paläste Casa de Angulo und Casa de Miranda (1545) in der Calle de la Calera. In der Casa Miranda ist das Museo Arqueológico untergebracht, mit Exponaten von der Römerzeit bis zur Kunst des 18. Jh. Und schließlich, im Osten der Stadt in der Nähe der Kirche San Lesmes, das Museo Marceliano Santa María mit Gemälden desselben.

Beim Spaziergang durch die Altstadt wird man immer wieder auf *Don Rodrigo Díaz de Vivar* stoßen. Der *Campeador* (Schlachtenlenker) ist bekannter als *Tapferer Krieger El Cid.* Seine Hauptstatue steht an der Plaza del General de Primo Rivera, direkt an der Brücke San Pablo über den Arlanzón. Wer's schließlich nicht ganz so verrückt haben will wie in Pamplona, der findet am *Día de las Peñas* am ersten Juli-Sonntag auch in Burgos genug Feierstimmung.

Tourist Information

Pl. Alonso Martínez 7, Tel. 201 846.

Unterkunft in Burgos

Hotel Hilton, Vitoria, Tel. 225 116, DZ., Früh. ca. 5000 Ptas.
Hostal Castellano, C. Laín Calvo, Tel. 205 040, DZ ca. 4.000 Ptas.
Hostal Niza, C. General Mola, Tel. 261 917, DZ ca. 4.000 Ptas.
Camping: Fuentes Blancas, Burgos-Cartuja Miraflores, Tel. 221 016, p. Person oder Auto ca. 500 Ptas.

Camping-Special

Villafría bei Burgos: **Camping Río Vena**
Ctr. Madrid-Irun, km 245, Villafría (Burgos), Tel. 947/224120, geöff. vom 1.April bis 31. Oktober.
Preise: 400,- je P. und je Auto (240 Personen)
Lage/Anfahrt: Ein Wiesengelände direkt an der N 1 Burgos-Vitoria, 7 km hinter Burgos, bei km 245,1 rechts.

Der Platz: Dieser Camping ist ein Familienbetrieb, wie er im Buche steht. Binnen kürzester Zeit waren Opa, Oma, Tochter und Vater um uns versammelt. Das kleine Gelände ist sehr hübsch, terrassiert, dank großer Bäume schattig und wild mit Schlingpflanzen behangen. Ein Nachteil ist der Krach der vorbeidüsenden Autos. Ein Hund bewacht den kleinen Gemüsegarten und die Wäsche auf der Leine. Das Wohnhaus, fast ganz mit Kletterpflanzen bewachsen, dient als Bar und Restaurant. Beides ist klein, aber ganz gemütlich, und auf Trubel wartet man hier vergeblich. Das liegt wohl daran, daß die wenigen Leute meist auf der Durchreise sind. Die Sanitäranlagen sind einigermaßen sauber. Warnung: Ein Leser teilte uns mit, daß die Nächte auf dieser Hochebene bereits im August eiskalt werden können. Warm einpacken!

Nahrung: In der Bar des Campingplatzes gibt es wirklich nur das Allernötigste. Ausgezeichnet ist allerdings die Paella im Campingplatz-Restaurant. Gute Stimmung herrscht abends in der Fernfahrerkneipe gleich neben dem Platz (billige Drinks). Wer in Burgos essen gehen will, tut das am besten im Viertel um die Kathedrale. Die Restaurants sind zwar mitunter etwas teuer, aber es gibt auch Ausnahmen. Etwa das Dasa Ojeda, Vitoria 5, erschwingliche Preise, gutes Essen und Atmosphäre. Darüber hinaus ein historischer Ort, hier wurde Kolumbus nach seiner Amerikafahrt empfangen.

Von Burgos nach Sahagún

Wenn man Burgos in Richtung Madrid verläßt (*sich also vom Jakobsweg entfernt*), stößt man auf das **Kloster Santo Domingo de Silos**, dessen von einer hohen Zypresse beherrschter, zweigeschossiger Kreuzgang wohl eins der meiststudierten Bauwerke der spanischen Bildhauerei ist: Er weist eine lange Reihe exotischer Einflüsse auf und ist eines der Kunstwerke, an dem sich die Originalität der mittelalterlichen Kunst entfaltete.

Nach Burgos zurückgekehrt, kann die Richtung Palencia eingeschlagen werden, kurz darauf wird abgezweigt und den Verkehrsschildern nach León gefolgt. Schon bald werden Tardajos und Rabé de las Calzadas erreicht. Von hier gelangt der Pilgerweg nach Hornillos und setzt sich nach Hontanar und Castrogeriz fort. Für den Reisenden ist es heute einfacher, einen Umweg in Kauf zu nehmen und von der Straße N-120 ausgehende Nebenstraßen zu benutzen. Die Abzweigung nach **Hornillos del Camino** ist etwas mehr als 10 km entfernt. Dort angekommen, findet der Besucher ein Dorf mit mittelalterlicher Anlage (das auch ein Pilgerspital hatte) vor, das von der gotischen Pfarrkirche beherrscht wird. Auf die Straße N-120 zurückgekehrt, schlägt man auf der linken Seite nach 11 km die Abzweigung nach Hontanares ein. An der Ausfahrt nach Castrogeriz (über die Nebenstraße) liegt das gotische Kloster San Antón, wo die Pilger betreut wurden. **Castrogeriz** ist jetzt ganz nahe. Zu Füßen des von einer Burg gekrönten Hügels zieht sich das Dorf an den Win-

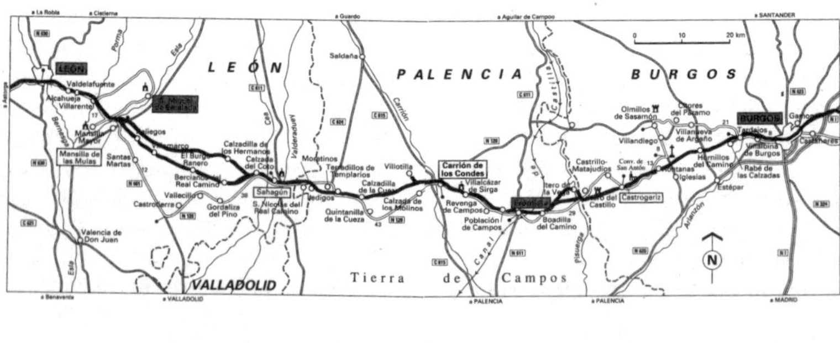

dungen der Straße entlang, die die Pilger am Hügel vorbeiführte. In der alten Stiftskirche Santa María del Manzano, die im 12. Jh. im nüchternen Zisterziensерstil erbaut wurde, wird ein kostbarer Kunstschatz aufbewahrt; unter diesem ragen die mittelalterliche Marienfigur, der die Kirche ihren Namen verdankt, der Hochaltaraufsatz aus dem 18. Jh., ein Ölgemälde von Carduccio aus dem beginnenden 17. Jh., das den heiligen Hieronymus darstellt, sowie eine herrliche Kopie der Kreuzabnahme von Bronzino hervor. Die Kirche Santo Domingo (mit einem ausgezeichneten Pfarrmuseum) und die Kirche San Juan verdienen ebenfalls einen ausführlichen Besuch.

Zur nächsten Etappe des Pilgerweges in der **Provinz Palencia** kommt man über die Nebenstraßen, die Castrogeriz mit Frómista verbinden. **Itero del Castillo** im Schatten einer alten Festung, die Brücke über den Pisuerga und **Itero de la Vega** sind Meilensteine an der Route nach Santiago. Im letztgenannten Ort wird der heilige Jakobus als Pilger in der Kapelle La Piedad verehrt. Im nahe gelegenen **Boadilla del Camino** ist der Besuch der Kirche Santa María aus dem 15./16. Jh. zu empfehlen. Schließlich taucht **Frómista** vor dem Reisenden auf; es ist eine der Etappen, die man in Ruhe kennenlernen sollte. Die Kirche San Martín ist eines der besten Beispiele der jakobäischen Romanik. In ihr entdeckt man wiederum das horizontale Streifen bildende Schachbrettmuster, das, in Jaca eingeführt, gewissermaßen zum Identitätszeichen der Kunst der Pilgerfahrten werden sollte. Es kann übrigens als einer der Prototypen der spanischen Kunst des Mittelalters angesehen werden. Santa María del Castillo - mit einem herrlichen Hochaltar -, San Pedro und die Kapelle Santiago sind weitere Monumente, die von der Größe Frómistas zeugen, wohin der von Santander über Reinosa und Cervatos führende Zweig des Pilgerweges führte. Das alte Spital von Palmeros wurde in ein Gästehaus umgebaut.

Eine 13 km lange Nebenstraße stellt die Verbindung zwischen Frómista und Villalcázar de Sirga her. In **Población de Campos**, wo auch ein Pilgerspital existierte, sind zwei romanische Kapellen erhalten. **Villovieco** und **Villarmentero** de Campos bewahren jakobäische Erinnerungen in der Kirche Santa María (an der Altarrückwand) und in der Kirche San Martín de Tours, deren Widmungsname einem am Pilgerweg verehrten Heiligen entspricht. Weiter vorn liegt **Villalcázar de Sirga** (oder Villasirga, wie es in den mittelalterlichen Chroniken heißt). Das Dorf wird von der Kirche Santa María la Blanca beherrscht. Die Kirche enthält neben einem Renaissance-Altar einige ausgezeichnete romanische Skulpturen. Die Aufmerksamkeit sei auf eine sitzende Marienfigur gegenüber der Kapelle Santiago gelenkt. Die Kapelle Virgen del Río hat eine interessante Figur des Apostels als Pilger. **Carrión de los Condes** (7 km entfernt) gehört zu den alten Städten des Königreichs León; es hat verstanden, eine gewisse epische Atmosphäre fast unversehrt zu bewahren. Aber auch die Erinnerung an den Jakobsweg ist in vielen Winkeln spürbar. Die jakobäische Route durchquerte Carrión, indem sie einer winkeligen Linie folgte. Von Frómista kommend, traf sie links zuerst auf das Kloster Santa Clara aus dem 13. Jh. Ganz in der Nähe erhebt sich Santa María del Camino, ein romanischer Bau aus dem 12. Jh. mit einem schönen Kunstschatz. Läßt man den Platz hinter sich, kommt man über die gleiche Straße, die den Reisenden hierher führte, bald zur Kirche Santiago, deren Fassade von einem ausgezeichneten Bildhauerfries beherrscht wird. Der von den Symbolen der Evangelisten umgebene, sitzende Christus ist ohne Zweifel eines der besten Stücke des 11. Jh. Von neuem erinnert das Schachbrettmuster an die bedeutende Rolle, die der Pilgerweg bei der Verbreitung der romanischen Kunst spielte.

Am Ausgang von Carrión wäre es angebracht, am **Kloster San Zoilo** zu halten und den herrlichen Kreuzgang im Platereskenstil zu betrachten; es handelt sich um eines jener Werke der spanischen Renaissance, an dem sich einer dem mittelalterlichen Geschmack völlig fremden Komposition die Linien der Gotik anpassen. Die gotische Kirche Nuestra Señora de Belén sollte ebenfalls besichtigt werden. Außerhalb der Stadt entdeckt der Reisende rechts die Ruinen der Abtei von Benevívere; sie wurde im 12. Jh. gegründet und war mit den Bedürfnissen der Pilgerwanderungen eng verbunden. Mit der Straße N-120 übereinstimmend, durchquert die Strecke nach Sahagún (43 km) interessante Gegenden. Calzadilla de la Cueza, Ledigos, Terradillos de Templarios und Moratinos sind Orte, die sich zusammen mit der Apostelverehrung entwickelten; in ihnen allen sind Erinnerungen an das Mittelalter erhalten.

In **Sahagún** endete die siebte Etappe des im Calixtinischen Codex enthaltenen *Pilgerführers*, die den Heiligen Facundo und Primitivo entsprach. Der Verfasser des Führers verlegte hierher die bekanntesten Episoden der **Legende Karls des Großen**, in denen der Kaiser und der mohammedanische Riese Aigolando auftreten. Es hieß, daß die Lanzen der christlichen Krieger am Ufer des Cea emporsprossen. Vielleicht wurde diese magische Version von den den Fluß flankierenden Pappeln inspiriert. Normalerweise spielten sich die legendären Heldentaten Karls des Großen an den Stellen ab, an denen sich der französische Kluniazenserorden niedergelassen hatte. Sahagún ist keine Ausnahme, denn sein mittelalterlicher Glanz hing zum großen Teil von der Abtei San Fancundo ab, die von den *schwarzen Mönchen* im 11. Jh. gegründet wurde und heute in Ruinen liegt. In dieser Stadt, die zu den wohlhabendsten und belebtesten Städten des Pilgerweges gehörte, sind die Kirchen San Tirso und San Lorenzo, die zu den besten Bauwerken der Mudéjaren zählen, San Juan, La Trinidad und La Peregrina hervorzuheben. Rund 5 km vom Stadtkern liegt abseits der Jakobsroute der romanische Bau San Pedro de las Dueñas.

▵ Unterkunft in Sahagún

Hotel Alfonso VI., Antonio Nicolás, Tel. 781 144, DZ, Früh. ca. 5.500 Ptas.

Camping Pedro Ponce, an der N-120, Tel. 781 112, p.Person ca. 400 Ptas., Auto ca. 350 Ptas.

Von Sahagún nach Villafranca del Bierzo

Der erste Abschnitt des Jakobswegs in der **Provinz León** ist für Autos nur relativ schlecht geeignet; er verbindet Bercianos vom Königlichen Französischen Weg und El Burgo Ranero mit der Straße N-601 in der Höhe von Mansilla de las Mulas. Wer Asphaltstraßen bevorzugt, kann über die Nationalstraße N-120 weiterfahren, die León und Valladolid miteinander verbindet, indem er von Sahagún aus in Richtung Mayorga fährt und rechts die verschiedenen Abweichungen einschlägt, die zu den Dörfern der Pilgerfahrten führen. Nach **Bercianos del Real Camino** kann man aber direkt von Sahagún gelangen.

In Mansilla de las Mulas steht noch ein Teil der mittelalterlichen Mauern. Es war eine eng mit den Pilgerzügen verbundene Stadt; sie zählte einst vier Spitäler, zwei Klöster und sieben Kirchen. Von hier an deckt sich die Strecke nach León mit der Straße N-601, obwohl man kurz nach Verlassen des Stadtkerns zum mozarabischen Kloster San Miguel de Escalada (12 km) abzweigen sollte. Das nächste Ziel ist bereits León, der Endpunkt der achten Etappe des Calixtinischen Codexes und eine der bedeutendsten Städte des christlichen Mittelalters.

León

Die Stadt wurde in der Römerzeit gegründet. Der asturische König Ordono II. verlegte schließlich die Hauptstadt von Kastilien 914 hierher.

Um den Weg der Jakobspilger zu rekonstruieren, sei geraten, den Wagen nach Überfahren der Brücke Puente del Castro abzustellen und durch die Straße Miguel Castaña zur Kirche Santa Ana zu gehen. Weiter vorn erheben sich die Kirche Santa María del Mercado und das Kloster La Concepción. La Rúa - eine malerische mittelalterliche Straße - mündet in den Platz San Marcelo, eine schöne Anlage mit der gleichnamigen Kirche. Von hier führt der Pilgerweg weiter zur Kathedrale und nach einer Biegung auf der linken Seite zur Stiftskirche, deren Besuch für die Pilger einen der wichtigsten Haltepunkte auf der langen Reise darstellte.

Die **Kathedrale** wird zu den schönsten Werken französischer Gotik gezählt und gilt als das stilreinste gotische Bauwerk auf spanischem Boden. Zum Internationalen Orgel Festival kommt sogar das Spanische Königspaar hierher. Der Bau wurde 1205 begonnen, und erst gut ein Jahrhundert später konnte die Einweihung gefeiert werden. Der schön anzuschauende Sandstein ist dem schnellen Verfall ausgesetzt, deswegen mußten im Laufe der Geschichte viele Restaurierungen vorgenommen werden. Die äußere Form ist die eines dreischiffigen Langhauses, welches ein dreischiffiges Querhaus kreuzt. Am eindrucksvollsten ist die Westfassade, die mit der Lebenskraft der plastischen Darstellungen besticht. Doch der Weg nach Innen sollte nicht gescheut werden: In Abkehr zur alten Baukunst wurden düstere, schwere Steinmauern durch große, bunte Fenster ersetzt. Die Gesamtfläche der Fenster beträgt immerhin 1200 Quadratmeter. Dadurch wird das Innere wunderbar farbenprächtig, über den Tag hinweg die Schattierungen wechselnd, erhellt. Der andere Blickfang ist das Bildwerk, wobei sich neben der Marienfigur der Virgen Blanca an der linken Wand des Mittelportals Jakobus mit Stab und Pilgerhut erkennen läßt. Wer dem alten Brauch der Pilger folgen will, sollte seine Hände auf die ihm als Sockel dienende Säule

legen. Viele haben das schon getan, dementsprechend abgegriffen ist der Stein.

Die **Stiftskirche San Isidoro** ist ihrerseits das perfekteste Monument der Romanik. Der Reisende wird hier im Vergleich zur Kathedrale über hundert Jahre zurückversetzt. Das **Königliche Pantheon** kommt einem herrlichen Museum der Wandmalereien im Rahmen einer aufs äußerste geläuterten romanischen Architektur und Bildhauerei gleich. Die Dekorationsgegenstände (Goldschmiedearbeiten, Elfenbeinarbeiten, Codexe und Stoffe), die in der Stiftskirche aufbewahrt werden, vervollständigen ein eindrucksvolles Repertoires des Mittelalters. Die Puerta del Perdón, wie auch das Portal der Platería in Santiago von Meister Esteban geschaffen, war für die Pilger das letzte, was sie von der Stiftskirche sahen. Von dort zogen sie durch die Straße La Renueva zum Kloster San Marcos, einem Renaissance-Palast, unter dessen Schmuck die Jakobsmuscheln (vieiras) als Emblem auftauchen, das den Jakobspilgern besonders vertraut werden sollte. Ein Jakobus als *Matamorus*, als Maurentöter, schmückt den mittleren Teil der sehr schönen Fassade. Das Pilgerspital steht neben dem Kloster, das die Jakobsritter während der Regierungszeit der Katholischen Könige erbauten.

Doch es gibt auch ein ganz zeitgemäßes León. Am frühen Abend trifft sich die Jugend in den Bars im **Gebiet Barria Húmedo** (um die Plaza San Martín), später verschiebt sich das Nachtleben in die C. Lancia und die C. Conde de Guillén (mit Bars und Discos). Und auch León hat seine Festwoche: Vom 20. bis zum 29. Juni wird die **Fiesta von San Juan und San Pedro** gefeiert, mit den Höhepunkten am 24. und 29.

Tourist Information

Pl. de la Regla 3, Tel. 237 082.

Unterkunft in León

Hostal Guzmán el Bueno, Lopéz Castrillón, Tel. 236 412, DZ, Früh. ca. 5.000 Ptas.

Hostal Central, Av. Ordoño II. 27, Tel. 251 806, DZ ca. 4.000 Ptas.

Hotel San Martín, Pl. Torres de Omaña 1, Tel. 207 473, DZ ca. 5.000 Ptas.

JuHe: Residenca Juvenil Infanta Doña Sancha, C. Dorredera 2, Tel. 202 201, ca. 1.000-3.000 Ptas. p. Person.

León - Die Semana Santa, die Heilige Woche, mit der Prozession De los Pasos - Viernes Santo

☆ Jakobsweg-Special

Die alte Strecke über Oviedo:

Die Pilgerfahrt zur Wallfahrts-Kirche San Salvador

Vom Königreich León ging die Route aus, auf der die Pilger zur **Kirche San Salvador** in Oviedo wanderten, in der sie den Reliquienschrein verehrten. Diese Kirche aus dem 9. Jh. bewahrte einen orientalischen Reliquienschatz, welcher der Überlieferung nach aus Jerusalem stammte und in Toledo gehütet worden war, bis er anläßlich des Eindringens der Muselmanen nach Oviedo gebracht wurde. Obwohl Aimerico Picaud im Liber Sancti Jacobi oder Calixtinischen Codex die Pilgerfahrt nach Oviedo als Etappe des Hauptweges nach Santiago de Compostela nicht erwähnte, ist es doch so, daß San Salvador und die dort befindliche Heilige Truhe (Arca Santa) mit den ersten Zeiten der Jakobspilgerfahrt in Verbindung stehen. Die Verehrung der Reliquien in San Salvador, die anfänglich auf den Raum Oviedo beschränkt war, sprengte im 9. Jh. den lokalen Rahmen. Aber erst Ende des 11. Jh. hatte sie internationalen Charakter. Es gibt mehrere Belege, die über die Zusammenhänge zwischen den Pilgerreisen nach San Salvador und nach Santiago de Compostela berichten: Im Jahr 1228 verkündete König Alfons IX. ein Gesetz zugunsten der Pilger, die nach Santiago und nach San Salvador in Oviedo wanderten, und Alfons X., der Weise, definierte die Pilger in den Urkunden als solche, die "auf Pilgerfahrt nach Santiago oder San Salvador in Oviedo ziehen".

Seit dem 12. Jh. war also die **Cámara Santa** - ein Bauteil der von Alfonso II. errichteten und zur Aufbewahrung der Heiligen Truhe bestimmten Kapelle San Miguel - bereits ein bedeutender Wallfahrtsort und Pilgerzentrum, das den gewaltigen Pilgerstrom kanalisierte, der auf dem Weg zum Jakobsgrab in Santiago in León eine andere Strecke einschlug, um die Reliquien in Oviedo zu verehren.

Nach einem Zwischenaufenthalt in der Herberge Santa María de Arbás - einer der ältesten Herbergen auf der Route, die im 12. Jh. von Alfons VII. gegründet wurde - überquerten die Pilger den Pajares-Pass, den natürlichen Zugang von Kastilien nach **Asturien**, den schon die Römer benutzt hatten.

Über **Puente de los Fierros**, wo die Kapelle, das Rektoratshaus und die Brücke erhalten sind, und Campomanes, wo es im 12. Jh. ein Spital gab, führte der Weg nach Asturien. In **Pola de Lena** sollte der Reisende die in der Nähe gelegene Kapelle Santa Cristina de Lena aufsuchen, um dort einen der schönsten Bauten der asturischen Frühromanik kennenzulernen; der während der Herrschaft von Ramiro I. im 9. Jh. errichtet wurde und den Höhepunkt dieses Stils darstellt. Die Kirche wurde von der UNESCO zum Kulturgut der Menschheit erklärt.

Das Ende der Etappe war das Dorf **Mieres**, wo die Pilger eine Herberge vorfanden. Nach dem Aufstieg zum Alto del Padrún, wo ein weiteres Spital vorhanden war und von wo man einen herrlichen Blick auf das Nalón-Tal und El Caudal hat, überquerte man den Nalón in Olloniego, dessen Brücke gotische Elemente aufweist.

Von dort zog man weiter über La Manjoya zu dem Stadttor von Oviedo, hinter dem man die Straße Cimadevillas betrat. In Oviedo folgten die Pilger der Straße La Rúa, auf der sie zur Erlöserkirche kamen, vor der Erlöserstatue niederknieten und in der Cámara Santa die Reliquien verehrten.

Oviedo entstand im 8. Jh. im Umkreis des Klosters San Vicente. Alfons II. machte es im 9. Jh. zur Hauptstadt des Königreiches Asturien. Neben anderen Gotteshäusern und Zivilbauten ließ er einen Königspalast, die Basiliken San Salvador und Santa María, die Cámara Santa, die Kirchen San Tirso, San Julián und Santullano (auch Los Prados genannt) errichten, um die Stadt ihrem Rang gemäß zu erweitern. Von den Basiliken und dem Palast weiß man nur, daß sie etwa an der Stelle der heutigen Kathedrale standen, die vom 14. bis 15. Jh. im spätgotischen Stil erbaut wurde und in die die Cámara Santa einbezogen wurde. Die Heilige Truhe, das Kreuz der Engel, das Kreuz des Sieges, die Achattruhe und einige Diptychen sind die kostbarsten Stücke, die in der Cámara Santa aufbewahrt werden. In der Kathedrale tritt der Hochaltaraufsatz hervor.

Am nahen **Berg Naranco** findet man zwei weitere Beispiele der asturischen Frühromanik aus der Regierungszeit Ramiros: Santa María del Naranco, einst Sommerpalast von Ramiro I., und San Miguel de Lillo, die Palastkirche, beide aus dem 9. Jh. Von Oviedo aus wich der Jakobsweg dem Flußlauf des Nora aus, führte über Ponte de Gallegos, stieg empor bis Escamprero, wo die Pilger wiederum ein Spital vorfanden, überquerte den Nalón in Peñaflor und lief nach **Grado**. Dieses Städtchen hatte im Mittelalter besondere Bedeutung. Von seinen Bauten ist die Capilla de los Dolores aus dem 11. Jh. hervorzuheben. Anschließend begann der mühsame Aufstieg nach **La Cabruñana**, von dort ging es zum Kloster Cornellana mit seiner Kirche aus dem 12. Jh., die aber umgebaut ist, und über Salas mit seiner sehenswerten Stiftskirche Santa María, wo die Pilger aufgenommen wurden, nach La Espina. Auf der Höhe La Espina gabelte sich der Weg: Die älteste Strecke der Pilgerroute führte nach Cinco, einem im 13. Jh. von Alfons IX. gegründeten Städtchen, und zum Kloster Obona, das der Jakobsweg zwangsweise berührte, seit der Monarch es 1222 befohlen hatte. Dann kam man nach La Pola de Allanda, dessen romanische Kirche Santa María de Celón aus dem 11. Jh. stammt. Von dort zog man zum Palo-Paß hinauf bis Grandas de Salime, wo die Pfarrkirche San Salvador einen Besuch lohnt. Von Grandas aus verlief der Jakobsweg über den Acebo-Paß nach Galicien.

Von León nach Astorga

Nach Überqueren des Bernesga stößt der Reisende auf die Straße N-120 nach Astorga. Der 40 km lange Abschnitt dieser Straße führt an den Dörfern des Jakobsweges entlang. Die Wallfahrtskirche El Virgen del Camino - ein moderner Bau! - taucht zuerst auf, aber die Verehrung der Virgen del Camino, die ihre Errichtung veranlaßte, ist älter als die besten Zeiten der Pilgerreisen. Auf der Höhe des Hospitals von Orbigo liegt rechts die gleichnamige Brücke mit 8 Rundbögen, die wichtigste der Jakobs-Route. Ihr Ruhm geht auf die Zeiten zurück, in denen die höfischen Sitten der

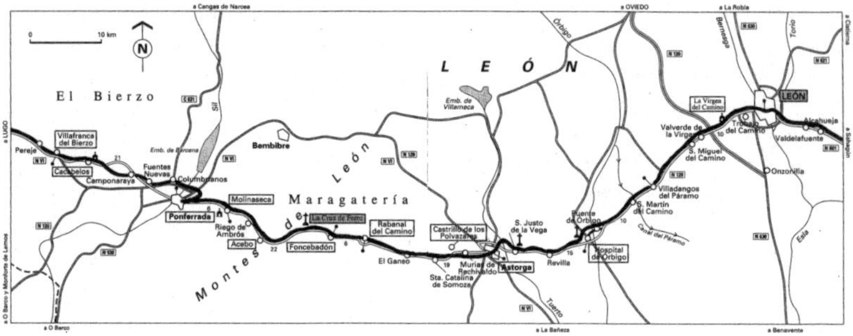

Renaissance den Jakobsweg überfluteten, denn sie war der Schauplatz der Ritterturniere des Suero de Quiñones. Was später als *Paso Honroso* in die Literatur eingehen sollte, war die Herausforderung dieses Kriegers, jeden, der dazu bereit war, zum Duell um die Brücke über den Río Orbigo aufzufordern. Dieses Schauspiel dauerte einen ganzen Monat, danach zogen die Sieger nach Compostela. Astorga ist jetzt nicht mehr weit.

Astorga

Als einzige große Stadt zwischen den Pilgerwegstationen León und Santiago war Astorga zwischen dem 12. und 15. Jahrhundert eines der wichtigsten Pilgerzentren. Nicht weniger als **25 Hospize** standen für die Pilger zur Verfügung. Leider ist heute nur noch das *Hospital del Astorga* neben der Kathedrale erhalten. In Astorga begegneten sich die Pilger auf dem Weg nach Santiago und die bereits zurückkehrenden Wanderer, denn nur noch rund 200 Kilometer bis Santiago trennten die Suchenden von der Erfüllung ihrer Aufgabe.

Die **Kathedrale** ist ein gotisches Gotteshaus mit einer eindrucksvollen Barockfassade. Im nahen Bischöflichen Palais, einem von Gaudí Ende des 19. Jh. errichteten neugotischen Bau, ist das Pilgermuseum *Museo de los Caminos* untergebracht. Hier sind Stücke aus der Geschichte des Jakobswegs und der Pilgerzeit ausgestellt wie Chroniken und verschiedene Pilgergegenstände. Das Denkmälerrepertoire von Astorga wird durch das Rathaus, die römische Mauer, das Ergastulum und einige gut erhaltene Kirchen vervollständigt.

Tourist Information

Zwischen der Kathedrale und dem Palacio Episcopal, im Sommer geöffnet.

Unterkunft in Astorga

Hostal Santana, Pza. Porfirio López, Tel. 615 658, DZ ca. 5.000 Ptas.
Hostal Casa Sacerdotal, Hermanos la Salle, Tel. 615 600, DZ ca. 5.000 Ptas.
Camping: Hospital de Órbigo (vor Astorga), Don Suero de Quiñones, Terrenos de la Vega, Tel. 388 448, ca. 400 Ptas.

In der Nähe der Kirche San Pedro beginnt die Nebenstraße (etwa 50 km), die über **Santa Colomba** durch das *Tal der Stille* und den 1.500 Meter hohen Rabanalpaß in den Bergen von León nach Ponferrada führt. Sie stimmt in der Zone der **Maragatería** fast genau mit dem alten Jakobsweg überein. Valdeviejas, Rabanal del Camino und Foncebadón (mit der Calle Real oder Königlichen Straße, die in den beiden letztgenannten Orten den Jakobsweg überlagert ist) bewahren einige Reste aus dem Mittelalter und verführen zu einem Bummel zwischen den alten Häusern, die jederzeit dazu dienen könnten, die Geschichten aus dem Calixtinischen Codex z.B. durch einen Film zu illustrieren. Am Ortsausgang von **Foncebadón** erhebt sich das **Kreuz *Cruz de Ferro*** über einem Steinhaufen, welcher der Überlieferung zufolge auf die Römerzeit zurückgeht; der Brauch will, daß jeder Pilger einen weiteren Stein auf diesen Haufen wirft. Doch der wurde nicht nebenan mal eben aufgelesen, manche Pilger brachten den Stein von zu Hause mit! In **El Acebo** ist in der Pfarrkirche eine interessante Figur des Apostels als Pilger erhalten. In Molinaseca existieren heute noch eine Calle Real und ein altes Spital. Nach kurzer Zeit kommt der Reisende in Ponferrada an.

Ponferrada

Der Ursprung dieser Stadt ist die **Eiserne Brücke** (Puente Ferrada), die ein Bischof im 11. Jh. für die durchziehenden Pilger erbauen ließ. Ponferrada war zu dieser Zeit bereits ein Zentrum der eisenverarbeitenden Industrie, da die Gegend reich an Erzvorkommen war. Gegründet wurde sie schon um das Jahr 1000 auf den Überresten einer römischen Siedlung. Später, in der Zeitspanne vom 11. bis 14. Jh., wurde im recht gut erhaltenen Zentrum die **Burg der Tempelritter** erbaut, das heutige Wahrzeichen der Stadt. Sie liegt ebenfalls am Fluß Sil und war geeignet, die Sicherheit auf dem Jakobsweg zu erhöhen. Bei einer Besichtigung läßt sich die weitreichende Funktion solch einer Burg erahnen: um den zentralen Waffenplatz herum waren eine Kapelle, Pferdeställe und ein Kapitelsaal angeordnet. Das ganze Gebäude diente somit als bewaffnete Festung, Herberge und Kloster zugleich.

Ende des 15. Jh. befahlen die Katholischen Könige den Bau des Hospitals der Königin (Hospital de la Reina) in der Nähe der Festung. Die **Basilika Nuestra Señora de la Encina** wurde zur Erinnerung an eine Erscheinung der Patronin der Bierzo-Region etwas später begonnen; das Kloster Las Concepcionistas (ebenfalls aus dem 16. Jh.), der Uhrenturm und das Rathaus sollten das Bild dieser wohlhabenden Stadt am Pilgerweg vervollständigen.

▲ Unterkunft in Ponferrada

Hotel Monteclaro, Antonio Cortés, Tel. 425 252; DZ, Früh. ca. 4.500 Ptas.
Hotel Roma, Av. del Ferrocarril, Tel. 411 908; DZ, Früh. ca. 3.000 Ptas.

Von Ponferrada bis Villafranca del Bierzo (21 km) verlief die Pilgerroute wie die Nationalstraße N-VI. In **Cacabelos** kann man die Kapelle San Roque (der gleich-

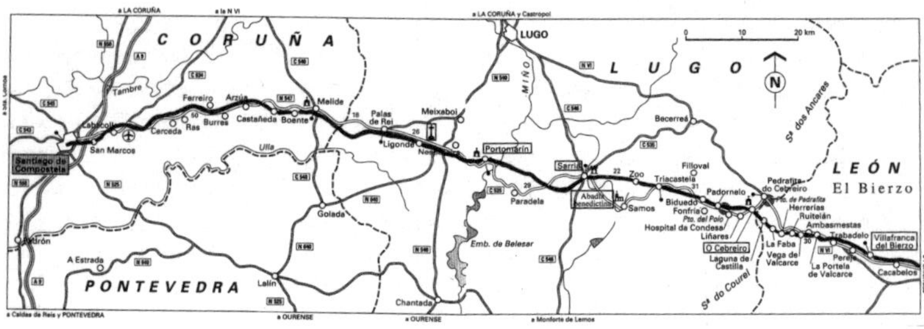

namige Heilige war ebenfalls Pilger, aber sein Ziel war Rom), die Kirche Santa María und die Wallfahrtskirche Quinta Angustia besichtigen. Die Gründung der beiden letztgenannten Kirchen liegt im Mittelalter, aber ihr heutiges Aussehen ist die Folge späterer Umbauten. In Villafranca del Bierzo endet die letzte Etappe, bevor man Galicien erreicht.

Villafranca ist ebenfalls eine infolge Pilgerfahrten entstandene Stadt, wo sich Franken niederließen und die unter den Schutz eines Klosters der Kluniazenser gestellt wurde. Die Kargheit der vorher durchwanderten Landschaft hatte hier ein Ende, und die Stadt hieß die Pilger noch mit einer Besonderheit willkommen: Wenn kranke Pilger an der **Kirche Santiago** ankamen (12. Jh.), die am Eingang des burgo steht, hatten sie den Anspruch auf den Jubiläumsablaß praktisch erworben.

Sinnigerweise heißt das Tor dann auch *Puerta del Pardon*, die "Gnadenpforte". Aber auch diejenigen, die in der Lage waren weiterzureisen, mußten hier zum Gebet anhalten. Die Pilger zogen weiter an der links liegenden Festung vorbei bis zur Calle del Agua, die noch heute mittelalterlich anmutet, und verließen Villafranca über die Burbia-Brücke. Im Stadtkern entstanden hintereinander Kirchen und Spitäler. Die Straße hat heute noch ein malerisches, mittelalterlich anmutendes Flair, und die Fassaden der Häuser sprechen ihre eigene Geschichte.

Der Stadtkern birgt noch weitere Sehenswürdigkeiten wie das **Convento San Francisco**, dessen Gründung dem Heiligen Franz von Assisi selbst zugesprochen wird. Oder die **Jesuitenkirche San Nicolás**, die **Stiftskirche Santa María** aus dem 16. Jahrhundert, das Kloster La Anunciada, das Kloster San Nicolás (beide Klöster aus dem 17. Jh.) und das **Hospital Santiago**, welches heute als Collegium La Divina Pastora dient.

Um weiter zur Paßhöhe von **Piedrafita** auf 1.100 Meter Höhe zu gelangen, mußten die Pilger Villafranca über die Burbia-Brücke verlassen. Hier wird die Grenze zwischen León und Galicien überschritten, Santiago befindet sich in spürbarer Nähe.

Von Villafranca del Bierzo nach Santiago

An der Ortsausfahrt von Villafranca del Bierzo befindet sich der Reisende beinahe schon auf galicischem Boden. Der Jakobsweg führt zwischen **Sierra de Ancares** und **Sierra del Caurel** am Valcarce aufwärts: Sobald der Paß von Piedrafita überwunden war - und damit Galicien erreicht wurde -, fühlten sich die Pilger an den Toren ihres Reiseziels. Die Paßhöhe von Piedrafita auf rund 1.100 Meter Höhe markiert den Übergang in das grüne Galicien mit seiner eigenen Geschichte und der Verwandschaft zum nahen Portugal. Galicien ist das Endziel der meist anstrengenden Reise. Um diesem Umstand zu huldigen und die Verehrung für den Landstrich auszusprechen, kann auf der Paßhöhe im Angesicht des Wegkreuzes ein Gebet gesprochen werden. 200 Höhenmeter trennen die Wanderer noch von der nächsten wichtigen Station auf dem Weg nach Santiago: O Cebreiro.

Schon gleich nach Villafranca del Bierzo trennt sich der Pilgerweg abermals von den Nationalstraßen, um über die Nebenstraßen zu verlaufen, an denen Dörfer und Flecken liegen, die noch in eine mittelalterliche Landschaft getaucht sind. Pereje, Trabadelo, Portela, Ambasmestas, Vega de Valcarce, Ruitelán, Herrerías und andere kleine Siedlungen sind vorzüglich dazu geeignet, den mittelalterlichen Geist der Pilgerbewegung zu vermitteln.

Nach dem Paß - der endgültig den Übergang nach Galicien darstellt - kommt der Reisende nach **O Cebreiro**, wo eine Reihe von pallozas - primitive Wohnungen, die denen der **keltischen castros** ähneln - und eine schöne frühromanische Kirche aus dem 9. und 10. Jh. zu sehen sind. Das ganze Dorf steht heute unter Denkmalschutz.

Schon während der Besiedlungszeit durch die keltischen Ureinwohner soll der Ort als Heiligtum verehrt worden sein. In der Kirche wird ein Kelch aufbewahrt, der allgemein als der *Heilige Gral Galiciens* bekannt ist; um ihn webt sich ein unter den Pilgern stark verbreitetes Wunder: Ein Mönch verspottete einen weitgereisten Bauern, der gekommen war, um die Messe zu hören. Die Strafe folgte auf den Fuß, aus dem Meßwein wurde Blut, und die Hostie verwandelte sich zu Fleisch. Die Legende wurde bald überall durch die Pilger weiterverbreitet und trug zur Bekanntheit des kleinen Ortes bei.

Es lohnt sich ebenfalls, das romanische Bildwerk Santa María la Real zu betrachten. Einen Blick wert sein sollten die keltischen Häuser, die durch ihre runde Form und das verwendete Material Aufmerksamkeit erwecken. Sie trotzen den Gewalten des Wetters durch große verwendete Quader, die Stabilität schaffen. Die Dächer sind kegelförmig und aus Stroh geflochten. Heute wohnt in den *pallozas* allerdings niemand mehr. Der Geschichte wird durch ein **Bauernmuseum** Rechnung getragen.

Mit offenen Augen und mit offenem Herzen folgen die Wanderer dem Weg weiter, die Gegend genießend. Die gleiche Landstraße, die hierher führte, folgt nun der jakobäischen Route über Liñares, Hospital de Condesa und Padornelo bis

Anto do Poio, einem weiteren Paß mit strengen Wintern. Fonfría del Camino, Biduedo und Triacastela beschlossen die elfte Etappe des *Pilgerführers*. Diese Station hat für die Pilger aller Zeiten eine besondere Perle zu bieten: In **Triacastela** mit der Jakobskirche mußte der Pilger einen Kalkstein von den Steinbrüchen aufsammeln und ihn in das 100 Kilometer entfernte Castañeda tragen. In den Kalkmühlen des Ortes wurden die Steine für den Bau der Kathedrale in Santiago vorbereitet.

Die nächste und letzte Etappe begann im **Kloster Samos**, einem der bekanntesten kulturellen Brennpunkte im frühen Mittelalter. Von einer verfallenen Festung beherrscht, stellt die Calle Mayor von Sarria eine geeignete Umgebung für die Erinnerungen an die Jakobspilger dar. Die Kirche El Salvador (romanisch und gotisch), das Hospital San Antonio und das Kloster der Barmherzigen Brüder enthüllen die bedeutendsten Spuren der Pilgerfahrten. Die Kirchen von Barbadelo und Paradela (romanisch) verdienen einen Besuch.

Über Samos mit seinem Kloster und der eindrucksvollen Renaissance-Fassade wird bald **Portomarín** erreicht. Seine Monumente wurden zusammen mit dem übrigen Ort an eine neue Stelle verpflanzt, denn das ursprüngliche Dorf wurde vom Stausee des Miño überschwemmt. Die Kirchen San Pedro und San Nicolás (ebenfalls romanisch) sind die hervorstechendsten Bauten an diesem Abschnitt des compostelanischen Weges. Der alte Ort ist im Stausee von Belesar verschwunden. Mit viel Glück können bei niedrigem Wasserstand noch ein paar Überreste der alten Pilgerbrücke aus dem 12. Jahrhundert betrachtet werden. Ein Bogen der Brücke wurde am Ufer nachgebaut und mit einer kleinen Kapelle verziehrt. Das Wahrzeichen Portomaríns, die **Wehrkirche San Juan**, wurde vor der Überschwemmung Stein für Stein ab- und auf der nahen Anhöhe wieder aufgebaut. Die Rosetten an der Fassade und die Skulpturen der Portale tragen zum schönen Gesamtbild der neu aufgebauten Stadt bei. Einklang der Farben mit grauem Kalkstein, weiß gekalkten Häusern und türkisfarbenen Tür- und Fensterläden.

An diesem Punkt ist es geraten, die Straße C-535 einzuschlagen, um zur Regionalstraße nach Lugo zu gelangen. Nach 10 km nimmt links die direkt nach Santiago führende Straße C-547 ihren Anfang. Nach 15 km ist **Palas de Rei** erreicht; das Dorf ist von einer größeren Zahl romanischer Bauten umgeben, die den Höhepunkt der zwölften und letzten Etappe des *Pilgerführers* bilden. In **Melide** sollte man die Kirche Santa María, die Kirche des alten Spitals Sancti Spiritus und das Portal der Kirche San Pedro besichtigen. **Arzúa** ist der nächste bedeutendere Ort, er hat ebenfalls ein altes Spital in der Nähe der Kirche La Magdalena aufzuweisen. **Labacolla**, heute Flughafen, wird im Pilgerführer von Picaud als Lavamentula zitiert, wo sich die Pilger zum Einzug in die Stadt des Apostels vorbereiteten und wuschen.

SANTIAGO DE COMPOSTELA

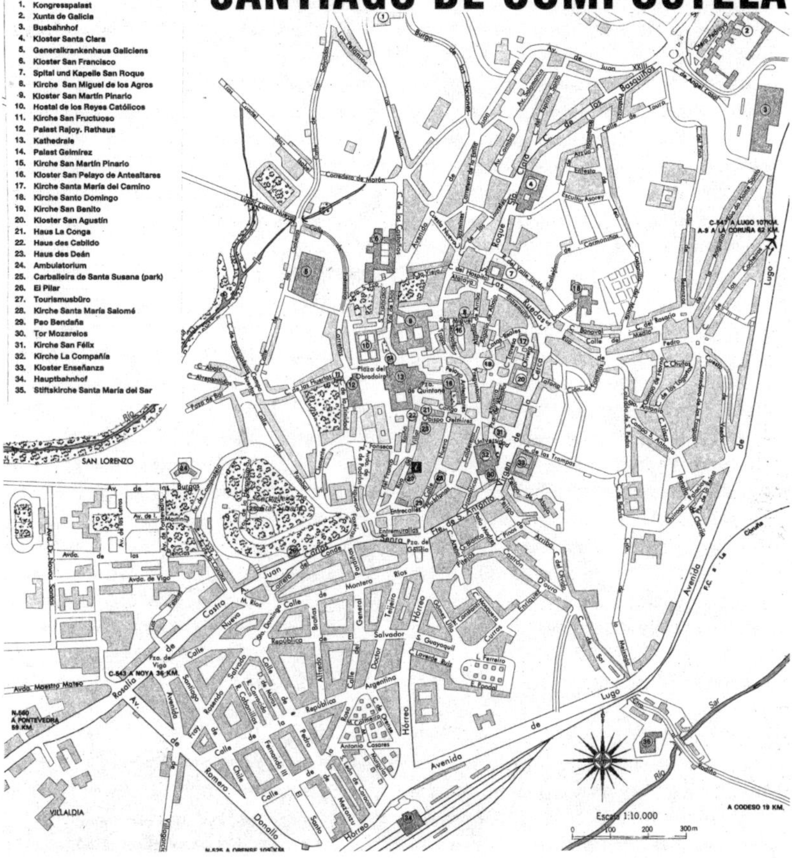

Santiago de Compostela

Diese Stadt zu betreten, ist heute ebenso wie im Mittelalter eine überwältigende Erfahrung.

Im Urteil über die Stadt gibt es wohl nur einen vernichtenden Kritiker, der bezeichnender Weise aus einer Phase der Kritik an der übersättigten Kirchenführung stammt. Heute hat man die Größe, selbst diesen Kritiker in der Selbstdarstellung der Stadt zu zitieren. So heißt es in der Stadtbeschreibung: "Mit Ausnahme der faden Chronik des überfeinerten Cosimo Medici, der als Humanist der Renaissance alles Mittelalterliche als barbarisch und verdummend abtat, sind alle schriftlichen Zeugnisse des gerührten Lobes voll. Medici aber (oder eher ein Angehöriger seines Gefolges) beschreibt die Stadt als 'klein, häßlich und größtenteils aus Holz erbaut', wobei nebenbei zum erstenmal die Regenfälle erwähnt werden." Heute ist Santiago wie in den besten Zeiten des Jakobswegs noch immer eine einmalige, liebenswerte, Vitalität ausströmende Stadt, die dem mittelalterlichen Urbanismus Ehre macht und zahlreiche moderne Reize birgt.

Für die Pilger aber folgte mit dem Einzug in die Stadt das Endziel und die Erfüllung aller Träume. Welche Jubelrufe müssen die Luft erfüllt haben, als die Pilger nach mehreren hundert oder sogar tausend Kilometern Wanderung zum ersten Mal die drei Türme der Kathedrale von Santiago sehen konnten. Wer die Stadt als erster in einer Reisegruppe erblickte, durfte sich *Pilgerkönig* nennen. Der Name wurde dann in der Familie weitervererbt. Wer weiß, wieviel Familien mit dem Namen König sich auf einen Vorfahren als Jakobspilger berufen können ...

Leider können an dieser Stelle nicht alle alten Winkel genannt werden, um die sich Anekdoten über politische Intrigen, Studentenstreiche und Heldentaten sowie treffende Zitate literarischer Bohemiens spinnen. Wer von den Pyrenäen kommt, sollte sich gleich zur **Kathedrale** begeben: Vom Platz Puerta del Camino kommt man durch die Straße Casas Reales mit der Capilla de las Animas über die Plaza de Cervantes und die Straße Azabachería (die Casa de la Troya bleibt seitwärts zurück) bald zur Kathedrale.

Die Fassade, die man zuerst sieht, liegt an der Plaza de la Azabachería. Dort warteten die Händler mit ihren Vorräten an Hirschlederbeuteln, Kürbisflaschen und Jakobsmuscheln auf die Jakobspilger - oder mehr noch auf die pseudopilgernden Touristen, die sich hier noch schnell mit einem *Original* ihrer Reise eindecken wollen. Die heutige Fassade ist ein Werk von Ferro Caaveiro aus dem Barock des 18. Jh., das von Ventura Rodríguez im akademistischen Stil verändert wurde. Ihr gegenüber erhebt sich die Kirche San Martín Pinario und seitwärts die kleine Giebelseite des Erzbischöflichen Palais, das sich an die Kathedrale lehnt. Seine beiden Fassaden entstanden ebenfalls im 18. Jh., obwohl das von Bischof Gelmírez um 1120 erbaute Palais hinter der barocken Mauer fast vollständig erhalten ist.

Von hier kann man zur **Plaza de la Quintana** gehen, einem weiten, freien Platz, der durch eine Treppe in La Quintana dos Vivos (*der Lebenden*, die obere Fläche) und La Quintana dos Mortos (*der Toten*) aufgeteilt ist. Vom oberen Teil gelangte man direkt zur Corticela, der Pfarrkirche der Pilger; sie war anfänglich ein von der Kathedrale unabhängiges Gebäude, wird heute aber vom Kircheninneren her betreten. Auch das schmucklose **Kloster San Pelayo de Antealtares** und das reichgeschmückte **Barockportal der Casa del Tránsito** reihen sich um diesen Platz, an dem die Puerta Santa oder Puerta de los Perdones der Kathedrale liegt, die nur in den Heiligen Jahren benutzt wird. Vor diesem Eingang befindet sich ein von romanischen Figuren flankiertes Portal. Daneben liegt ein einfacheres Portal, das zu dem Bauteil mit den acht Gigantones führt, die die Pilger sämtlicher Nationalitäten symbolisierten.

Über eine Treppe geht man zur **Plaza de las Platerías** abwärts, die ein eleganter, von Italien her beeinflußter Barockbrunnen und ein sehr hoher, im 17. Jh. von Domingo de Andrade ausgeführter Turm schmücken. Die Puerta de las Platerías ist ein romanisches Werk, das man sich näher ansehen sollte. Die Figuren von König David, von der Erschaffung Adams und der Ehebrecherin (sie war von ihrem Ehemann dazu verurteilt worden, Tag für Tag den Totenschädel ihres Geliebten zu küssen) werden dem Reisenden im Gedächtnis haften bleiben als Werke, die zu den besten Arbeiten der mittelalterlichen Bildhauerei gehören. Die Außenmauern des von Rodrigo Gil de Hontañón geschaffenen Kreuzgangs sind ein ausgezeichnetes Beispiel für den Renaissance-Stil.

Am Kreuzgang entlang kommt der Besucher schließlich zur **Plaza del Obradoiro**, der schönsten Stelle in Compostela, wo sich zweifellos eines der schönsten Stadtbilder bietet, die man überhaupt kennen mag. Es sei geraten, sich zuerst in die Mitte des weiten Rechtecks zu stellen und seine Seiten zu betrachten. Die niedrige Höhe der anderen Gebäude unterstreicht das Aufwärtsstreben der Barockfassade, die von Casas y Novoa 1738 als riesige, von zwei hohen Türmen flankierte Alterwand gestaltet wurde. Die älteste Fassade an diesem Platz ist die des **Hotel de los Reyes Católicos**. Der Bau entstand in der ersten Dekade des 16. Jh. nach Plänen von Enrique Egas. In einem ausgewogenen Gleichgewicht zwischen der Einfachheit der Gesamtanlage mit ihren horizontalen Linien und dem in vertikale Zwischenräume aufgeteilten, verworrenen Portal ist hier die platereske Kunst definiert. Gegenüber steht das Collegium San Jerónimo, ein Bau aus dem 17. Jh.; aber sein aus den letzten Jahren des 15. Jh. stammendes Portal ist in einem ausgesprochen spätromanischen Stil verankert. Der **Palast Rajoy**, mit dessen Bau 1766 begonnen wurde, schließt eine der längeren Platzseiten mit seiner ausgedehnten klassizistischen Fassade. Deren mittlerer Teil, dessen Proportionen durchaus den Idealen der römischen und der Renaissance-Baukunst entsprechen, ist mit einem Giebel geschmückt, an dem in Reliefarbeit der Apostel Jakobus in der Schlacht von Clavijo dargestellt ist.

Eigentlich war an der Stelle der Kathedrale um 813 herum eine kleine Kirche errichtet worden. Doch der Ruf der Wundertaten des verehrten Heiligen Jakobus verlangte nach der entsprechenden Würdigung. Alfonso III., der asturische König, ließ eine **Basilika** als Erweiterung der Kirche errichten. Die Mauren unter Almanzor zerstörten dieses Bauwerk 997. Nur das Grab des heiligen Jakobus wurde bei jenem muselmanischen Streifzug respektiert. Die Glocken der Basilika mußten von Christen nach Córdoba geschleppt werden, bevor sie im Zuge der Reconquista 1236 wieder nach Compostela zurückzugelangten.

Alfons VI. nahm sich der Neuschaffung des Bauwerks wieder an. So konnte im Jahr 1078 der Bischof Peláez den Meistern Bernardo el Viejo und Roberto, wahrscheinlich französischen Ursprungs, eine neue Kirche in Auftrag ge-

Der Pórtico de la Gloria in der Kathedrale von Santiago de Compostela

ben. Im Jahr 1105 weihte Bischof Gelmírez die Kapellen des Chorumgangs und drei des Querschiffs ein. Kurz danach wurden allerdings durch einen Volksaufstand die bereits errichteten Bauteile beschädigt. Der Chor konnte schließlich im Jahr 1105 wieder eingeweiht werden. Bis zur Schlußweihe dauerte es allerdings noch rund 100 Jahre, erst im Jahr 1211 waren die Hauptarbeiten getan. Bis 1128 wurde der Bau als abgeschlossen betrachtet, obwohl der einzigartige Pórtico de la Gloria noch fehlte. Die Zusätze und Umbauten zogen sich bis zur Barockzeit hin, ohne aber die allgemeine Struktur der Kirche anzutasten. Die äußere Form ist die einer dreischiffigen Basilika mit einem Querschiff, einer Vierungskuppel, einem Chor und fünf Kapellen. Die weithin sichtbaren Türme haben einen quadratischen Grundriß.

Endlich ist es an der Zeit, die Kathedrale zu betreten. **Das Innere** gibt über die Bauzeit einen noch besseren Ausdruck. Der erste direkte Kontakt mit der Kathedrale ist der von Meister Mateo im 12. Jh. geschaffene **Pórtico de la Gloria**, ein Meisterstück der hochmittelalterlichen Kunst. Der Pórtico ist ein von frühen Kreuzgewölben bedeckter, schmaler Raum; er ist ausschließlich dazu geschaffen, ein knappes Kompendium der christlichen Theologie bildnah darzustellen. Wichtig für die Pilger in all der Masse von schönen Darstellungen aus der Geschichte des Christentums ist die Darstellung des Königs David. Denn unterhalb davon befinden sich fünf Löcher. In diese fünf Löcher legen die Pilger ihre Finger, um die Erlösung und den Ablaß aller Sünden körperlich zu begreifen. Die Eindrücke sollen von der Hand Christi selbst stammen.

Die drei Bögen, durch die man die Kirchenschiffe betritt, tragen eine Reihe herrlicher Figuren, die absichtlich so verteilt sind, daß sie eine Botschaft ausdrücken. Die Mitte nimmt der Heilige Jakobus ein, seine Füße ruhen auf zwei jungen Löwen. In die Säule, die die Figur trägt, ist der Stammbaum Jesu Christi eingehauen. Am unteren Teil ist der *Santo dos croques* zu sehen, wahrscheinlich ein Selbstbildnis des Meisters Mateo in kniender Haltung. Dieser Beiname rührt von der Sitte der Pilger her, mit der Stirn den Heiligen zu berühren. Propheten und Apostel flankieren den mittleren Bogen, an dessen Tympanon ein sitzender Christus erscheint, der von den vier Evangelisten, den 24 Alten der Apokalypse und einer Reihe von Engeln, die die Symbole der Passion halten, umgeben ist. An den Seitenbögen sind eine Allegorie der Synagoge, Darstellungen von Propheten, Drachen und Fabeltieren und eine Szene des Erlösers mit Adam und Eva (links) zu sehen; die Büsten von Gott Vater und dem Gottessohn sowie die Allegorien der Laster, die der Heidenwelt auflauern, sind auf dem rechten Bogen dargestellt. Die Krypta darunter mußte Meister Mateo bauen lassen, um die Fundamentierung des herrlichen Pórtico zu sichern.

Am eindrucksvollsten ist aber sowohl für die mittelalterlichen Pilger als auch für Besucher von heute die Größe der Kirchenschiffe. Immer wieder haben die Forscher die genaue Entsprechung zwischen den Formen und Funktionen, die Einfachheit der Linien, die sich sämtlich von der Benutzung des Rundbogens ableiten, sowie die Verhältnisse zwischen den Massen des Grundrisses und der Höhe der Mauern unterstrichen, wenn sie den Eindruck des Gleichgewichts und der Großartigkeit dieser Kathedrale, die zusammen mit der von Toulouse immer an der Spitze der Pilgerkirchen gestanden hat, zu erklären versuchten.

Sämtliche Kapellen, die Retabel (Altarrückwand), der Chor und jeder einzelne Winkel verdienen eine aufmerksame Betrachtung; aber vom Gesichtspunkt der Pilgerbewegung aus betrachtet, ist eine Stelle vorhanden, die man nicht auslassen darf: die Krypta mit den sterblichen Überresten des **Apostels Jakobus** in einer Silberurne. Bei der Besichtigung der Kathedrale von Santiago sollten aber auch der Kreuzgang, dessen heutige Form einem Projekt von Rodrigo Gil de Hontañon im spätgotischen Stil entspricht, das Dommuseum, der Kapitelsaal und schließlich auch der **Botafumeiro**, das riesige Weihrauchbecken,

Beachtung finden. Angefertigt wurde es eher aus praktischen Zwecken: Um die üblen Gerüche aus der Kirche zu verbannen und um die Gefahr von Krankheiten und Seuchen einzudämmen, wurde unter der Vierungskuppel das gut zwei Meter hohe Gefäß aufgehängt, in dem der Weihrauch Wohlgerüche verbreitete. Heutzutage wird der Botafumeiro nur noch am 25. Juli eines jeden Jahres aufgehängt, dem Festtag **Fiesta del Apostolo**. Sechs bis acht Männer bringen das an einem Seil aufgehängte Gefäß mit Stricken zum Schwingen, bis es in großen Kreisen durch die Vierung und das Querschiff saust. Heraus sprühen die Funken, und der Weihrauch erfüllt die weiten ehrwürdigen Hallen.

Weiter geht es in die Capilla Mayor mit der sitzenden Jakobus-Figur. Der silberne Umhang des Jakobus wurde von den Pilgern berührt und geküßt. Als nächstes steht die Krypta auf dem Programm. Es darf nicht vergessen werden, daß die Kirche auf einem alten Friedhof errichtet wurde. Gräber gibt es also genug, doch nur die wichtigsten sind den Besuch wert: das Grab des Jakobus selbst und die Gräber seiner Jünger Theodorus und Anasthasius.Nicht zu vergessen die Sakristei und die Reliquienkammer, die mit Schätzen ausgefüllt ist. Die riesige Terrassenanlage mitsamt den Treppen wurde um 1600 herum angelegt, um die Optik des großen Platzes auf der Westseite der Kirche zu verbessern. Das alles ist aber nur die eine Seite dieser Stadt.

Nicht nur die Kathedrale macht das besondere **Flair von Santiago de Compostela** aus, vielmehr hat die ganze Stadt einen eigenen Charakter. Für den einen ist es die heilige Pilgerstadt, für den anderen die Stadt der Plätze und Kirchen, für den nächsten einfach die Stadt voller historischer Architektur und Kunst, und ein anderer liebt die bunte Mischung aus Pilgern, Studenten, Einheimischen und Pauschaltouristen.

Von Fassade zu Fassade gleitet der Besucher durch die Straßen, vom Anschauen ermüdet, möge er sich doch am Abend zum **Herradura-Park** begeben, um in der untergehenden Abendsonne den Blick auf die Stadt zu genießen und sich auf die Besichtigungen des nächsten Tages vorzubereiten. Der *Parque de la Herradura*, südwestlich der Altstadt gelegen, ist als *Hufeisenpark*, so die Übersetzung, Santiagos größte und schönste Grünanlage. Hier kann man richtig ausspannen und in idyllischer Umgebung den Stadtstreß vergessen. Gartencafés, Springbrunnen, Kinderspielplätze und jede Menge Grün natürlich locken viele Studenten und Rentner bereits tagsüber in den Park. Während der Feste sollte man ihn als Erholungsort allerdings meiden, denn dort ist dann meist Jahrmarkt.

In der Mitte des Parkes ist ein großer Hügel, auf dem sich die **Kirche Santa Susanna** aus dem 12. Jh. befindet, im Park selbst finden sich einige Denkmäler, unter anderem eins der galicischen Dichterin Rosalía de Castro. Vom nordöstlichen Teil des Parkes bietet sich ein wunderschöner Blick auf die Kathedrale und die Kirchen Santiagos, immer wieder faszinierend zu sehen und ebenso hier einen Sonnenuntergang zu erleben.

Santiago ist schließlich eine bunte, lebendige **Universitätsstadt** und noch immer eines der intellektuellen Zentren

Spaniens. Treffpunkt der Studenten ist natürlich einmal bei den Unigeländen, die sich in der ganzen Altstadt verteilen, und dann bei der Porta Fajera hinter der Plaza Toral. Die Nächte kann man, je nach Geschmack, in stimmungsvollen Kneipen oder in Discos herumbringen.

Im **Colegio de San Jerónimo**, südlich der Plaza del Obradoiro, ist heute das Rektorat der Universität untergebracht, sehenswert sind der hübsche Innenhof sowie das romanische Portal. Zudem werden hier an der größten Universität Galiciens im Sommer auch **Sprachkurse für Ausländer** angeboten. Informationen über das Rektorat der Universidad de Santiago de Compostela, Tel. 0981/583 800 oder 580 011.

Eine Vielzahl weiterer Sehenswürdigkeiten wird in den **Museen** aufbewahrt: Zu nennen sind das *Museo Arqueólogico*, das *Museo de Arte Sacro*, das *Museo del Pueblo Gallego*, Cuesta Santo Domingo, Tel. 583 620, Mo-Sa 10-13 und 16-19 Uhr. Letzteres ist der Museumstip für Santiago: hochinteressant und beeindruckend die Sammlung galicischer Volkskunde und Volkskunst. Die Ausstellung reicht von der Land- und Hauswirtschaft, über Handwerk, Instrumentenbau, Meereskunde bis zur Erläuterung von Gebäudetypen und einer Einführung in die galicische Mythologie.

Tourist Information

Oficina de Turismo, Rúa del Villar 43, 15701 Santiago, Tel. 981/584 081; geöffnet Mo-Fr 9-14 und 16-19 Uhr, samstags nur vormittags.

➢ **Estación RENFE**

Calle del Hórreo, Tel. 596 050; Verbindungen nach Bilbao, La Coruña, Orense, Vigo, Madrid.

➢ **Estación de Autobuses**

San Cayetano, (am nördlichen Stadtrand, Ausfallstraße nach Lugo), Tel. 587 700; Achtung: erfordert einen halbstündigen Fußmarsch durch die Stadt! Verbindung nach Bilbao, Cádiz, Madrid, Sevilla und alle galicischen und asturischen Städte. Auch Verbindungen nach Deutschland, Schweiz, Frankreich.

➢ **Aeropuerto Nacional**

Labacolla, 12 km außerhalb über die N-544; Santiago-Lugo zu erreichen; Inlandflüge sowie internationale Verbindungen nach Frankfurt, Zürich; Auskunft: Tel. 597 400.

Büro IBERIA, General pardinas, 24, Tel. 594 104; hier auch Auskunft über Bus-Transfer zum Flughafen.

Unterkunft in Santiago de Compostela

Hotels und Pensionen: Pensión Noya, Rúa del Villar 13; winzige Zimmer, aber zentral gelegen; DZ, Früh. ca. 3.500 Ptas.

Hospedaje Recarey, Patio de Madres (2.Stock), Tel. 588 194, klein, aber sehr sauber und ruhig;

Hospedaje Francis, Calle Cardenal del Reyal 2, nördlich der Plaza Galicia, große Zimmer mit Bad, in einem ruhigen Teil der Altstadt gelegen, teilweise mit verglasten Balkons zur Straße hin, DZ mit Bad ca. 4.500 Ptas.

Hospedaje Villa de Cruces, Patio de Madres 16, Tel. 580 804; in der Nähe der Plaza Mazarelos gelegen, sauber und einfachste Ausstattung, aber unglaublich günstig: Waschbecken auf dem Zimmer, warm duschen kann man für 100 Ptas. pro Person ab 1.500 Ptas.
Mesón do Arrieiro, Calle Raiña 9, Tel. 581 077; modern eingerichtet, DZ mit Bad ca. 4.500 Ptas.
Suriña, Rúa del Villar 65, Tel. 586 611; kleines, einfaches Hostal inmitten der Altstadt gelegen.

Camping:
- **Las Cancelas**, Rúa de 25 de Julio, Santiago de Compostela
Tel. 981/580 266; ganzjährig geöffnet, ca. 1.200 Ptas. für Auto/Zelt/1 Person. Am nordöstlichen Stadtrand von Santiago gelegen, am besten über die C-547 oder die N-550 zu erreichen, beschildert. Hauptsächlich junge Leute. Na ja, die Nähe zur Stadt macht's (vor allem im Preis); die Stadt ist im übrigen mit einer guten Busverbindung (Bus Nr. 6 oder 9) zu erreichen.
- **Camping Santiago**, Ctr. La Coruña-Santiago (5 km stadtauswärts gelegen), Tel. 888 002; sicherlich für Leute mit Auto eine Alternative zum Las Cancelas, um einiges hübscher und ruhiger gelegen, mit Pool und Supermarkt, auch Busverbindungen in die Stadt; geöffnet von Mitte Juni bis Mitte September, gleicher Preis wie Las Cancelas.

➢ Essen

Die Preise vieler Restaurants in Santiago sind ganz auf die Touristen zugeschnitten, also teuer und nicht besonders gut. Täglich ist Markt in den Straßen von der Plaza de San Felix bis zum Konvent von San Augustin, für Selbstversorger sicherlich die günstigste Einkaufsgelegenheit, darüber hinaus gibt es natürlich Läden in Hülle und Fülle.

Café-Bar El Metro, Rúa Nova 12
Tagesmenü für ganze 850 ptas. Sehr freundlicher Besitzer, viele kleinere Gerichte im Angebot zwischen 500 und 800 Ptas.

Asesino, Plaza de Mazarelos 16
Gekocht wird auf Kaminfeuer in einer offenen Küche, vernünftige Preise und etwas kuriose, solide Hausmannskost, von den zwei alten Damen liebevoll gekocht und auf den Tisch gebracht.

Ribadavia, Calle del Franco 16, Tel. 584 902; Für den kleinen Geldbeutel geeignet, viel touristisches Publikum.

☆ Szene/Nachtleben

Das Viertel um die Kathedrale ist eher zum normalen Touristen-Treff verkommen, wer sich unter die Studenten und Einheimischen mischen will, orientiert sich lieber an der Gegend um die Plaza de Mazarelos und den Parque de la Herradura.
Santiagos Nachtleben ist eher spärlich, ganz nach Studentenart verquatscht man sich eher bis spät in der Kneipe als noch groß in (teuren Discos) tanzen zu gehen. Neben den Disos gibt es auch noch die diversen Hotel-Discos, die aber meist stimmungsmäßig ziemlich öde sind.

➢ Diskotheken

Acuarium, Calle República Argentina 22.
Liberty, Calle Alfredo Branas 6.

CATALUNYA - CATALUÑA

KATALONIEN - Das Land des Modernisme erleben

Die Autonome Region Katalonien bildet mit den Provinzen Girona, Barcelona, Lleida und Tarragona Spaniens Nord-ost-Dreieck. Die Besonderheiten beginnen mit der **Vermittlungsfunktion** zwischen der herben Bergwelt der Südost-Pyrenäen und den lebendigen mediterranen Küstenabschnitten der Costa Brava und der Costa Dorada. Das geht über die verhältnismäßig dichte Besiedlung - mit 6 Mio. Einwohnern - bis zur weit entwickelten modernen Wirtschaft. Daß Katalonien immer (gerne) eine Sonderrolle spielte, läßt sich leicht schon aus der Geschichte ablesen. Zahlreiche kulturelle und politische Einflüsse von jenseits der Alpen oder jenseits des Mittelmeeres haben hier einen kulturellen Schmelztiegel entstehen lassen, der ohne Zweifel heute noch brodelt. Mit der Anerkennung des Autonomiestatus innerhalb Spaniens sind die drängendsten politischen Spannungen zur Ruhe gekommen. Doch worin bricht sich die Eigenart eines Volkes stets ungestüm und ungehemmt zuerst die Bahn? - Natürlich in der Kunst. Und die gibt es in Katalonien in besonders eigenwilliger Form. Steht das "grüne" Nordwest-Spanien für die Mysterien des Mittelalters, so steht Katalonien für Neuzeit: Hier kann man den "Modernisme" erleben!

Der **Modernisme** in Katalonien ist mehr als nur *Jugendstil.* Er ist eine umfassende künstlerische Bewegung während der letzten Jahrzehnte des 19. und der ersten des 20. Jh. Sie hatte zum Ziel, die figurativen Repertoires, die architektonischen Typologien oder auch die traditionellen dekorativen Elemente zu aktualisieren, um sie den **neuen Techniken** anzupassen, den neuen Materialien der Industrie sowie der **modernen Sensibilität**. Ihren Höhepunkt erreichte sie gegen 1900 als eine auf fließend kurviger, asymmetrischer Linienführung basierende dekorative Mode. Und auf floralen und koloristischen Ornamentsformen, wie sie besonders in der Architektur sowie in der dekorativen und angewandten Kunst ausgedrückt werden: Glaskunst, Keramik, Schmiedeeisen, Messing und Möbel; aber auch in Schmuck, Druckgraphik, Typographie.

Europa erlebte damals vor dem Ausbruch des I. Weltkrieges die Belle Epoque, eine von **wissenschaftlichem und technischem Optimismus** durchdrungene Glanzzeit relativen wirtschaftlichen Wohlstands. Eine Zeit künstlerischer und kultureller Kreativität (Symbolismus in der Literatur, Wagnerianismus in der Musik, Nietzsches Einfluß in der Philoso-

Barcelona: Die Casa Batlló am Paseo de Gràcia

phie). Dem katalanischen Modernisme parallele Bewegungen sind natürlich Art Nouveau (Frankreich, Belgien), Modern Style (England, USA), Sezession (Österreich, Böhmen), Jugendstil in Deutschland oder Liberty in Italien. Der katalanische Modernisme war allerdings dem Katalanismus besonders verpflichtet, also auch die Kunst der Nation. Diese Forderung nach der Wiedererlangung der eigenen, seit der mittelalterlichen Glanzzeit verfallenen Sprache und Kultur setzte auf dem Gebiet der Literatur ein - bekannt unter dem Begriff Renaixença- und griff dann auf die Gebiete der Kunst, Geschichtsschreibung und Politik über. Und der Modernisme war auch sozioökonomisch *modern*: Industrie-Gründungen (bes. die Vapors, d.h. Textilfabriken) erfolgten, Eisenbahnnetze entstanden in einem für Spanien unbekannten Ausmaß, landwirtschaftliche Genossenschaften, etwa des Weinanbaus, entstanden. Und ein spektakuläres Wachstum der Städte setzte ein.

Das **Nationale im Modernisme** verleiht ihm eine eigene Persönlichkeit, wie in der Verwendung von historischen Formen und Motiven sowie solchen der Volkskunst in der Architektur sowie die konstante Präsenz des Wappens Kataloniens oder auch Darstellungen seines Schutzheiligen St. Georg, mit all der mit seiner Legende verbundenen kämpferischen Kraft. Gleichzeitig jedoch will der Modernisme eine auf Europa eingestimmte moderne Kultur schaffen.

Wer waren nun die *Köpfe* dieser Bewegung? In der Architektur und im Design ragt die geniale Persönlichkeit Antonio Gaudís heraus, dessen Schaffen jedoch, mit seiner Charakteristik des organischen Aufbaus, der Struktur- und Materialbeherrschung in Verbindung mit der für den Meister eigenen religiösen Thematik nahestehenden geballten Ausdruckskraft, die eigentlichen Grenzen dieser Kunstrichtung bereits sprengt. Rubió i Bellver, Jujol und Martinell traten als seine Schüler seine Nachfolge an. Rafael Masó aus Girona - auch sein Schüler - gelangte darüber hinaus zu einem den mitteleuropäischen Vorbildern nahestehenden persönlichen *Noucentisme*.

Domènech i Montaner darf beispielhaft als derjenige Architekt des Modernisme angesehen werden, der den dekorativsten und charakteristischsten Stil der Bewegung auf strenger Strukturvorgabe innerhalb einer rationalistischeren, von seinen Mitarbeitern Vilaseca und Gallissà, aber auch von Falqués geteilten Strömung vertrat.

Puig i Cadafalch ist mit seinem verfeinerten Archäologismus der Qualität und Originalität der dritte große Name des Modernisme. Der Zugang einiger bedeutender Intellektueller dieser Bewegung zur Politik und Macht führte letztlich zu einem neuen, vom Philosophen Eugeni d'Ors definierten kulturellen Vorschlag unter dem Begriff Noucentisme, und zwar mit der Absicht, die Subjektivität und Dekadenzneigung des Modernisme zu ersetzen durch einen geordneteren, in der Klassik und im Mediterranen verwurzelten Entwurf.

Eine Gruppe von hervorragenden Meistern der **bildenden Kunst** verhalf dem Modernisme zu seiner Bedeutung: Rusiñol und Casas mit realistischen Malereien impressionistischer Technik, Josep Llimona und M. Blay mit Skulpturen, Nonell, Miró oder Picasso und auch Anglada Camarasa mit Malereien. In der dekorativen Kunst sind es Möbelkünstler wie Homar oder Busquets, Keramiker wie A. Serra, Bildhauer wie L. Escaler, E. Arnau oder Gargallo und schließlich Juweliere wie die Masrieras.

Der geographische Hintergrund

Barcelona ist das große Zentrum der Architektur des Modernisme mit mehr als der Hälfte der rund 2.000 katalogisierten Werke. In ihrer Blütezeit breitete sich die Kunstbewegung von hier über das Katalonien der Küstenregionen und den dahinter liegenden Landesteilen aus, und zwar erstaunlicherweise immer in Richtung der damals gebauten **Eisenbahnlinien**. Vorbildliche Werke finden wir in den wichtigsten Städten der Comarques oder auch in Industriestädten um Barcelona - mit ihren den großen Meistern nacheifernden Stadtarchitekten -, auch in den Sommerurlaubs- und Kurorten und auch in den landwirtschaftlichen Landstrichen im Süden - mit ihren prächtigen Kellereien -, aber auch in den an den großen Flüssen gelegenen Industriesiedlungen.

Außer den großen sakralen und profanen Bauwerken institutionellen oder kulturellen Charakters verdient besondere Aufmerksamkeit das gut erhaltene Kunstgut an und in Etagenwohn- und Einfamilienhäusern, herrlich dekorierten Geschäften, Skulpturdenkmalen oder auch kleinen Brunnen und Straßenlaternen in den Städten. Die Skulpturen und polychromen Sgraffitti an vielen Außenmauern, die Buntglasfenster, schmiedeeisernen Gitter und Mosaiken, die es bei einem aufmerksamen Spaziergang in den Städten Kataloniens zu entdecken gibt, machen ebenfalls einen wesentlichen Teil des künstlerischen Erbes des Modernisme aus. Die Museen von Barcelona, Sitges, Olot u.a. besitzen schließlich hervorragende Sammlungen von Malereien und Skulpturen dieser Epoche.

Barcelona

Die Einwohner der Vier-Millionen-Metropole sind **Katalanen** - durch und durch. Daran hat bekanntlich auch Herr Franco wenig ändern können. Und jetzt bricht seit einigen Jahren an allen Ecken und Enden der katalanische Kern durch. Sprache, Kultur, die Universität, auch die Medien mit der Zeitung *Avuí* oder Stadtpläne in katalanischer Sprache, alle ziehen voll mit. Barcelona ist aber auch das industrielle Herz Spaniens und für den Reisenden eine verwirrende, pulsierende und faszinierende Großstadt am lockenden Mittelmeer (wenn auch das Baden an den Stränden direkt bei Barcelona keinem geraten werden kann).

Die Durchführung der **Olympischen Sommerspiele 1992** in Barcelona hat dann das Gesicht der katalanischen Hauptstadt erneut verändert: Ganze Stadtgebiete wurden umgekrempelt. Sie ist moderner, schneller und sogar sicherer geworden. Das Olympiagelände unterhalb des Montjuïc besitzt modernste Sportanlagen, darunter die futuristisch gestaltete Hauptsporthalle. Das Olympische Dorf mindert ein bißchen die chronische Wohnungsnot der Stadt, wobei vor allem Studenten der nahen Universitäten davon profitieren. Besonders bemerkenswert ist der im Zuge der Olympiade vorbildlich ausgebaute Stadtverkehr in der Kombination Metro, Bus und Stadtbahn. Dazu gehört auch die einmalige Schwebebahn, die den Hafen bei der Kolumbussäule mit dem Berg Montjuïc verbindet und eine *Pflichtfahrt* für jeden Reisenden darstellt.

Nachteil der Olympiade waren die enorm gestiegenen Preise rund um touristische Dienstleistungen, die sich nicht mehr so richtig nach unten bewegen wollen. So haben sich die Zimmerpreise selbst für einfache Pensionen fast verdoppelt (man rechne im Schnitt mit ca. 60 DM das Zimmer).

Doch wer wird sich an teuren Preisen stören, wo hier das Leben tobt. Im Mittelpunkt: **Las Ramblas**, natürlich, vom Hafen, der Pl. del Portal de la Pau hinaufsteigend bis über die Plaça Catalunya. Tagsüber und abends zwitschern die Vögel der Tierhändler und duften die Blumen der Flora-Läden inmitten der belebten Straße. In **Hafennähe** haben sich - ebenfalls Tag und Nacht - die leichten Mädchen ihren Standplatz erobert. Ein Tag in einem Ramblas-Café ist Pflicht in Barcelona. Ebenso Pflicht wie der Besuch im *Café Zurich*, direkt an der Plaça Catalunya. Das *Café Zurich* ist legendärer Tagestreff der Szene, zumal es sehr nahe der Universität (gleichnamiger Platz zur Linken) liegt. Apropos Uni: Während die neue Uni abseits in der Nähe des *Fußballstadions* (des **FC Barça**, na klar! - für absolute Fans: Stadion Camp Nou, Metro Collblanc oder Maria Cristina) stillos vor sich hindämmert, ist die **alte Uni** unbedingt einen Besuch wert. Mutig in das große Portal, an der Gran Via gelegen, eingetreten und hinein ins volle Studentenleben, beispielsweise in die billigen Kellerbars der einzelnen Fakultäten. In und um die Uni gibt's auch immer spontane Kulturdarbietungen und Ausstellungen.

Noch ein paar Szene-Tips: *Café de la Opéra*, Ramblas 74, heruntergekommenes Jugendstil-Haus mit originellen Gästen. *London Bar*, Nou de la Rambla 34, früher ein Geheimtip, mißglückter

BARCELONA

1 Pal. del Archivo de la Corona de Aragón
2 Casa Pía Almoina
3 Palau Reial Major
4 Gran Teatre del Liceu
5 Catedral de Santa Eulalia (Kathedrale)
6 Plaça Reial
7 Correos (Post)
8 Palau de la Generalitat (Regierungssitz)
9 Capitanía General
10 Neuer Zoll
11 Ajuntament (Rathaus)
12 Palau Güell
13 Santa María del Pi (Kirche)
14 La Junta
15 Palau de la Virreina
16 Capillia de Marcus
17 Llotja (Börse)
18 Palau de la Música Catalana
19 Sant Pau del Camp (Kirche)
20 Estació del Nord (Busbahnhof)
21 Elektrizitätswerk
22 Casa Caivet
23 Santa María del Mar
24 Museu d'Art Modern/ Parlament de Catalunya
25 Capilla de la Ciutadella
26 Museu de Zoològía
27 Arc del Triomf (Triumphbogen)
28 Universitat
29 Estació de Franca (Bahnhof)
30 Palau de Justicia
31 Museu Martorell (Geolog. Museum)
32 Gobierno Civil
33 Bellesguard
34 Parc Güell
37 Montáner y Simon
39 Passeig de Gràcia
40 Casa Milà/La Pedrera
41 Tibidabo
42 Casa Terrades
43 Reales Atarazanes
45 Plaça de toros (Stierkampfarena)
46 Casa Amatller
47 Casa Batlló
48 Casa Comalat

Pub-Stil, aber doch gemütlich. **Discos:** *New York*, C/ Escudellers 5, lange Zeit die Nr. 1; *King's Club*, C/ Buscarons 24. Doch zum Sightseeing wird man in dieser uferlosen Stadt nicht nur zu Fuß kommen. Deshalb Hinweise zum wirklich guten **Nahverkehr**. Wichtigstes Transportmittel für den Touristen ist die Metro, unterirdisch geht's inzwischen zu allen wichtigen Punkten der Stadt (empfehlenswert die Zehnerkarte T2). Metropläne gibt es überall, z.B. bei der großen Stadt-Info Gran Via 658, 500 Meter hinter der Uni. Allerdings, das Stadtbussystem hier zu erklären, würde den Rahmen sprengen. Aber einen Anhaltspunkt: Alle Busse mit roten Hinweisschildern bringen einem garantiert früher oder später zur Pl. de Catalunya oder zur alten Uni, also mittenrein! Genauen Busplan gibt es bei der Bus-Info auf der Pl. de Catalunya.

So, jetzt ab zum **Schauen und Staunen**: *Barrio Gótico*, das *Gotische Viertel* rund um die Kathedrale Santa Cruz. Die Kirche kann man ruhig auch von innen anschauen, wenn auch der darin befindliche Kirchenschatz und der Sarkophag der Hl. Eulalia - nach der die **Kathedrale** auch genannt wird - eher neidisch werden lassen. Das Gebäude wurde 1448 vollendet, nach nur 150 Jahren Bauzeit, und damit noch im Mittelalter, was für Kathedralen durchaus die - schnelle - Ausnahme ist. Im Gotischen Viertel sind neben dem Gesamtensemble noch das Stadtarchiv mit schönem Innenhof und das Palais des Bischofs sehenswert. Wichtig ist aber: Das Viertel hat teilweise den Ruf von anrüchigen Geschäften, Drogen und Prostitution. Hilfe von der Polizei ist weit. Deshalb nicht unbedingt in alle Ecken hineingehen. Plan beim Tourist-Info mitnehmen. Lage: Zwischen Ramblas und Metro Via Laietana.

Etwas beschaulicher ist es dagegen in den Parks. Der Stadtpark *de la Ciutadella*, direkt an die JuHe anschließend, ca. 30 ha groß, mit Zoo, Naturwissenschaftlichem Museum und besonders eindrucksvoll - dem *Museum für Moderne Kunst*, Palau Real. Vor dem Park, Nähe C/ Princesa, der *Gedenkbrunnen* von Miró an Picasso. Ein verrücktes Werk, wer es schlüssig zu interpretieren weiß, sollte einen Nobelpreis bekommen. Der **Parque Güell**, Calle Larrad, wurde von Antonio Gaudí gestaltet; der Park war einst Sommergaudi des Grafen Güell und liegt heute eigentlich fast eingebettet von der wuchernden Stadt: romantische Gärten, die zauberhaft verspielte Architektur des Modernisme, der phantastische Blick auf die ganze Stadt: einfach herrlich! Im Parque das *Casa-Museu Gaudí*, mittags ab 16 h geöffnet. Womit wir bei Gaudí und seinen stadtprägenden Bauten wären. Wahrzeichen von Barcelona ist zweifellos die Büßerkirche **Sagrada Familia**, der Versuch einer Jugendstil-Kathedrale - die allerdings unvollendet blieb, da der Bau durch den Tod von Gaudí 1926 jäh gestoppt wurde. Erst ein Turm, der 18 geplanten Türme war vollendet. Seit 1952 wird an der imposanten, fast utopischen Meisterleistung weitergebaut. Die "Heilige Familie" (so die deutsche Übersetzung des Namens) wird mit der Metro erreicht und ist tagsüber außer zur Siesta-Zeit (14 bis 15.30 h) geöffnet.

Mehr Gaudí! Wer etwas Puste hat, der läuft von der Kathedrale aus nach links die Carrer de Provença schnurgerade

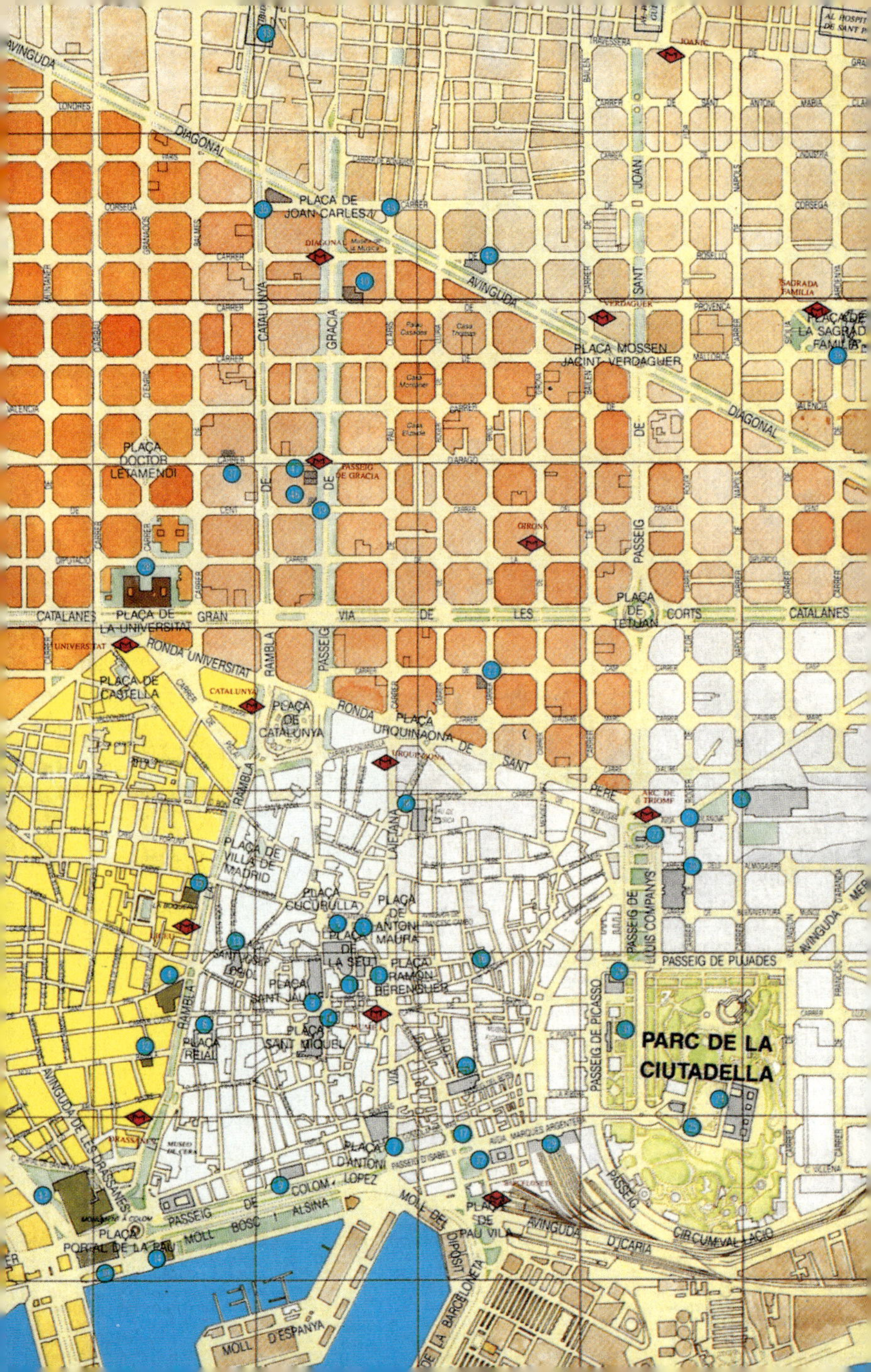

AVINGUDA DIAGONAL
PLAÇA DE JOAN CARLES I
DIAGONAL
PLAÇA MOSSEN JACINT VERDAGUER
VERDAGUER
SAGRADA FAMILIA
PLAÇA DE LA SAGRADA FAMILIA
PLAÇA DOCTOR LETAMENDI
PASSEIG DE GRACIA
RAMBLA DE CATALUNYA
GIRONA
PASSEIG DE SANT JOAN
PLAÇA DE TETUAN
PLAÇA DE LA UNIVERSITAT
GRAN VIA DE LES CORTS CATALANES
UNIVERSITAT
RONDA UNIVERSITAT
PLAÇA DE CASTELLA
CATALUNYA
PLAÇA DE CATALUNYA
RONDA DE SANT PERE
PLAÇA URQUINAONA
URQUINAONA
ARC DE TRIOMF
LAIETANA
PLAÇA DE VILLA DE MADRID
PLAÇA CUCURULLA
PLAÇA DE ANTONI MAURA
PLAÇA DE LA SEU
PLAÇA RAMON BERENGUER
PLAÇA SANT JAUME
PLAÇA SANT MIQUEL
PLAÇA REIAL
RAMBLA
PASSEIG DE LLUIS COMPANYS
PASSEIG DE PUJADES
PASSEIG DE PICASSO
PARC DE LA CIUTADELLA
AVINGUDA MERIDIANA
AVINGUDA DE LES DRASSANES
DRASSANES
PLAÇA D'ANTONI LOPEZ
PASSEIG DE COLOM
MOLL BOSC I ALSINA
MOLL DEL DIPOSIT
PLAÇA DE PAU VILA
AVINGUDA D'ICARIA
PASSEIG CIRCUMVAL·LACIO
PLAÇA PORTAL DE LA PAU
MOLL D'ESPANYA
PASSEIG DE LA BARCELONETA
CARRER DE CASP
CARRER DE CONSELL DE CENT
CARRER DE VALENCIA
CARRER D'ARAGO
CARRER DE MALLORCA
CARRER DE PROVENÇA
CARRER DEL ROSELLO
CARRER DE CORSEGA
CARRER DE LONDRES
CARRER DE SANT ANTONI MARIA CLARET
TRAVESSERA DE GRACIA
JOANIC

Aus allen Perspektiven einfach phantastisch, die Kathedrale La Sagrada Familia

bis zum großen Passeig de Gràcia: An der Ecke (No. 92) die *Casa Milà*, das organische Wohnhaus von 1910 - mit großzügigen geschwungenen Balkonen und einer bizarren Dachlandschaft. Der *La Pedrera* genannte Wohnblock (im

oben: Fischer in San Vincente de la Barquera unten: Die wildromantische Küste Asturiens

Volksmund *Steinbruch*) ist ein Meisterwerk des Expressionismus. Der phantasievolle Anblick und die großzügigen Wohnungen - ohne Ecken - sind jedenfalls weit von dem entfernt, was die industrielle Moderne in Ost und West später aus einem Wohnsilo machte. Ein Stück weiter vorne (No. 43), zwischen ganz anderen Stilen eingezwängt, die *Casa Batlló*, etwas unscheinbarer, aber noch allegorischer: Sie nimmt die Motive der **St.-Georgs-Legende** auf, des Schutzheiligen Kataloniens, im Drachenrücken steckt das Kreuz, und die Erker sind gebildet aus den "Knochen der Opfer".

Und dann der *Palau Güell*, C/ Nou de la Rambla 13. Ein tolles Jugendstil-Gebäude, in jedem Detail ausgefeilt und geschmückt mit Bruchstück-Keramik, heute mit Theatermuseum. Weitere von Gaudí erbaute Privathäuser befinden sich in der C/ de les Carolines 22 (die Casa Vicens) und der C/ Caspe 48 (Casa Calvet), beides Frühwerke des Übergangs zwischen herrschender Mode und eigenem Stil. Vollkommene Werke hinterließ auch der Gegenspieler Gausdís, Lluís Domènech i Montaner mit dem *Hospital de Sant Pau*, Av. de Gaudí, ein aus Einzelbauten bestehendes Krankenhaus-Areal. Hier sind alle nur denkbaren Stile eingeflossen und jedes Detail ist durchdacht; besonders überwältigend das Gewölbe am Haupteingang. Imposant und großartig ist auch der Konzertsaal des Musikpalais *Palau de la Música* Catalana, C/ de Sant Pere més Alt vom selben Künstler. Und ebenso wesentlich von islamischen Einflüssen gezeichnet, ist die größere Stierkampfarena *Plaça de Toros* Monumental, Gran Via 749, dies ein Bau von Ignasi Mas von 1915, einem Weggenossen Gaudís. Antonio Gaudí - das wird der Besucher vergnügt feststellen - ist nicht nur ein Objekt fader Kunsthistorie, sondern als "Don Quijote der spanischen Architektur" ein tot-lebendes Original und ein Freund der Barceloniner (so die richtige, katalanische Form).
Kommen wir jetzt zu **Kolumbus.** Ihm zur Erinnerung befindet sich am Ende von Las Ramblas der Kolumbus-Turm, eine 60 m hohe Säule, die mit einem Fahrstuhl erobert werden kann und dann einen umfassenden Blick über die Hafenanlagen und die Stadt bietet. Direkt unter der Säule liegt eine Nachbildung der Santa María, mit der Kolumbus für die Spanier die Neue Welt eroberte.

Zum Hafen! Immer noch der wichtigste Hafen Spaniens und entsprechend gigantisch, exotisch, lebendig. Von hier fahren die *Fährschiffe* zu den Mittelmeerinseln (Mallorca, Ibiza etc.) und Frachter in alle Welt. Das Museo Maritimo, untergebracht in einer Schiffswerft aus dem 14. Jh., befindet sich an der Plaça Puerto de la Paz und kann morgens bis 13.30 h und abends von 16 bis 18.30 h begangen werden. Es lohnt sich sehr. Schon sind wir mitten in der Museumswelt von Barcelona. Hier die Prioritätenlisten. Unbedingt besuchen: Den *Palau Naçional* mit dem *Museum für katalonische Kunst*, mit den Bussen 1 und 101 beim Stadtberg **Montjuïc** zu finden. Skulpturen, Wandmalereien etc.; Moderner das *Picasso-Museum*, Montcada 15, mit wertvollen Werken des spanischen Genies. Witzig auch das Parfum-Museum, Paseo de Garcia 39, Mo-Fr 10-13, 16-19.30 h mit Riechzeug von der Antike bis zur Gegenwart. Wenig gibt dagegen das vielbeworbene *Wachsfiguren-Museum* in der Pasaje de la Banca

7 her. Interessanter ist da schon das *Poble Espanyol*, voller Nachbildungen charakteristischer Häuser und voller Kneipen, Restaurants und touristischem Leben, an der Avenguda del Marquès de Comillas am Montjuïc, dort auch der *Pavillon Mies van der Rohe*, der deutsche Beitrag zur Weltausstellung 1929. Ebenso voll Leben ist der Markt Mercado Sant Josep, besser bekannt und auch ausgeschildert als *Mercat La Boquería*, an der Rambla Sant Josep.

Und weiter gibt es **Vergnügliches**: Der Rummelplatz hoch über der Stadt heißt Tibidabo und lohnt hauptsächlich am Wochenende, wenn viele Menschen die Karussells, Achterbahnen und Riesenräder bevölkern. Auf den Vergnügungsberg führt eine Zahnradbahn, die am Ende der Av. del Doctor Andreu beginnt.

Und es gibt noch mehr **Bahn-Erlebnisse**: Die *Hochseilbahn*, die über den Hafen von Miramar aus zu den Türmen Jaime I. (bei der Fährstation) und San Sebastian führt. Auch unter dem Berg von Montjuïc wird eine Vergnügungsstätte betrieben. Die *Standseilbahn* dazu startet an der Kreuzung Av. del Paral-lel/Carrer Nou de la Rambla. Und ab da führt eine *Zahnradbahn* auf den Berg mit seinem Castillo.

Zum guten Schluß seien die eigentlichen **Lebenspunkte der Stadt** noch einmal explizit erwähnt: Las Ramblas bilden den Mittelpunkt, die Pl de Catalunya gehört zu den tollsten Plätzen Europas und die Av. del Paral-lel bietet die verrücktesten Vergnügungen. Tag wie Nacht.

Auch wenn es kaum mehr nötig erscheint, auch in Barcelona gibt es **Fiestas**: Die *Romería de Sant Medir* wird am 3. März im **Stadtteil Gràcia** gefeiert, eine Wallfahrt mit Umzug und Volksfest-Charakter. Die *Semana Santa*, die Hl. Woche vor Ostern, kennt allerdings nur wenige Prozessionen. Typischer ist schon der Tag des Schutzpatrons, der *Día de Sant Jordi*, am 23. April. Hier gibt es den seltsamen, dem Valentinstag entlehnten Brauch, daß unter Verliebten Er Ihr eine Rose schenkt, Sie Ihm aber ein Buch kauft. Beides gibt es dann an zahllosen Ständen in der Innenstadt. Am 11. Mai ist der traditionelle Markt mit Gewürzen am Fest von Sant Ponc, am 23. Juni die wieder größere *Verbena de Sant Joan*, der Abend vor dem Johannistag: Mit Salutschüssen, Musik und Tanz in der ganzen Stadt, beleuchteten Wasserfontänen an der Pl. d'Espanya und dem Palau Real und spektakulärem Feuerwerk auf dem Montjuïc. Abermals ein großes Fest ist die *Fiesta Mayor de Gràcia* vom 15. bis 21. August im gleichnamigen Stadtteil. Das Programm reicht von Blumenschmuck bis Rockmusik. Dennoch ist das **größte Fest der Stadt** erst noch später: Am 24. September ist die *Fiesta Mayor de la Mercè* zu Ehren der vereinten Schutzpatrone der Stadt. Neben dem Feuerwerk ziehen bei den Umzügen der *correfocs* feuerspeiende Drachen und Teufel durch die Straßen, die von den Balkonen mit Wasser beschüttet werden!

Aber auch wer an all diesen Tagen nicht in Barcelona sein kann, verpaßt nicht das wichtigste **Volksbrauchtum**, den *Tanz Sardana*! Es ist ein Volkstanz, der nicht nur in Touristenshows lebt, sondern heute noch auf der Straße abgehalten wird - z.B. an der *Pl. Nova* vor der Kathedrale, Sa 19.30 h, So 12 h. In in-

Das Denkmal des Sardana am Montjuïc

einanderliegenden Kreisen halten sich zufällig zusammentreffende Menschen an den Händen und führen die "lange Sardana" mit zwei vollständigen Serien kurzer und langer Schritte aus, ein Takt, zu dem die *Cobla* spielt, die klassisch aus 11 Musikern bestehende Kapelle, und den man schnell erlernt. Der demokratische Tanz stärkte das Volksbewußtsein, zeigt aber durch seine Offenheit gegenüber den Gästen auch seine liebenswürdige, weltgewandte Art.

Tourist Information

Haupt-Information: La Gran Via de les Corts Catalanes 658, Tel. 93/301 74 43, Metro Urquinaona; und in den **Bahnhöfen Estació França**, Av. Marqués l'Argentera, Tel. 319 57 58 und **Estació Central de Barcelona-Sants**, Pl. Països Catalans, Tel. 491 44 31, Metro Sants-Estació. **Kultur-Büro** Palau de la Virreina, Ramblas 99, Tel. 301 77 75, Metro Liceu. Stadt-Info Tel. 010; Verkehrsinformationen unter Tel. 412 00 00. Wer Stadtpläne mitnehmen möchte, erhält auch solche in deutsch und anderen "Fremdsprachen" wie spanisch; die "Originale" sind in katalonisch, wie auch die Bezeichnungen in den Straßen selbst.

➢ **Bahnverbindungen RENFE**

Mit dem Zug aus Mitteleuropa kommt man durch die Estació de França (Metro Barceloneta), nahe beim Hafen und unterhalb des Stadtzentrums, Hauptstation ist die neue Estació Sants, von der auch alle innerspanischen Verbindungen abgehen. Hier gibt es auch eine umfangreiche, für Traveller nützliche Infrastruktur. Die Metro L3 führt zur City ab Sants-Estació. RENFE-Info Tel. 490 02 02.

➢ **Mit dem Auto**

Zwei Schlagadern der Stadt sollte man sich merken: Diagonal und Gran Via. Parkhäuser bei der Pl. de Catalunya (Kaufhaus Cortes Ingles) und bei der Pl. Urquinaona, beide sehr zentral. Die Stunde ist allerdings recht teuer.

➢ **Mit dem Bus**

Es gibt einen neuen Zentral-Busbahnhof, die Estació del Nord, C/ Ali-bei 80, Metro Arc de Triomf, L1; Tel. 265 78 45.

➢ **Mit dem Flugzeug**

Der Flughaten El Prat liegt 14 km außerhalb in Richtung Castelldefels (dort auch die besten stadtnahen Strände), Tel. IBERIA 370 40 12. Zum Flughafen ab Estació Central-Sants alle 15 Minuten ein Zug.

➢ **Weiterfahrt mit der Fähre**

Der Fährverkehr zu den spanischen Balearen wird durch die Transmediterránea durchgeführt. Das Info-Büro ist an der Av. Drassanes 6, Tel. 317 42 62, Metro Drassanes, L3. Die Hauptinseln Mallorca, Menorca und Ibiza werden im Sommer fast täglich angelaufen; neben nicht allzuteuren Kabinen gibt es auch sehr günstige Sitz-Überfahrten (butaca); allerdings rechtzeitig buchen!

▲ Unterkunft in Barcelona

Hostals rund um Las Ramblas; Liste bei der Tourist Info.

Hostal Oasis, Plaça del Palau 17, Tel. 319 43 96, beim Hafen, DZ ca. 6.000 Ptas.

Hostal Windsor, Rambla de Catalunya 84, Tel. 215 11 98, sehr zentral, DZ ca. 6.000 Ptas.

Hostal Residencia Lausanne, Av. Porta de L'Angel, Tel. 302 11 39, recht gepflegt, DZ ca. 7.000 Ptas.

- Für Aufenthalte über drei/vier Wochen, z.B. kombiniert mit einem Sommersprachkurs, bieten sich einige günstige **Apartmenthotels** an; aktuelle Liste bei der Tourist Information.

- **JuHe:** Die Kurzaufenthalts-Jugendherberge (bis 3 Nächte) ist Albergue Mare de Déu de Montserrat, Pg. Mare de Déu del Coll 41-51, Tel. 210 51 51;

Albergue Internacional Pensión Colón, C/ Colón 3, Tel. 318 06 31, Metro Liceu, L3, mitten drin bei den Ramblas/Pl. Reial; nur für Jugendliche, ca. 1.200 Ptas.

Camping: Kein Stadt-Camping mehr! In der Umgebung erreichbar sind:

El Prat/Vildecans: El Toro Bravo, Tel. 637 34 62; Bus L93, ca. 650 Ptas.

Casteldefels/Gavá: Albatros, Tel. 662 20 31, ca. 900 Ptas;

Tres Estrellas, Tel. 662 11 16, ca. 600 Ptas.

Monsolis: Camping Don Quixote, Tel. 389 10 16, Stadtbahn Cercamías, ca. 500 Ptas.

➢ Essen

In der Calle des Escudellers, einer Nebenstraße von Las Ramblas, finden sich eine Masse günstiger und originell kochender Restaurants. Zwei Namen: *Caporal*, gleich am Anfang der Gasse, mit seiner Spezialität: Hähnchen vom Grill, und *Los Alamos*, in der Nr. 12. Nun ein kulinarisches Fest in Barcelona: *Dos Caracoles* (dt.: die Schnecken). Ein wirklich einmaliges Restaurant, wo draußen die Hähnchen grillen, und drinnen - ganz offen - gekocht wird. Der Favorit: die Paella. Ein bei Prominenz wie Proletariat beliebter Ort, so daß meist bei vino tinto zu warten ist, ehe ein Tisch frei wird. - Daß Barcelona natürlich als Hafenstadt alles Kulinarische bietet, was das Herz begehrt, versteht sich. Also doch Fisch? *Mercantil Peixatera*, Aribau 117, Tel. 253 35 99, bietet als eine Art "Fischbörse" alles aus dem Mittelmeer. Das Cervantes, Carrer Cervantes 7, Tel. 325 41 27, ist ein gutes typisch katalonisches Lokal. Und Burger King und McDonald's sind fett eingenistet direkt an der Plaça de Catalunya. Und noch ein Haus für schmackhafte Paella: Set Portes, Passeig Isabell II.

➢ Bars und Szene

Disco Karma, Plaça Reial, überschäumende Stimmung, für alle.

La Fira, Provenza 171, lustige Kirmeskneipe, vor allem für Jüngere.

Videolokal Network Café, Av. Diagonal 616, In-Treff, jeder Tisch mit Video, mickrige Snacks, aber absoluter Treff.

Nick Havanna, klassische Design-Bar, Carrer Roselló 208 und im

Velvet, Balmes 161, führt noch der Gang zum Klo in den katalanischen Design-Traum (ohne Designer-Drogen!).

Katalonien - Städte und Strände

Sitges

Sitges im Wandel der Zeit: im 19. Jh. als **Künstlerkolonie** geplant, dann Nobel-Ferienort, später vom Massentourismus entdeckt und heute ein Ressort für Sonnenhungrige und Paradiesvögel des nahen Barcelona und immer noch internationaler Treffpunkt für Homosexuelle. Sie kommen alle in das kleine, weißgetünchte Städtchen mit den gepflasterten Straßen und der malerischen Altstadt, die sich um die Barockkirche schart. Eine ausgesprochene Hauptsaison gibt es nicht, zumal Sitges das ganze Jahr über mit Aktivitäten lockt. Tagsüber trifft man sich an den schmalen **Sandstränden**, gegen später dann an der Meile, der einige hundert Meter langen Promenade direkt am Meer, und das erreicht man vom Bahnhof aus in nur 10 Min. zu Fuß. Im Sommer sind die Hauptstrände (Playa de Oro, Playa de San Sebastian) dicht bevölkert, aber südwestlich folgen ruhigere Strandabschnitte. Bis zu den FKK-Buchten muß man über eine halbe Stunde gehen: entlang der Küste (den Solarium Club zur Rechten), dann über den Hügel und dann links.

Der Strand ist mit Steinen und Sand gemischt und hat eine leichte Brandung. Der Strand für die Gays folgt nach dem nächsten Hügel. Falls man das Strandleben satt hat, bieten sich drei sehenswerte Museen an: das Museu Cau Ferrat, C. del Fonollar, hinter der ev. Kirche; die *eiserne Hölle*, einst Wohnsitz von Rusinyol und um die Jahrhundertwende Ort der Landpartien der Bohème Barcelonas, zeigt Antiquitäten und Bilder aus Rusinyols Privatsammlung (inzwischen im Besitz der Stadt), darunter Werke von Utrillo, Rusinyol, Nonell und El Greco, der damals noch kaum Beachtung fand. Das Museu Maricel del Mar, in einem anschließenden Nebengebäude bietet mittelalterliche Holzskulpturen, Fresken, Gemälde und eine interessante Möbelsammlung und das Museu Romantic, C. Sant Gaudenci 1, ein Bürgerhaus (Casa Llopis) des 18. Jh. präsentiert Einrichtungsgegenstände, funktionsfähige Musik-Boxen und die "Lola Anglada Collection" mit Puppen des 17.-19. Jh. Vom Hafen kommt man über die C. Bonaire hierher (Alle Museen: Di-Sa 9.30-14 u. 16-18 h, So 9-14 h,Eintritt So frei).

Sitges ist am schönsten während der **Fiesta de Corpus Christi** (Fronleichnam), wenn in einem prächtigen Farbenspiel hunderttausende Blumen und Blüten die Straßen bedecken. Rauher geht es bei der alljährlichen Fiesta Major zwischen dem 23. und 27. August zu Ehren des Stadtpatrons Bartolome zu: Am 23./24. August tanzen Drachen aus Pappmaché, Teufel und Giganten durch die Straßen, und Feuerwerke erhellen den Himmel.

Sitges ist gut zu erreichen. Mit dem Auto ca. 20 km nach der Autobahnausfahrt Vilafranca (Barcelona-Tarragona). Näher, aber anstrengender ist der Weg über Castelldefels entlang der Küste (kurvenreiche Straße mit stockendem Verkehr). **Mit der Bahn:** Sitges ist ein guter Tip für Railer, da der Bahnhof direkt im Ort und fast am Meer liegt. Die RENFE-Züge fahren ab Barcelona Estació de Sants.

Tourist Information

Sinia Morera (Oasis), Tel. 911 76 30.

Unterkunft in Sitges

Zimmer hier sind nicht billig, aber es gibt einige akzeptable Plätze:

- **Hostal-Residencia** Parellades, C. Parellades, 11 (Tel. 8940801), bietet die reellste Bleibe: große Räume, Terrasse und nur ein Häuserblock vom Strand entfernt, DZ ca. 4.000 Ptas. (Vom Bahnhof die C.F. Guma hinunter, nach zwei Häuserblocks sich rechts halten, das Hostal ist auf der linken Straßenseite).
- Hostal Terminus, Av. de les Flores, 7 (Tel. 8940293), links von den Bahnhofsgleisen. Saubere Zimmer und eine gediegene Aussicht auf die Züge für ca. 3.500 Ptas DZ.

Castelldefels

Castelldefels, an der gleichen Bahnlinie wie Sitges gelegen, hat mehr Kies und weniger Glitter, aber der kilometerlange Strand ist nur 20 Min. von Barcelona entfernt. Ab Barcelona einsteigen: Estació de Sants, aber nicht in einen *Semidirecto* oder *Interurbano,* denn diese halten nicht in Castelldefels! Aussteigen erst an der Playa de Castelldefels; steigt man schon in Castelldefels aus, ist ein halbstündiger Fußmarsch bis zum Strand notwendig. Am besten fährt man sehr früh morgens los und kommt am frühen Nachmittag oder erst spät abends zurück, denn zwischenzeitlich sind die Züge arg überfüllt. Alternative: UC-Bus von der Pl. Universitat in Barc.

Tarragona

Wer eine längere Anfahrt in Kauf nehmen will, kann zu einem historischen Ausflug nach Tarragona aufbrechen. Spuren der einst **wichtigsten spanischen Römerstadt** (Tarraco) sind recht gut erhalten: Der Passeig Arqueològic (archäologische Promenade) führt außen an der Stadtmauer entlang und durch die verschiedensten Zeiten der Geschichte Tarragonas: Die Überreste der römischen Stadtmauern datieren aus dem Ende des 3. Jh.v.Chr. (ca. 1 km gut erhalten). Die Passage führt an Zypressen und Orangenbäumen, an Kopien der Augustus-Statue und der römischen Wölfin vorbei und läßt den Blick über die umliegende Landschaft schweifen. Juli-Sept. Di-So 10-24 h (nach Sonnenuntergang mit Beleuchtung besonders schön!), Okt.-Juni Di-Sa 10-13.30 u.15-17 h.

Östlich des *Balcón del Mediterraneo* (nahe dem Bahnhof, von 100 m Höhe bietet sich eine eindrucksvolle Aussicht über Küste und Meer), am Ende der Rambla Vella direkt am Meer, befinden sich die Ruinen des römischen Amphitheaters (Di-Sa 10-20, So 10-14 h). Eintritt frei. Das Museu Arqueològic an der Pl. del Rei zeigt Funde aus der Römerzeit, Gebrauchsgegenstände (Keramik), ein Mosaikmedusenhaupt, eine elfen-

beinerne Gliederpuppe aus einem Kindergrab ... (Juli-Sept Di-Sa 10-20, So 10-14 h; Okt.-Juni Di-Sa 10- 13.30 u. 16-19, So 10-14 h; Di frei).
Auf den Überresten des römischen Jupiter-Tempels und der moslemischen Moschee wurde zwischen dem 12. und 14. Jh. die monumentale **Kathedrale** mit romanischen und gotischen Stilelementen erbaut, jedoch nie vollendet. Sehenswert: das Chorgestühl, Glasmalereien, Grabmal von Juan de Aragón, Portal mit Fensterrose und der Kreuzgang. Angeschlossen ist das *Museu Diocesa* mit flämischen Wandteppichen, Altarretabeln, Ikonen des Mittelalters und der Renaissance etc. Südlich, unterhalb der wunderbaren Altstadt, erstreckt sich der moderne Teil Tarragonas bis zum Hafen hinunter; in diesem Teil erscheint die Stadt nicht besonders sehenswert: nur Geschäfte und Wohnhäuser, zum Teil in alten, zum Teil in neuen, funktional errichteten Gebäuden. Ebensowenig interessant ist die neue Rambla, die an einem 50 m hohen Felsabhang zum Meer endet, mit Ausblick auf den Bahnhof, Hafen und eine vor der Küste liegenden Bohrinsel.

Tourist Information

Rambla Nova 46, Tel. 232 143.

Montserrat

Etwa 60 km ins Landesinnere von Barcelona aus, ragen die seltsamen Konglomeratgesteintürme des Montserrat (dt.: 'gesägter Berg'), des heiligen Bergs der Katalanen, aus der Llobregatebene 1000 m hoch heraus. Seine bizarren Formen haben Anlaß zu reicher Mythenbildung gegeben. Nach einer Legende wird der Montserrat als Sitz der Gralsburg angesehen. Mönche und Eremiten hatten sich dort in Felshöhlen bereits zwischen den Jahren 400 und 1000 niedergelassen. Einer anderen Legende zufolge sollen Hirten dort im 9. Jh. eine Madonnenstatue wiedergefunden haben, die während der Herrschaft der Araber versteckt worden war. Der Bischof ließ eine Kapelle für diese Madonna errichten, um die sich kurz nach der Jahrtausendwende Benediktinermönche ansiedelten und ein Kloster gründeten. Eine Reihe von Wunderheilungen verbreitete den Ruf der **Schwarzen Madonna** - die frühromanische Statue hat ein dunkles Gesicht und dunkle Hände - und machte das Kloster zu einem bekannten Wallfahrtsort. 1410 wurde das Kloster in den Rang einer unabhängigen Abtei erhoben, die sich rasch zu einem geistigen Zentrum entwickelte. 1522 pilgerte ein junger Ritter zum Kloster Montserrat, um dort der Madonna seine Waffen zu Füßen zu legen. Er wurde unter seinem späteren Namen Ignatius von Loyola weltbekannt als Begründer des Jesuitenordens. 1812 wurden durch die Truppen Napoleons das Kloster, die Kirche und das Nebengebäude zerstört. In den Ende des 19. Jh. errichteten Neubauten konnten nur noch einzelne Teile der alten Anlage erhalten werden. Während der Zeit des Bürgerkrieges und des Faschismus wurde Montserrat zu einer Zufluchtsstätte des Widerstandes. Hier lebte die katalanische Kultur und Sprache, trotz Franco, innerhalb der Klostermauern weiter. Seine Berühmtheit hat Montserrat auch durch die von den Benediktinern betreute kostbare Bibliothek von mehr als 250.000 Bänden (darunter die bedeutende musikalische

Handschrift "Rotes Buch von Montserrat") und seine Pinakothek, eine wertvolle Kunstsammlung, bekommen - und die dem Kloster angegliederte Musikschule Escolanía. Aus ihr gingen im Laufe der Jahrhunderte viele bedeutende Komponisten hervor. Am berühmtesten aber ist der Knabenchor, der bei zwei täglichen Messen und allen feierlichen Gottesdiensten mitwirkt. Die aus allen Teilen Kataloniens stammenden, sich durch besonders schöne Stimmen auszeichnenden Jungen leben in einem Musikinternat in Montserrat.

➢ La Moreneta

Die Aeri de Montserrat (Seilbahn) und die Busse fahren bis zur Pl. de la Creu. Rechts von der Informationsstelle führt eine Treppe zur Pl. Santa María, wo die wichtigsten Gebäude dicht beieinander stehen. Die ornamentverzierte Basilica - alljährlich Ziel von Tausenden von Pilgern und Touristen - wird durch Votivlampen nur spärlich erhellt. Zur Kapelle der Jungfrau in der Apsis hinter dem Hauptaltar gelangt man über eine Marmortreppe (Zugang auf der rechten Seite). Und dort thront sie nun, die geweihte Figur von Maria und dem Kind aus dem 12. Jh., mit Gold und Silber überzogen und von kostbaren Reliefs umgeben: La Moreneta, die **Schwarze Madonna**.
Der Knabenchor Escolanía singt um 13 h das *Salve Regina* und das *Virrolai*, Montserrats Hymnen (außer im Juli, dann sind die Goldkehlen in den Ferien).

➢ Museu de Montserrat

Alte Abteilung, im Gebäude, das sich an den gotischen Kreuzgang der Kathedrale anschließt: Werke von El Greco, Caravaggio etc. und Artefakte und archäologische Gegenstände aus biblischen Ländern, darunter ein über 2000 Jahre altes mumifiziertes Krokodil. Moderne Abteilung, unterhalb der Plaça de Santa María vor dem Kloster: katalanische Bilder der Renaixença von regionaler Bedeutung, darunter verschiedene Porträts von Ramón Casas. Picassos "Viejo Pescador" (1895) hängt im oberen Stockwerk.

➢ Wanderpfade

Verschiedene Wanderwege - mit herrlichen Ausblicken über das Kloster, das Montserrat-Massiv und die umliegenden Ebenen - führen zu den 13 Ermitas (Einsiedeleien), auf denen man Ruhe vor dem Trubel in und um die Klosteranlage findet.
- Mit der **Drahtseilbahn** oberhalb der Pl. de la Creu geht es hinauf zur Ermita Sant Joan. Von der Bergstation bietet sich ein schöner Blick auf das Kloster, und ein Wanderpfad führt in 15 Min. zur Einsiedelei. - Ebenfalls von der Pl. de la Creu geht es mit einer Drahtseilbahn hinunter zur Ermita Santa Cova, in deren Grotte einst die Figur der La Moreneta gefunden worden sein soll. Der Weg dorthin ist mit religiösen Kunstobjekten vollgepflastert. Auf einem Fußweg von der Pl. de la Creu kann man in einer Stunde auch ohne Bahn dorthin gelangen.
- Die **spektakulärste Aussicht** bietet die Route zur Ermita Sant Jeroni, die nahe der Ermita Sant Joan startet. Vom Ziel sind es noch 5 Min. bis zum Gipfel des Sant Jeroni, mit 1.235 m der höchste Punkt des Montserrat-Massivs: An einem klaren Tag sieht man bis zu den Balearen und den östlichen Pyrenäen.
- Reizvoll ist die **Anreise mit den FFCC-Zügen**. Sie starten in Barcelona, Pl. de

Espanya (Manresa-Linie), alle zwei Stunden zwischen 9.10 u. 19.10 h. Die Rückfahrkarte schließt die Fahrt mit der Aeri de Montserrat hinauf zum Kloster mit ein.

Tourist-Information

Pl. de la Creu, detaillierte Karten und Beschreibungen.

Unterkunft

Wer beim Kloster übernachten will, sollte die Despatx de Celles (Tel. 8350251) aufsuchen, tägl. von 9.30 u. 15-18 h geöffnet. Dort wird man in einfachen, asketischen *Zellen* einquartiert. Preise variieren. Geöffnet 15. März-15. Nov. Im August Reservierung notwendig. Sonst bietet sich ein Campingplatz unterhalb der Drahtseilbahnstation nach Sant Joan an. (Tel. 8350251).

Costa Brava

In der nordöstlichen Ecke Spaniens erstreckt sich die über 100 km lange *Costa Brava* (dt.: wilde Küste) bis hinunter nach Blanes (60 km nordöstlich von Barcelona). Und wild ist sie auch: felsige Küstenabschnitte, deren markante und schroffe Klippen steil zum Meer abfallen, wechseln sich mit tief eingeschnittenen, geschützten Buchten ab, die man von malerischen Fischerdörfern aus teilweise nur mit Booten erreichen kann. Doch in den letzten Jahrzehnten hat die Costa Brava dem Massentourismus ihren Tribut erwiesen, wurde touristisch zersiedelt. Kleine, über Jahrhunderte gewachsene Städtchen platzen im Sommer unter dem Ansturm von Zigtausenden aus allen Nähten, und der bautechnische Wahnsinn zerstörte die ursprüngliche Landschaft nachhaltig. Vielleicht ist es ihr Glück, daß die unwegsame Küste Auto- und Eisenbahn ins Hinterland verwies, daß die Ortschaften nur über mühevolle, kurvenreiche Straßen auf Umwegen zugänglich sind, so daß es hier immer noch unzerstörte Abschnitte gibt.

Lloret de Mar

Wer unverwüstete Strandstädte haßt, wird Lloret de Mar lieben. Die Kleinstadt mit 14.000 Einwohnern am südlichen Ausläufer der Costa Brava kracht im Sommer auseinander, wenn bis zu 180.000 Personen das Gebiet um Lloret de Mar bevölkern. *Sombrero-Hüte* von einem Meter Durchmesser und ein Sonnenbrand sind alles, was man von hier mitnehmen kann. Etwa 25 Diskotheken, 27 Tanzklubs und 5 Bars für Gays machen deutlich, wie hier das Leben boomt.

Playa de Lloret ist ein großer Strand und sogar sauberer, als man erwarten würde, und die beste und einzige Sehenswürdigkeit in der Stadt. Und wer es ganz zünftig will, speist im Restaurant *Zur Wildsau*, C. Lleó, 8, am Hafen. Es hebt sich von den Paella-Pushern durch ein 1.500-Ptas-Menü mit Gemüsesuppe, bayerischem Kraut und Fleischkäse und all den Dingen, vor denen man zu Hause geflohen ist, ab.

Tourist Information

Plaça de la Villa 1, Tel. 364 735.

Tossa de Mar

12 km nordöstlich von Lloret liegt Tossa, ein kleiner Fischer- und klassischer Badeort (3.000 Einw.) und ein Ort so zwischen gut und böse. Auf der einen Seite die Silhouette der hochgelegenen Altstadt *Vila Vella* mit ihren gut erhaltenen und unter Denkmalschutz stehenden Befestigungsmauern und Verteidigungstürmen, das Zentrum der Unterstadt, wo sich in den engen Gassen trotz touristischer Prägung noch alter Charme erhalten hat, auf der anderen Seite die sich mit Betonagglomerationen rasant ausdehnenden Außenbezirke. Und Tossa ist ein Ort, der im Hochsommer dem Tourismus seinen (vollen) Tribut erweist, aber ideal während der Vor- oder Nachsaison für einen ruhigen Badeurlaub.

Die drei **Hauptstrände** *Playa Grande, Playa de la Mar-Menuda* und *Playa de los Pescadores* sind vor Wind und Brandung geschützt, doch im Juli und August wird es dort unangenehm eng. Schöner sind die umliegenden Buchten - in Richtung Lloret: Els Cars, Llevador, Llorell und Cala Morisca, in Richtung San Feliu de Giuxols: Cala Bona, Cala Pola, Cala Giberola, Cala Futadera, Cala Salions und Cala Vallpresona. Sie sind von Tossa aus über gekennzeichnete Spazierwege entlang der für die Costa Brava typischen Felsenküste und mit Booten, die zu den entlegenen Badestellen fahren, zu erreichen.

Im Ortsteil *Vila Vella* gibt es innerhalb der hohen Befestigungsmauern gibt es in den engen Gassen hübsche Kneipen und Restaurants. Hoch oben bei den Ruinen der Esglesia de San Vincent (13. Jh.) werden im Juli Open-air-Jazz und -Klassikkonzerte veranstaltet. An der kleinen Pl. del Pintor J. Roig y Soler ist in einem schönen alten Haus das Museu Municipal (Tel. 340 709) untergebracht: spanische Kunst der 20er Jahre, ein römisches Mosaik des 4. Jh. v.Chr, und andere Funde der alten Römersiedlung Vila Romana.

Tourist Information

Avda. del Pelegrí, Tel. 340 108.

Unterkunft

In Tossa sind Zimmer teuer, viele Hostales sind den Sommer über von Reiseagenturen ausgebucht. Im Juli und August ist ohne Reservierung kaum eine Bleibe zu finden. Wer sich nicht gleich entmutigen läßt, findet vielleicht in einigen neuen Pensionen und Fondas im Altstadtbezirk noch etwas.

- **Pensión** Nadal, C. Sant Telmo, 1 (Tel. 340 050), an der Ecke zur C. Estolt nahe dem Strand. Reizende, weißgetünchte Räume mit Holzbalkonen DZ zu ca. 3.000 Ptas.

- **Pensión** Moré, C. Sant Telmo, 9 (Tel. 340 309). Größere Zimmer und freundliches Personal. Geöffnet: Juni-Sept., DZ ca. 3.000 Ptas.

Cadaqués

Zunächst verheißt die Anfahrt nichts Gutes. Nachdem man kurz vor Roses links abgebogen ist, schlingt sich die folgende serpentinenreiche Strecke mühsam landeinwärts über wildromantische, karge Hügelketten immer höher, bis man, ganz oben angekommen, Cadaqués in einer engen Bucht unter sich liegen sieht. Und schon vor der Ankunft wird deutlich, warum dieses kleine, abgeschiedene Städtchen am nördlichen Ende der Costa Brava zu deren Perlen gehört: Umgeben von einer schroffen Felsenküste leuchtet das lichtumflutete, weißgetünchte Fischerdorf pittoresk in der Sonne auf. Vielleicht liegt es am eher dürftigen kleinen Strand (Platja Gran) mit grobem Sand und Kies, daß Cadaqués bisher von den Segnungen des Massentourismus verschont blieb. Doch so zerstören keine kommerzielle Infrastruktur, keine Hotelbunker und Supermärkte, Ortsbild und Landschaft.

Natürlich hat zur Legende des Ortes der avantgardistische Künstlerkreis beigetragen, der sich in den 30er Jahren in Cadaqués und im Landhaus von Salvador Dalí regelmäßig einfand: Luis Buñuel, F. García Lorca, André Breton etc.

Dalís Domizil in Port Lligat (nach einem ca. 1 km langen Spaziergang in Richtung Norden zu erreichen), ein umgebauter Komplex aus mehreren Fischerhäusern mit den für Dalí so charakteristischen Eiformen, kann nicht betreten werden. So bleibt seinen Verehrern nur ein flüchtiger Blick über die Umzäunung des Anwesens.

Die **eigentliche Sehenswürdigkeit** ist die impressionistische Erscheinung Cadaqués', die engen Gassen, die sich den Hügel hinaufziehen, auf dessen Spitze die Kirche Santa María steht. In dieser findet im Sommer alljährlich das Festival International de Música statt. Das Konzert mit zeitgenössischer Musik ist frei.

- Museu Perrot-Moore, C. Vigilante, 1, im Zentrum. Von graphischen Blättern und Ölbildern der Klassiker Dürer, Goya, Rubens, Picasso etc. über Erinnerungsgegenstände Dalís bis zu dessen Kritzeleien als Dreikäsehoch.

🌐 Tourist Information

Cotxe 2-A, Tel. 258 315.

▲ Unterkunft in Cadaqués

Aufgrund der bescheidenen touristischen Kapazitäten kann es hier in der Hauptsaison zu erheblichen Engpässen kommen. Das gilt sowohl für Übernachtungsmöglichkeiten als auch für Parkplätze. Die wenigen größeren Hotels haben ihren stolzen Preis. Deswegen sollte man sich die Mühe machen, die kleinen Gäßchen zu durchstreifen und nach Privatquartieren zu fragen. So weiß auch manche vor der Tür sitzende Oma mehr als die Herrschaften vom Touristikbüro im Zentrum.

- **Hostal** Marina, C. Riera, 2 (Tel. 258 199), ab der Pl. Frederic Rahola in Strandnähe. Saubere Zimmer, einige mit Balkonen im Zentrum des Ortes, DZ ca. 4.500 Ptas.

Port Bou

Seit der Eröffnung der Eisenbahnlinie Barcelona-Port Bou ist aus dem ehemals kleinen Fischerort an der spanisch-französischen Grenze ein Treffpunkt für Railer geworden. Die meisten davon sind Ein-Tages-Gäste (1 Nacht), die hier auf ihren Anschlußzug für die Weiterreise warten, oft wegen des Spurwechsels. Dazu verbringt man die Zeit am grobsandig-kiesigen, in einer felsigen Bucht liegenden, eher bescheidenen Strand. Besser sind die vielen Staßencafés entlang des Pg. Marítim und die Bars und Kneipen am Pg. de la Sardana, wo sich eine kleine Traveller-Szene - sowohl abends als auch tagsüber - gebildet hat.

Tourist Information

Pg. Lluís Companys, s/n, Tel. 390 284 und im Bahnhof.

Unterkunft in Port Bou

Hostal Plaça, C. Mercat, 15 (Tel. 390 024), in einer schmalen, von Bäumen flankierten Straße, die vom Bahnhof wegführt; DZ ca. 5.000 Ptas.
Hostal Juventus, Av. de Barcelona 3, Tel. 390 241; Interrailer-Treffpunkt in Strandnähe und teilweise mit Blick auf das Steilufer. Vom Bahnhof kommend, hält man sich bei der C. Font del Moro links, DZ ca. 5.000 Ptas.

Gírona/Gerona

Wer sich durch die peripharen Industriegebiete gekämpft hat, kann sich in der gut erhaltenen Altstadt Gironas auf die Suche nach den Spuren (iberische, römische, gotische, maurische, jüdische) des Mittelalters machen. Und die sind in "La ciutat de los sitios" (Stadt der Belagerungen) reichlich vorhanden. Rechts vom Riu Onyar erheben sich pittoreske Häuserfronten des über mehrere Brücken zugänglichen Altstadtkerns. Zentral ragt die Kathedrale empor, bezeichnend durch den größten einschiffigen gotischen Kirchenraum überhaupt. Im Innern ist das Retabel des Hochaltars ein hervorragendes Beispiel spanischer gotischer Goldschmiedekunst. Höhepunkt des angeschlossenen Museums (Kirchenschatz) ist der Tapís de la Creaciá, eine Seidenstickerei des 11. Jh., deren Bildzyklus auf über 16 qm Christus als Weltherrscher, umgeben von der Schöpfungsgeschichte und der mittelalterlichen Kosmosvorstellung darstellt. Auf dem Passeig Arqueològic kann man nun zum Rundgang durch die steinerne Geschichte der Stadt aufbrechen, darunter das jüdische Viertel El Call, Zeugnis der ehemals bedeutenden jüdischen Gemeinde und der Kabbalistenschule Gironas. Oder man promeniert einfach über die Rambla de la Libertat, die Fußgängerzone entlang des Riu Onyar, und läßt es sich in den verwinkelten Gassen gutgehen.

Tourist Information

Estació RENFE (Bahnhof), Tel. 216 296.

Figueres/Figueras

Hauptattraktion von Figueres ist das Teatre-Museu Dalí. In Figueres wurde der *Göttliche* geboren (1904), und hier *starb* er dann auch (1989). Die größte Einzelsammlung des berühmten spanischen Surrealisten fand 1974 im ehemaligen Stadttheater ihre Heimat. Und wie es sich für den skandalösen Exzentriker gehörte, trat das ursprüngliche Gebäude seine *Metamorphose* an: Jetzt wird es von einer Plexiglaskuppel überragt und ist mit phantastischen Figuren - bis hin zur Pointe um jeden Preis - in allen Variationen überhäuft. Und so fragt sich der staunende Betrachter schon vor dem Betreten des Gebäudes, ob Dalí in seiner übersteigerten Selbstinszenierung seine Kunst dem Kult des Kitsches geopfert hat. Trotzdem: Dalí verstand sein Werk als eine Vergegenständlichung von im Unterbewußten wurzelnden Traumphantasien, und ein Rundgang durch die einzelnen Stockwerke mit Bildern, Graphiken, Zeichnungen, Skulpturen und Objekten Dalís gehört zum Pflichtprogramm des an Figueres vorbeikommenden Kunstinteressierten. Pl. Gala i S. Dalí, Tel. 501 976. Hinkommen: Vom Bahnhof /Busterminal folgt man der C. Sant Llàtzer 6 Blöcke, biegt rechts in die C. Nou ein und geht bis zu deren Ende bei der Rambla, danach überquert man die Plaça und nimmt die C. Girona bis zur C. Jonquera. Linkerhand führen Treppen zum Platz vor dem Museum.

Lleida / Lerida

Am rechten Ufer des Segre entstand in der Nähe seiner Einmündung in den Ebro die Stadt Lleida, heute Provinzhauptstadt einer eher wieder typisch nordspanischen Region. Schon zur Zeit der Karthager und Römer spielte der Ort eine wichtige Rolle. Als Llerda bei den Römern erwähnt, haben hier Cäsars Legionen die Truppen des Pompejus besiegt. Inmitten einer weiten Gartenlandschaft erklimmen die Häuser einen steilen Hang, bis sie die Stadtfestung erreichen, in deren Mitte die majestätische Kathedrale aufragt. Die Umgebung ist inzwischen in *Modernisierungswellen.*

An wichtigen Bauwerken gibt es die Burgruine La Zuda, die bereits eine arabische Festung war. Die Tempelritterburg Gardeny entstand dagegen nach der Rückeroberung im 12. Jh. Schließlich gibt es zwei Kathedralen, von denen die ältere, die Seo, nur noch in Ruinen existiert. Die neue Kathedrale stammt aus der Zeit Karls III. und war der erste klassizistische Bau Kataloniens. In der Kathedrale wird u.a. eine Gobelinsammlung ausgestellt. Der *Palaçio de la Paheria* ist ein Bau aus dem 13. Jh. und heute Rathaus. Er birgt auch das Museum de los Pahers, mit Funden aus der frühen iberischen und aus der römischen Epoche. Weitere Museen der Stadt sind im alten gotischen Hospital Santa María aus dem 15. Jh. zu finden. Doch auch in dieser Region muß man den Modernisme nicht ganz missen, nur dient er hier anderen Zwecken. Westlich, in Raïmat, liegt einer der ehemals berühmten landwirtschaftlichen Musterbetriebe, ein Celler (Kellerei). Unweit davon wiederum sind die Sport- und Freizeitanlagen der Les Basses d'Alpicat.

Tourist Information

Av. de la Prat de la Riba 76, Tel. 243 850 und Plaça de Paheria 11, Tel. 248 120.

Unterkunft in Lleida

Hotel Reina Isabel, Ctra. Nal. II., Tel. 260 151, DZ ca. 4.000 Ptas.

Pensión Goya, Alcalde Costa, Tel. 266 788, DZ ca. 4.000 Ptas.

Pensión Majestic 2000, Tel. 263 590, DZ ca. 3.500 Ptas.

Camping Les Basses, Ctra. Huesca, Tel. 235 954, p.P. / je Auto ca. 500 Ptas.

☆ Special - Feature

Autoausflug in die Moderne

Die Wege, die es hier zurückzulegen gilt, sind nicht so lang. Sie führen nur in die Umgebung Barcelonas. Dabei entdecken wir einige Modernisme-Denkmale, im wesentlichen in den Comarques *Vallès Occidental* und *Baix Llobregat*. Trotz der dichten Ballung dieser Gebiete mit starker Industrieansiedlung und einem irgendwie anarchischen Städtewachstum findet man einladende Ecken.

Die Ausfahrt aus Barcelona nach dem nahe der Ciutat Comtal gelegenen Vorort **Esplugues** führt direkt zu Kunstwerken des Modernisme, und das in einer Ortschaft, die in ihren stillen Winkeln des Kirchplatzes und der Montserrat-Straße etwas von ihrer ehemaligen wundervollen Stille ahnen läßt. Gleich danach und ganz nahe von Esplugues finden sich in **Sant Joan Despí** herrliche Beispiele dieser Kunst, umgeben von einem von der Industrie geprägten Rahmen; und dann ist da **Cornellà de Llobregat**, eine Satellitenstadt Barcelonas mit ihren fast 100.000 Einwohnern und dem charakteristischen Wasserturm.

Von Cornellà aus führt der Weg auf die andere Seite des Flusses nach Sant **Boi de Llobregat**, am Fuße der Sant-Ramon-Anhöhe gelegen, und weiter nach dem nördlich davon gelegenen Ort Santa Coloma de Cervelló mit der in dem dortigen Industriegebiet **Colònia Güell** gelegenen unvollendeten Krypta von Gaudí, einem der interessantesten Modernisme-Bauwerke des Architekten, in schöner Natur von herrlichen Pinienbäumen umgeben. Weiter in nördlicher Richtung wird die Ortschaft Sant Vicenç dels Horts erreicht, eine geradezu schwindelerregend angewachsene Stadt, die mit einigen Modernisme-Bauwerken ihre jüngste Vergangenheit als landwirtschaftlicher Mittelpunkt und Sommerfrische wachruft. Ganz in der Nähe ist die Kreuzung *Quatre Camins*, die Wege nach Westen oder aber auf der Landstraße nach Ordal eröffnet, zu Orten mit interessanten Modernisme-Bauwerken: z.B. **Cervellò** mit seiner einmaligen roten Sandstein-Landschaft und der alten romanischen Kirche Santa María.

Wieder zurück nach Quatre Camins und über die Llobregat-Brücke, und von Molins de Rei aus nach **El Papiol,** einer auf einer Anhöhe gelegenen, von einer kürzlich restaurierten Burg beherrschten Ortschaft, von der aus man das Llobregat-Tal überschauen kann. Über Castellebisbal, auf einer ziemlich neuen, die Sant-Andreu-de-la-Barca-Industriezone überquerenden Landstraße kommt man nach Martorell mit seinen Keramik-Museen und der malerischen Teufelsbrücke, *Pont del Diable*, die der Teufel - nach der Legende - in nur einer Nacht erbaute. Nur ein einziger Stein fehlte zum kompletten Abschluß seiner Bauarbeiten, was da wohl noch geschehen kann ... Von Martorell aus - jetzt in südwestlicher Richtung durch das Anoia-Tal - wird Gelida mit den etwas bescheideneren Modernisme-Bauwerken erreicht, immerhin in landschaftlich schöner Lage.

Wieder zurück in Martorell. Unser nächstes Ziel ist **Terrassa**, das historische Egara, auf dem Weg gibt es viele schöne Landschaftsbilder, besonders mit dem Montserrat-Gebirge im Hintergrund. Sollte nach ausgedehntem Besuch der Modernisme-Bauwerke, des westgotisch-romanischen Kirchenkomplexes und anderer Sehenswürdigkeiten dieses Industriezentrums noch Zeit bleiben, dann bietet sich ein Abstecher zum Naturpark von Sant Llorenç del Munt, einer einmaligen Naturschönheit an.

Von Terrassa nach Caldes de Montbui über Castellar del Vallès und Sentmenat, zeitweise am **Sant-Lloreç-Bergland** vorbei, ist ein ebenfalls zu empfehlender sehr schöner und abwechslungsreicher Weg. Die jahrhundertealte Tradition **Caldes'** als Heilbad ist auf die Römer zurückzuführen und heute noch ein vitales Element im Leben des Ortes. Drei Dinge schreibt das Ritual vor: eine Münze in das Schwimmbad der römischen Thermen zu werfen, verbunden mit einem Wunsch; einen Schluck des 70° C heißen Wassers der bekannten Löwenquelle zu trinken und eine Tüte *Carquinyolis* zu kaufen, des typischen Süßgebäcks der Stadt.

Von Caldes de Montbuí nach Sabadell ist es ein kurzer, sehr angenehmer, von Pinien gesäumter Weg. Vor Sabadell sei noch ein Abstecher in die von dem **Sabadeller Vila Arrufat** mit schönem Bauschmuck versehene Wallfahrtskirche La Salut empfohlen. Dann erst in die große städtische und industrielle Konzentration Sabadell eintauchen, in welcher der dynamische Pulsschlag der Stadt ihre intensiven kulturellen Aktivitäten nicht zu unterdrücken vermag. Außer den Modernisme-Kunstwerken hat allein schon ein Besuch im *Museum des Instituts für Paläontologie*, eines der bedeutendsten der Welt, seine Berechtigung. Das von einem ruhigen Ort zu einer Industriestadt emporgeschossene Rubí liegt auf dem Weg in die Stadt der Grafen, Barcelona. Einige beachtenswerte Modernisme-Elemente sind hier vorzufinden. Danach wird **Sant Cugat del Vallès**, überwiegend Wohnstadt erreicht. Neben Spuren des Modernisme ist das eindrucksvolle Bauwerk des alten Benediktinerklosters sehenswert, mit großem Rosettenfenster in der Fassade und einem außergewöhnlich schönen Kreuzgang, der nun das Ende der vorgeschlagenen Route sein soll.

Als Abschluß dieser Erkundigungsfahrt bleibt die Rückkehr nach Barcelona über die Arrabassada-Strecke. Sobald wir den Bergzug Collserola überquert haben, noch auf dem Grat, eröffnet sich ein eindrucksvoller Panoramablick über die Stadt, der uns bei der Fahrt über die kurvenreiche Straße der *Revolt de la Paella* hinab in die Stadt begleitet.

☆ Eisenbahn-Special

Die Pyrenäen-Metro - nicht nur für Schienen-Fans ein Genuß

In Deutschland als **Pyrenäen-Metro** (aufgrund der Stromschiene wie bei einer Untergrundbahn), dort aber als *Le Canari* (nach der ursprünglich rein gelben Farbe) ist die urige rot-gelbe **Ligne de Cerdagne** bekannt. Sie schließt in Villefranche en Conflent-Vernet les Bains an die von Perpignan kommende SNCF-Strecke an und führt über den höchsten SNCF-Bahnhof (Bolquere, 1.593 m NN) nach **La-Tour-de-Carol** (Auslandskursbuch-Strecke 25 042).

Die Strecke durch das **Tal des Tet** von 427 m NN über mehrere imposante Talübergänge endete ursprünglich vor der spanischen Enklave Llivia bei Bourg Madame. 1928 wurde dann der Anschluß an die Hauptbahn Toulouse-Barcelona erstellt, der heute am supermodernen *Sonnenofen von Odeillo* vorbeiführt (SNCF, Elektro, 1.000 mm, 62,6 km).

Sollte es besser zum Anreisekonzept passen, so besteht natürlich auch noch die Möglichkeit, ab **Toulouse Matabiau** direkt nach La-Tour-de-Carol zu kommen. In beiden Fällen ist der Verkehr allerdings nicht sonderlich dicht.

Dafür wird man auf der Weiterfahrt auf nordspanischer Seite reichlich entschädigt. Ob mit oder ohne Abstecher (per Bus) nach Andorra, es bietet sich die Fahrt über die RENFE-Strecke Puigcerda-Barcelona an, die zu vielen Stopps einlädt (13 km, 1.000 mm): In **Puigcerda** (1.200 m NN) erlebt man bei einem Stadtbummel das Rathaus aus dem 15. Jh. und die Plaça Mayor mit Laubengängen (Tourist Info: Querol Rathaus, Tel. 17 520; Hotel Estación, Plaça de Calvo Sotelo, Tel. 880 350). Im folgenden Wintersportort **La Molina** - einem fast schweizerischen Bergdorf - lohnt sich das Aussteigen zum Wandern. Leider gibt es in den Pyrenäen nicht mehr solcher Bahnen. Oder man macht noch einen Abstecher:

Die wildromantische **Elektro-Zahnradbahn** der FGC von **Ribas de Freser nach Nuria** führt zu Spaniens höchstgelegenem Bahnhof (13 km, 1.000 mm, nicht ganz billig). Inzwischen gibt es moderne Schweizer Fahrzeuge auf der einzigen **Zahnradbahn** Spaniens. Zur Freude der Touristen und Bahnfans kommen im Museumsbetrieb auch die alten Fahrzeuge mit 30 bzw. 15 km/h (Zahnstange) zum Einsatz. Auch eine Dampflok hat man inzwischen, die aber ursprünglich hier nie gefahren ist. Oben sind nur noch wenige Häuser und die Wallfahrtskirche von Nuria, weshalb auch immer wieder größere Touristengruppen hinaufgekarrt werden, dann besser auf den Folgezug warten - es verkehren Bedarfszüge; unbedingt versuchen, den Platz auf der Plattform neben dem Lokführer zu bekommen. So läßt sich die Bergfahrt am besten genießen.

Weiter nach Ripoll, wo ein altes Kloster mit vielzähligen Figurendarstellungen im Torbogen lockt. Hier werden Szenen aus dem Film *Der Name der Rose* wieder lebendig ...

Noch ein Zwischenstopp könnte die Stadt **Vic/Vich** werden. Nettes, wohlhabendes Städtchen mit lebhafter Plaça Mayor, vor allem aber - wenn die Zeit reicht - lohnt ein Ausflug zum Stausee des Ter, ca. 3 km vor der Stadt. Wilde Gegend, mit Nahverkehrsbussen zu erreichen. Vielleicht zur Stärkung dann eine regionale Spezialität Kataloniens, *Schweinsfuß im Ofen gebacken*. Ankunft der RENFE-Züge ist dann in **Barcelona-Plaça de Catalunya** oder im Bahnhof **Central-Sants**.

In umgekehrter Richtung ist die Fahrt Barcelona-Puigcerda auch als **Hin-und-zurück-Ausflug** gut machbar, läßt sich also für alle, die sonst mit dem Auto unterwegs sind, ebenso verwirklichen.

☆ Eisenbahn-Special

Die FGC - Ferrocarriles de la Generalitat des Catalunya

Nicht nur möglicherweise, sondern tatsächlich so bezeichnet, wird die **Katalonische Nationalbahn** praktisch als *Staatsbahn* beschrieben. Nur ist Katalonien natürlich kein Staat, sondern eine autonome Region. Auch hier zeigt sich jedenfalls die überaus starke Orientierung auf den Autonomiegedanken, der selbst die Eisenbahn erfaßt. Es besteht zwar kein zusammenhängendes Netz, die Streckenteile sind aber jeweils für sich durchaus von Bedeutung (FGC, 206 km). Allerdings wird nicht nur durch die *Insellage*, sondern auch durch die völlig unterschiedliche Technik die Geschichte der einzelnen Strecken bis heute sichtbar.

Da ist einerseits die oben beschriebene einzige Zahnradbahn Spaniens, als **Bergbahn von Ribes de Freser** an der RENFE-Hauptstrecke Barcelona-Puigcerdá.

Schließlich gibt es die Regionalbahnen ab Barcelona-Plaça de Espanya nach **Martorell-Manresa** und nach Igualda (137 km, teilweise elektrifiziert, 1.000 mm). Teile dieses Netzes dienen nur dem Güterverkehr.

Eine leistungsfähigere Strecke führt ab Barcelona-Plaça de Catalunya nach **San Cugat-Tarassa** und nach **Sabadell.** Diese Strecken sind - welch ein Zufall - in europäischer Normalspur angelegt, könnten also später mal zum *Gesamtnetz* passen (56 km, 1.435 mm). Als U-Bahn in Barcelona stellt dieser Zweig auch eine gute Verbindung zur **Tranvia Blau** her (vgl. Barcelona), der Straßenbahn, die zur **Standseilbahn** auf den Aussichtsberg Tibidabo führt.

Die FGC hat vor allem 1993 und 1994 erheblich in ihr Rollmaterial investiert, so daß man sich das moderne Angebot durchaus mal anschauen sollte.

ANDORRA

Wer das kleine Pyrenäenland auch gleich *mitnehmen* will, der plant das **Principat d'Andorra**, den zwischen Frankreich und Spanien mitten im Herzen der Pyrenäen gelegenen Zwergstaat, ein (40.000 EW, 468 qkm).

Der Legende nach gründete Kaiser Karl der Große Andorra aus Dankbarkeit dafür, daß die Bewohner dieser Täler sein Heer im Kampf gegen die Araber geführt hatten - und nach dem Fremdenverkehrs-Prospekt ist Andorra einer der ältesten Staaten der Welt. Durch Urkunden sichergestellt ist jedenfalls, daß Andorra als souveräner mittelalterlicher Lehensstaat unter der Hoheit des Bischofs von Séu de Urgell (Spanien) als Vertreter des Papstes und des französischen Staatspräsidenten als Nachfolger des Grafen von Foix geführt wird. Heute sind es die Zollfreiheit, die alljährlich etwa 15 Mio. Touristen, und die Steuerfreiheit, die zahllose Investoren in den Zwergstaat locken. Aus der einstigen abgeschiedenen Idylle ist hektischer Rummel geworden. Das vielzitierte *reizvolle Paradies* ist nurmehr in den abgelegeneren Talbereichen (24 freie Wanderhütten) und auf den bis zu 3.000 m hohen Gipfeln - am besten zu Fuß - zu finden. Die sieben andorranischen Gemeinden bestehen quasi nur noch aus Geschäften, Ferienwohnungen und Hotels, Hotels ... Die Hauptstadt ist **Andorra La Vella** (16.000 EW).

Anfahrt: Von Frankreich: Über die Paßstraße auf 2.400 m! Bis Ax-les-Thermes, Hospitalet-près-l'Andorre oder La-Tour-de-Carol (vgl. Eisenbahn-Special zu Katalonien). Von jedem dieser drei Bahnhöfe aus bestehen Busverbindungen nach Andorra. Von Spanien: von Barcelona bis Puigcerdà und dann mit dem Bus über La Seu d'Urgell.

Tourist Information

Ministerium für Tourismus und Sport, Casa de la Vall, A. La Vella, Tel. 062/21234 oder Tourist Info A. La Vella, C/Doctor Vilanova, Tel. 062/20214. Fernwahl wie Frankreich 0033.

Sprachen: katalanisch, span., franz.

Währungen: keine eigene; Zahlungsmittel sind Pesetas und Francs.

Einkaufstips: Trotz der Zollfreiheit recht teuer; relativ günstig sind technische Geräte, Tabakwaren und alkoholische Getränke. Ansonsten geringe Kaufkraft.

Essen: Unbedingt probieren: *trinxat*, aus Kartoffeln und Grünkohl, Gemsen- und Hasenragout, gebratenen Forellen.

Übernachten: Neben den teuren (35.000!) Zimmer sind 26 recht schöne (meist über 1000m NN) Campings eingerichtet. Am preiswertesten die in Canillo, La Massana und Ordino.

Sehenswürdigkeiten: Modernes *Centre de Congressos i exposicions* mit Ausstellungen und Veranstaltungen, A. La Vella, Placa del Poble. Eis-Palast *Palau de Gel* in Canillo, mit Sporteinrichtungen wie Bad, Tennis, Squash und Kino. Das Nationalheiligtum von Meritxell und das historische Gemeindehaus *Casa de la Vall*. Wanderwege, empfehlenswert der neue G.R. 75 bis auf 2.395 m.

ARAGÓN

Das alte Königreich

Dieses einstige Königreich, dem es sogar einmal gelang, das Mittelmeer zu beherrschen, ist heute eine der größeren Autonomien Spaniens. Es besteht lediglich aus drei weitläufigen Provinzen: Huesca am Rand der Pyrenäen und in alter Nachbarschaft zu Katalonien, Zaragoza, die Dreiecksregion um die alte Königsstadt und Teruel weiter südlich, das schon nicht mehr zu Nordspanien zu rechnen ist. Die Region mit eindrucksvollen, kontrastreichen Landschaften von den Pyrenäen über das Ebrotal bis zur Iberischen Hochebene steht trotz reicher Folklore und alten Städten fast ein wenig im Schatten gegen die überaus reichen Nachbarregionen.

Zaragoza ist die Hauptstadt Aragóns. Es liegt am Ebro und ist immerhin eine der wichtigsten Städte Spaniens. Von großer Bedeutung war es auch in den Zeitabschnitten der Römer- und Araberherrschaft. In seinen Museen sind wertvolle Sammlungen zu sehen. Zu den wichtigsten Baudenkmälern in der Hauptstadt gehört die mittelalterliche Kathedrale. Huesca liegt in den Ausläufern der Pyrenäen in landschaftlich sehr schöner Lage. Hier zeigt sich besonders, daß Spanien nicht nur ein Sommerland ist. Teruel dagegen unterstand noch lange Zeit den Arabern. Es bietet deshalb noch eine Reihe von hervorragenden Bauten, die aus der Mudéjar-Schule hervorgegangen sind.

Zaragoza

Die Stadt Zaragoza wird gerne etwas pathetisch als *Herrin der vier Kulturen* angekündigt (550.000 EW). Aber es ist durchaus etwas Wahres dran. Im iberischen *Salduba* wurden bereits Münzen geprägt. Am gleichen Platz gründeten im Jahre 24 v.Chr. ehemalige Legionäre die römische *Friedensstadt Cäsaraugusta.* Sie lebt heute noch in den alten Stadtmauern fort. Das reiche und kultivierte arabische *Sarakosta* errichtete im 11. Jh. den herrlichen Palast der Aljafería, und schließlich entstand im Jahr 1118 das christliche *Zaragoza*, die Hauptstadt eines bedeutenden mittelalterlichen Königreiches, das später auf Grund der Eheschließung seines Königs Ferdinand mit Kastilien verschmelzen sollte.

Zuvor verfaßten hier der Keltiberer Martial seine lustigen und dreisten Epigramme und Prudentius Clemens seine lyrischen Gesänge zu Ehren der Märtyrer. Die aragonischen Könige führten ihre Heere nach Valencia und den Balearen, ins östliche Mittelmeer und nach Navarra und Kastilien. Die Blütezeit des strengen und nüchternen romanischen Stils brach an, und Baumeister und Maurer aus Zaragoza führten den Mudéjarstil zu großer Schönheit und Vollkommenheit. Im Jahre 1473 wurde in Zaragoza die erste spanische Druckerei eröffnet. Es war ebenfalls ein Aragonier, Luis Santángel, der einen großen Teil des für

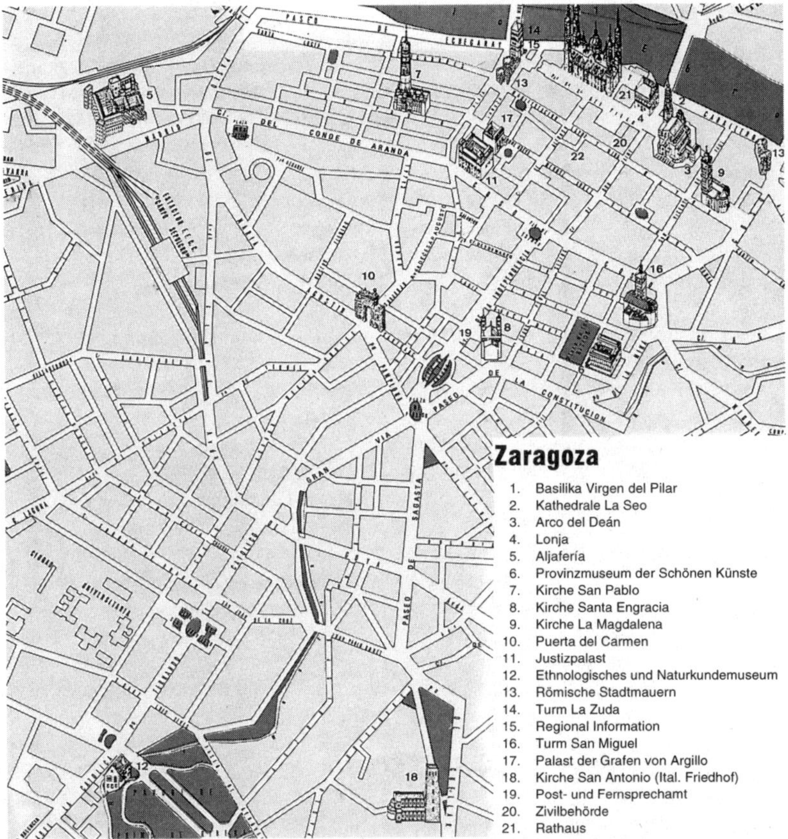

Zaragoza

1. Basilika Virgen del Pilar
2. Kathedrale La Seo
3. Arco del Deán
4. Lonja
5. Aljafería
6. Provinzmuseum der Schönen Künste
7. Kirche San Pablo
8. Kirche Santa Engracia
9. Kirche La Magdalena
10. Puerta del Carmen
11. Justizpalast
12. Ethnologisches und Naturkundemuseum
13. Römische Stadtmauern
14. Turm La Zuda
15. Regional Information
16. Turm San Miguel
17. Palast der Grafen von Argillo
18. Kirche San Antonio (Ital. Friedhof)
19. Post- und Fernsprechamt
20. Zivilbehörde
21. Rathaus
22. Museum Camón Aznar

die Reisen des Kolumbus notwendigen Geldes vorstreckte.

Unter der Herrschaft des österreichischen Königshauses entstanden architektonische Meisterwerke wie die **Kathedrale La Seo** und die **Lonja** (Börse). Die Kathedrale Le Seo aus dem 14. Jh. ist eine fünfschiffige gotische Kirche, die mit Elementen der Renaissance, der Platareske und des Barocks weitergebaut wurde. Was die wirtschaftliche Lage anbetrifft, so sind die Bewässerungskanäle, vor allem der kühne Bau des Kaiserkanals Imperial de Aragón, sowie die Ausweisung der Mauren und der damit verbundene Verlust an Handwerkern und Gemüsebauern als besonders bedeutende Ereignisse hervorzuheben. Das 17. Jh. brachte bedeutende Vertreter der Literatur wie Baltasar Gracián und die Brüder Argensola hervor.

In der Bourbonenzeit erlangte Zaragoza auf Grund seines heldenhaften Widerstandes im spanischen Unabhängigkeitskrieg auch politisch besonderen Ruhm.

Zaragoza verfügt heute natürlich über die weitläufige industrielle Prägung einer modernen Großstadt, deren Bedeutung in Wirtschaft und Handel in Nordspanien herausragend ist. Den besten Ausdruck findet dies in der jährlich im Oktober veranstalteten Nationalen Mustermesse. Als Großstadt bietet es aber auch die typischen volkstümlichen Stadtviertel, die sich für einen Bummel durch das echte Stadtleben lohnen, wie *La Seo* und *El Tubo*, die auch für das Abendleben stehen.

Im Mai finden die **Fiestas de Primavera** (Frühlingsfeste) statt, auf denen alle zwei Jahre eine Ausstellung spanischer Gemälde und Skulpturen veranstaltet wird. Das größte Fest der Stadt verbindet sich mit der **Virgen del Pilar**, der bei dieser Gelegenheit reiche Blumengeschenke dargebracht werden. Der Umzug des *Rosario de Cristal* sowie verschiedene Maskenumzüge und Darbietungen aller Art gehören zu diesem Fest, das zur Veranstaltung von touristischem Interesse erklärt wurde. Es steht in engem Zusammenhang mit der Marienverehrung, die sich mit der gleichnamigen Figur in der Kirche Nuestra Señor del Pilar verbindet. Von diesem religiösen Ausgangspunkt nahmen auch die blutigen Christianisierungen Südamerikas und die damit verbundene *geschichtliche Mission* ihren Anfang. Immerhin ist bis heute das Fest der Pilar auch gleichzeitig der weltweit in spanischsprachigen Ländern abgehaltene Nationalfeiertag *Fiesta de la Hispanidad*, der 12. Oktober. So ist es auch naheliegend, daß die Basilika El Pilar eine wichtige Wallfahrtskirche ist. Wer sie besucht wird dort neben einer klassizistischen Fassade und drei gewaltigen Kirchenschiffen auch Gemälde von Goya und Bayeu finden. Eine andere interessante Kirche ist San Pablo im Mudéjarstil. Beherrschend ist der 60 m hohe Turm.

An Museen lohnt vor allem das **Provinzmuseum der Schönen Künste**. Zu seinem Schatz gehören archäologische Sammlungen, römische Mosaikbilder, Werke früher aragonischer Maler, vor allem jedoch Gemälde von Goya, El Greco, Ribera u.a. Im Ethnologischen Museum werden Trachten und Keramiken aufbewahrt. Eine Sammlung wertvoller Brüsseler Gobelins aus dem 14. bis 16. Jh. gibt es im Cabildo.

Schließlich gibt es noch eine Reihe stattlicher Paläste. Die Maestranza im Herzen der Altstadt ist ein Renaissancepalast aus dem 16. Jh. mit wertvollen Täfelungen. Die Paläste von Azara und Pardo bieten dazu herrliche Innenhöfe. Und im Sommerpalast der maurischen Herrscher, in der Aljafería, sind besonders typische Täfelungen erhalten geblieben. Schließlich gibt es noch zwei nennenswerte Türme: der Torre del Trovador und, als Überrest der Mudejarenburg Zuda, der Turm im Mudéjarstil, mit der Regional Info.

Tourist Information

Plaza del Pilar, Tel. 201 200; Torreón de la Zuda, Glorietta Pío XII., s/n, Tel. 393 537 und am Hauptbahnhof, Tel. 284 400.

∆ Unterkunft in Zaragoza

Hostal Plaza del Pilar 14, Tel. 294 830, DZ ca. 4.000 Ptas.
Hostal Paraiso, P. Pamplona 23, Tel. 217 608, DZ ca. 6.000 Ptas.
Pensión Rex, C. Méndez Nuñez 31, Tel. 392 633, DZ ca. 4.000 Ptas.
Fonda Satué, C. Espoz y Mina 4, 2.Stock, Tel. 390 709, DZ ca. 3.000 Ptas.
Camping Casablanca, Ctra. N. II Madrid-Frankreich, Tel. 330 322, ca. 600 je P. und je Auto.

Die Provinz Zaragoza

Die Provinz umschließt eine fruchtbare Gegend, in der sich die von der kantabrischen Küste zum Mittelmeer und die von den Pyrenäen und der Mittelmeerküste zur Meseta führenden Straßen kreuzen. Die 17.194 Quadratkilometer große autonome Region bildet ein Dreieck, dessen Schenkel im Norden an die Pyrenäen, im Westen an die iberischen Gebirgsketten mit dem Moncayo und im Osten an das katalanische Küstengebirge grenzen. Sie besitzt immerhin eine ausgesprochene Vielfalt an Landschaften: von Tälern und Schluchten durchzogene Gebirgsketten in der trockenen Zone, die Ausläufer der Pyrenäen im Norden mit dem schneebedeckten **Moncayo** (2.313 m), die Ebenen von Las Cinco Villas, in denen vor allem Getreide angebaut wird, die öden Gegenden von La Violada und Los Monegros, die fruchtbaren Täler des Gallego, des Jalón und des Jiloca und schließlich die Hochebenen zwischen Almunia und Cariñena und Belchite.

Die unterschiedlichen Machtverhältnisse haben auch in der gesamten Provinz in Bauten und Kunst nachhaltige Spuren hinterlassen. Aus der vorgeschichtlichen Zeit stammen der Cabezo de Monleón in Caspe und die iberischen Mauern von Belmonte. Römische Bauten sind in Fabara, Caspe, Sádaba und Chiprana erhalten. Römer errichteten die Wälle von Muel und Almonacid de la Cuba.

Aus der **Römerzeit** stammen auch die Ruinen von Bilbilis und die Überreste der Bäder von Sádaba mit Thermen, Aquädukt und Säulen sowie die konstantinischen Sarkophage von Castiliscar und Zaragoza. Ein Erbe der **Araber** ist der unvergleichliche Palast der Aljafería in Zaragoza. Aus der **Romanik** stammen das Tympanon der alten Kirche El Pilar und der untere Apsisteil der Kathedrale La Seo, vor allem aber die bedeutenden Gebäudekomplexe von Cinco Villas, Luna und Daroca. Beispiele des **Mudéjarstils** sind die schönen Türme der Kirchen La Magdalena, San Gil, San Miguel und San Pablo in Zaragoza und die Kirchtürme von Calatayud Tauste, Ateca und Utebo. Aus derselben Epoche stammen die Mauer von Los Luna, die Kuppel und die Decke der Parroquieta in der Kathedrale La Seo, die Kirchen von Cervera de la Cañada und Maluenda und die herrliche Kathedrale von Tarazona. Die Klöster von Veruela, Rueda und Piedra sowie die Stiftskirche von Caspe sind Beispiele für den Zisterzienserbaustil des 13. Jh. **Gotisch** (13 bis 16. Jh.) sind Gebäudeteile der Kathedrale La Seo und der Kathedrale von Tarazona, die Stiftskirche von Daroca und die Kirchen von Ambel und Sádaba. Hinzuweisen ist auch auf die Burg von Mesones de Isuela und das Kloster des Santo

Sepulcro in Zaragoza. Der beispiellose Reliquienschrein der *Corporales* (Meßtücher) in Daroca und die Prozessionsmonstranz der Kathedrale (La Seo) treten auf Grund ihrer Emailarbeiten und Juwelen besonders hervor. In der Lonja (Börse), in der Kirche Santa Engracia die zwei interessante altchristliche Sarkophage birgt, in der Kirche Santa Lucía und in Gebäudeteilen der Kathedrale (La Seo) ist der Renaissancestil vertreten.

Das Ufergebiet des Ebro

Auf der Landstraße 232 gelangt man 40 km nach Zaragoza an eine Abzweigung, die über Gelsa in die Nähe von Escatrón führt, zu dessen Gemeinde das Kloster Rueda gehört, das ungefähr 70 km von Zaragoza entfernt am Ufer des Ebro liegt und in den ersten Jahren des 13. Jh. begonnen wurde. In der Kirche, dem Kreuzgang und dem Refektorium herrscht der Übergangsstil von der Romanik zur Gotik vor. Als schönster Teil des Klosters gilt der gotisch-byzantinische Kapitelsaal. Über die Landstraße 232 kommt man nach Azaila, um dann über die Provinzstraße 221 nach Caspe zu fahren. Der schon fast an der Grenze der Provinz Zaragoza gelegene Ort ist berühmt wegen seiner vorgeschichtlichen Funde und seiner Stiftskirche im Zisterzienserstil des 13. Jh.

Folklore und Küche

In der Provinz gibt es natürlich eine Reihe von **Festen**: das Fronleichnamsfest in Daroca, die Weinlese in Cariñena, das Obstfest in Calatayud und das "Fest des Olivenbaums" in Caspe.

In der Provinz Zaragoza sind noch viele alte Wohnhäuser des einfachen Volkes erhalten. Für das Handwerk hat die Keramikschule von Muel besondere Bedeutung. Man trägt hier noch immer die strengen, vornehm wirkenden alten Trachten und führt den sogenannten *dance* auf; volkstümliche Possen mit Dialogen zwischen Schäfern, Schlachten zwischen Mauren und Christen und Kämpfen zwischen dem Guten und dem Bösen, mit poetischen Vorträgen und Tänzen mit Degen, Stäben, Bögen und Bändern (in Zaragoza, Cetina, Ateca, Longares, Ambel und Tauste). Was die Volksmusik anbetrifft, so bietet die Provinz vor allem die überall bekannte, lebhafte *Jota*. Die Küche von Zaragoza ist einfach. Ihre Hauptbestandteile sind die ausgezeichneten Gemüse und Früchte sowie die herben Weine aus Cariñena, Borja, Paniza, Lécera und aus dem Jalón-Tal. Spezialgerichte sind Stockfisch *al ajo arriero*, Eier *al salmorejo* mit Spargel und Wurst aus Fuentes, Huhn *à la chilindrán*, Hammelfleisch *a la pastora*, *reeao* aus weißen Bohnen, Kartoffeln mit Reis, Lende *a la zaragozana*, die Süßigkeiten *turrones* und *roscones*, der wohlschmeckende junge Most und - wer's mag - die Schweinskutteln.

Huesca

Huesca, einst Urbs Victrix Osca der Römer und Cäsar treu ergeben, war während der Herrschaft der Muslime eine bedeutende **Festung**. Die Stadtmauer soll neunzig Türme gehabt haben. Davon ist heute nur der Turm erhalten, der in der Nähe der Kirche San Miguel steht. Pedro I. von Aragón war es, der Huesca den Arabern entriß. Mit dem Bau der gotischen Kathedrale von Huesca wurde Ende des 13. Jh. während der Herrschaft von Jaime I. begonnen. Die Arbeiten wurden im Jahr 1500 abgeschlossen. Die Hauptfassade hat am unteren Baukörper ein von vierzehn Statuen in Lebensgröße flankiertes Portal. Auf dem Tympanon ist die Jungfrau Maria mit dem Jesuskind zu sehen. Der Innenraum mit fast quadratischem Grundriß besteht aus drei Schiffen, dem Querschiff, fünf Apsiskapellen und Kapellen in den Seitenschiffen.

In der **Kathedrale** ist die Architektur vorrangig, ihr sind Bildhauerei und Malerei untergeordnet. Lediglich die Rückwand des Hochaltars, ein Werk von Damián Fornuent, das die Renaissance ankündigt, tritt durch ihren künstlerischen Wert hervor. Sie wurde bis 1533 aus Alabaster gefertigt. In der Mitte sieht man drei große Reliefs mit Passionsszenen. Marañon sagte von der Kathedrale von Huesca, sie sei die strengste Spaniens und "urbildliches Monument der aragonischen Seele". Der Kathedrale gegenüber steht das Rathaus. Im Inneren ist das monumentale Gemälde "Die Glocke von Huesca" von Casado del Aliscal zu finden. Diese beiden Gebäude waren jahrhundertelang die Pole, um die das Leben der Einwohner kreiste. Diese Institutionen organisierten gemeinsam Feste, darunter auch Stierkämpfe.

Huesca hat zwei sehenswerte **Museen**: das Bischöfliche Museum neben der Kathedrale stellt Wandmalereien im Übergangsstil von der Romanik zur Gotik und eine Anbetung der Heiligen Drei Könige in Alabaster aus dem 16. Jh. sowie Goldschmiedearbeiten aus. Das Archäologische Provinzmuseum, in der sog. Literarischen Universität eingerichtet, birgt prähistorische und römische Funde, frühchristliche Mosaiken und eine Reihe gotischer Gemälde, darunter Bilder des Meisters von Villanueva de Sigena.

Die 1354 von Pedro IV. gegründete **Literarische Universität** wurde über der arabischen Zuda (Festung) und dem alten Palast der Könige von Aragón aus dem 12. Jh. erbaut. Erhalten sind romanische Elemente neben dem Thronsaal, der düstere Kerker, in dem sich das auf dem Gemälde "Die Glocke von Huesca" dargestellte Morden abgespielt haben soll, und das Gemach von Doña Petronila.

Tourist Information

Coso Alto 23, Tel. 225 778.

Unterkunft in Huesca

Hostal El Centro, C. Sancho Ramirez 3, Tel. 226 823, DZ ca. 4.000 Ptas.
Hostal Fondevila, Ramón y Cajal, Tel. 220 024.
Pension Augusto, C. Aínsa 16, Tel. 220 079, DZ ca. 3.500 Ptas.

Die Provinz Huesca

Auch Huesca ist ein *Tor nach Spanien*, wenn auch ein eher "hinter dem Vorhang" der Pyrenäen liegendes. Die historische Festung Huesca, der einstige Wachposten Aragóns, "gebietet" heute über eine Provinz mit ganz unterschiedlichen touristischen Möglichkeiten. Die hohen Berge, die im steilsten Teil der Zentralpyrenäen aufragen, die herrlichen Täler, die sich wie ein Fächer in Richtung auf die fruchtbaren Ebenen im Süden öffnen, der künstlerische Reichtum der Kirchen, die geschichtsträchtigen Ruinen der Felsenburgen bilden das Mosaik, in dem Natur und Kunst sich recht harmonisch miteinander verbinden. Besonders reizvoll ist der Nationalpark Ordesa und Monte Perdido. Der Monte Perdido, mit 3.393 m der höchste Berg dieser Gegend, mit einem Wasserfall, der vom Gletscher kommt und in vielen kleinen Kaskaden ins Tal fließt, ist sehr beeindruckend. Das gilt aber auch für das Tal Pineta mit der Via Apia des Monte Perdido, auf deren Kamm sich riesige Mauern, die sogenannten Mauern von Marboró, und verschiedene kleine Wasserfälle befinden. Die Schluchten von Escuain mit dem rauschenden Fluß, der zwischen hohen und steilen

Felswänden hindurchströmt, das Tal von Añisclo mit seinen spektakulären Schluchten, seinen zahlreichen Steilwänden, seinen beeindruckenden Felsengebilden und dem Unterschlupf für Jäger, das Tal Ordesa mit den bekannten Wänden und überhängenden Felsnasen, die von der Erosion des Windes geformt wurden, der Fluß Arazats, der das Tal mit seinen spektakulären Wasserfällen durchfließt, die Wälder mit wilden Fichten, Schwarzkiefern, Eichen und Tannen sowie viele Gems- und Steinböcke und die einzige Herde von Pyrenäenbergziegen gehören dazu.

Im **Sommer** bieten die Täler von Ansó, Echo, Aisa, Borau, Canfranc, Tena, Broto, Bielsa, Gistaín, Pineta und Benasque die Gelegenheit, besonders interessante Ausflüge zu unternehmen, die zwischen Tannen- und Buchenwäldern und Haselnußsträuchern, durch das Gebirge, vorbei an blauen Gletscherseen (ibones) und über immergrüne, sonnenbeschienene Hänge verlaufen.

Im **Winter** ist in der Provinz Ski laufen angesagt, und zwar kann man zwischen dem klassischen alpinen Ski, dem Langlauf und den neuen "Abenteuerski"-Techniken wählen. Die pyrenäischen Skisportplätze liegen in drei Tälern: Im Aragón-Tal liegen die Stationen Asten und Candanchú, zugänglich auch von den Hotels in Jaca. Dieser Ort hat sich auch um die Organisation der Olympischen Winterspiele 1998 beworben. Im Tal von Tena liegen die Stationen Formigal und Panticosa. Formigal wurde ausdrücklich als Skisportzentrum angelegt, daher ist es "professionell" geprägt. Dagegen zeichnet sich Panticosa durch seine schöne landschaftliche Lage und sein dörfliches Gepräge aus. Vom Ort führt der Sessellift zur Skistation. Zu erwähnen ist auch das Heilbad Panticosa, zu dem eine Langlaufpiste und ein Hotel aus früheren Jahren gehören. Von hier aus können passionierte Bergsteiger durch landschaftlich sehr reizvolle Gegenden wandern und sich auch dem Skilanglauf widmen. Im Tal von Benasque liegt die Skisportstation Cerler in herrlicher Landschaft. Hier sind die Qualität der Dienstleistungen und der Zauber des Dorfes Cerler hervorzuheben. In der näheren Umgebung kann man die Langlaufbahnen von Baños de Benasque zu Füßen des Bergmassivs Maladeta-Aneto befahren und dabei die überwältigend schöne Landschaft genießen.

Feiern in Huesca

Hervorzuheben sind in Huesca die **Feste zu Ehren des Hl. Lorenzo**, die vom 9. bis 15. August mit Stierkämpfen, Folklore-Veranstaltungen, einem Karossenumzug und einer Prozession gefeiert werden. An letzterer nehmen Tänzer teil, die an den Pforten der Basilika San Lorenzo typische Tänze aufführen. In Jaca wird am ersten Freitag im Mai eine Wallfahrt veranstaltet, die an den Sieg der Christen über die Mauren erinnert. Das Folklore-Festival der Pyrenäen wird in den Jahren mit ungerader Jahreszahl in der ersten August-Woche abgehalten. Man könnte es als *Folklore-Olympiade* bezeichnen. Am 25. Juni, dem Namensfest der Hl. Orosia, werden von den Tänzern aus Yebra de Basa Tänze aufgeführt. Auch eine Prozession gehört zum Fest. In Graus treten auf dem vom 12. bis 15. September dauernden Fest zu Ehren des Santo Cristo und des Hl. Vinzenz Ferrer Tänzer auf, die die sog. *albadas* singen und typische Tänze aufführen. In Aínsa wird vom 13. bis 17. September das als Morisma bekannte Fest veranstaltet, eine Volkstheateraufführung, die den Sieg des von Garci-Ximenez befehligten Christenheeres über die Mauren behandelt. Der Überlieferung zufolge erschien den Christen über einer Steineiche ein Kreuz; dieses ist in das Wappen des Königreiches Aragón eingegangen.

In Ansó wird in der zweiten Augusthälfte der Tag der lokalen Volkstracht gefeiert. Wegen seiner Eigenart ist auch der Karneval von Bielsa zu erwähnen.

☆ Eisenbahn-Spezial

Mythen für Bahnträumer

Wer sich auf geheimnisvolle und schaurig-schöne Geschichten versteht und zudem noch ein wenig Herz für die Eisenbahn hat, dem sei - auch unter schwierigen Umständen - ein Besuch in **Canfranc Estación** unbedingt nahegelegt. Erinnerungen an Bayerisch Eisenstein werden wach - und trotzdem noch übertroffen!

Auf der Landkarte sieht es noch ganz zentral aus, doch wer die Verhältnisse näher betrachtet, der stellt fest, die Pyrenäen sind nicht nur ein kleines Bergland, sie sind ein richtiger Sperriegel. Und das ist bekanntlich gerade für die Bahn von großem Nachteil. So ist es verständlich, daß die effektivsten und meistgenutzten Bahnübergänge zwischen Frankreich und Spanien an den Küsten entstanden, wenn auch dort mit reichlicher Verspätung. Außer dem schon recht verwinkelt gelegenen Übergang zwischen Puigcerdá in Katalonien und La-Tour-de-Carol gab es aber trotzdem noch einen weiteren in den Zentral-Pyrenäen: Canfranc.

Ab Tardienta zweigt noch heute die Stichbahn der RENFE von der Hauptstrecke Zaragoza-Lleida-Barcelona ab, die über Huesca mit großem S-Bogen auf die Grenze zusteuert. Bereits 1853, lange bevor die Küstenbahnen fertig waren, dachte man schon an eine direkte Bahnverbindung zwischen Paris und Madrid über diesen Paß. Immerhin wäre der Weg über die Zentralpyrenäen der kürzeste gewesen. Doch der Planungsaufwand für die Verbindung durch Aragón und Béarn war beachtlich. Auch wäre nicht ohne größere Tunnels auszukommen gewesen, was in der Frühzeit des Bahnbaus noch Hemmungen verursachte.

So kam die Strecke zwischen Zaragoza und Pau doch erst später als die Küstenbahnen zustande. Immerhin trafen sich im Jahre 1915 die Bahnarbeiter im Tunnel von Somport. Gigantische Mengen von Steinen waren aus dem Berg geholt worden - schließlich war der Tunnel 7,8 km lang -, und das soll auch ein Grund gewesen sein für den überaus riesigen Bau des Bahnhofsgebäudes in Canfranc. Man hatte ja reichlich Baumaterial.

Der Betrieb kam nun tatsächlich in Gang, und eine Zeitlang hatte es so ausgesehen, als ob Canfranc seiner lange prophezeiten Bedeutung gerecht werden würde. Von Frankreich her gab es bald eine elektrifizierte Bahn, Indiz für die Bedeutung. Doch was an der einen Stelle für Modernität sorgt, bringt die andere ins Hintertreffen. An den Küstenstrecken wurden mit den Spurwechselanlagen und den dazu passenden TALGO-Zügen und Güterwagen seit Anfang der 60er Jahre die Durchlässigkeitsraten stark erhöht. Canfranc kam dagegen ins Hintertreffen. Hier wurde nichts mehr investiert. Es kam, wie es kommen mußte. Im März 1970 versank die Brücke des Estanguet auf französischer Seite in den Fluten des Flusses Aspe, und die Strecke war unterbrochen. Obwohl sich noch hunderte französischer Wagen im Bahnhof befanden und es sich immerhin um eine elektrifizierte Hauptstrecke handelte, nahm man diesen Schicksalsschlag zum Anlaß, die Strecke auf französischer Seite aufzuheben. Und eine Grenzbahn ohne Grenzübergang zieht nun mal keinen Verkehr mehr an.

So ist heute der Bahnhof von Canfranc nicht nur Endstation der ab und an bedienten RENFE-Strecke zu dem armseligen Bähnler- und Grenzort Canfranc-Estación. Sondern er ist auch ein riesiges, beinahe völlig verlassenes, pittoreskes Gebäude, umringt von einer stattlichen Bergkulisse und mit einem nur mit dem früheren West-Berlin vergleichbaren Gewirr von toten Gleisen. Die vornehmen Marmorsäle des Bahnhofes sind allerdings auch nicht mehr zu besuchen, denn es gibt zuwenig Personal, sie zu überwachen. So sind sie meist geschlossen.

Seit Jahren retten sich die wenigen Eisenbahner hier oben mit Illusionen und Legenden in die Vorstellung einer besseren Zukunft hier inmitten der wilden Berglandschaft, die doch eigentlich so zentral liegt. Erst in allerneuester Zeit gibt es einen Funken der Hoffnung. Die zentrale Lage wurde für die Ausbaupläne des Hochgeschwindigkeitszeitalters entdeckt. Die Zweigstrecke Zaragoza-Canfranc könnte stückweise in eine neue Zentralanbindung Frankreichs nach Spanien eingebunden werden. Zwischen Sabiñanigo und Lourdes könnte eine der leistungsfähigsten Trassen entstehen. Hinter der Planung steht die Autonomieregion Aragón, der Plan ist also nicht ganz aus dem Reich der Träume.

Allerdings, bei genauer Betrachtung wird es doch nichts werden mit der Neu-Einweihung des Bahnhofes Canfranc: Auch die Hochgeschwindigkeitstrasse braucht einen Scheiteltunnel. Mit 38 km Länge würden die Züge weit unter dem vorhandenen Bahnhof verkehren ...

NAVARRA

Im Mittelalter ein Königreich, ist Navarra heute noch eine *Comunidad Foral,* d.h. eine Gemeinschaft mit besonderen Rechten, die immer auf diesen besonders insistiert hat. Flächenmäßig eher eine kleinere Region, die nur aus einer Provinz besteht, grenzt sie direkt an Frankreich. Eingekeilt zwischen starken Mächten und Ländereien wie Frankreich, Kastilien (im Verbund mit Aragón), dem Baskenland, mit eigener starker baskischer Minderheit, hat es immer und immer wieder völligen Vereinnahmungsversuchen widerstanden: Begonnen bei den Römern, gegen die man aufsässig war, über die Heerzüge Karls des Großen, die sich hier im Gewirr der Regionalmächte aufgerieben haben, gegen Mauren und später deren Rechtsnachfolger, die vereinigte spanisch-kastilische Macht, stets hatte man seine ganz individuellen Rechte verfolgt und gewahrt. Nicht zuletzt im großen Bürgerkrieg stellte man sich schnell auf Seiten Francos und trieb einen Keil in die sonst radikal linken nordspanischen Regionen. Vielleicht weniger, weil man in Navarra zum Faschismus geboren war, als mehr um einfach gegen die Nachbarn zu sein. So ist es nicht verwunderlich, daß von der bedeutenden Rolle, welche die Provinz aufgrund ihrer strategischen Lage in der Vergangenheit spielte, zahlreiche Zeugnisse erhalten sind. In den Pyrenäen findet man dazu noch landschaftlich außergewöhnliche Gebirgsgegenden.

Navarra wurde aber auch schon als *Kontinent im Kleinen* beschrieben, weil das gerade über 10.400 qkm große Gebiet von der Natur, der Landschaft und den Leuten her sehr vielfältig ist. Angefangen von den nordöstlichen Tälern und ihrem milden Meeresklima sowie den Ausläufern der Pyrenäen his hin zu den fruchtbaren Ebenen im Süden, wo das Klima heißer und trockener ist. Das alte Königreich wurde 1515 nach der Eroberung von Pamplona zu einem Teil des kastilischen Reiches, doch die Navarresen behielten ihre Privilegien (fueros) und eigenen Institutionen, die später immer wieder der Verfassung angepaßt wurden.

Pamplona ist die Hauptstadt der Region. Diese Stadt wiederum ist in der ganzen Welt durch ihre Encierros oder Stiereintreibungen bekannt, die alljährlich am Fest des Hl. Fermín im Juli stattfinden. Pamplona ist sonst übers Jahr - was man kaum glauben möchte - eine eher ruhige, zurückhaltende Stadt.

In Navarra besitzt vor allem das Kunsthandwerk herausragende Bedeutung. Das läßt sich zum Beispiel bei der Herstellung von Holzgegenständen wie Truhen (kaikus) oder den berühmten, *hota* genannten Weinbehältern aus Leder beobachten, aber auch im heutigen Stil einer immer neuen Keramik oder Wandteppichherstellung.

Schließlich hat die Geschichte Navarra auch bautechnisch reich bedacht.

Hervorragende Romanik bieten z.B. das **Leyre-Kloster**, das Portal der Kirche Santa María la Real in Sangüesa, Nuestra Señora de Eunate mit ihrem achteckigen Grundriß, die Santiago-Kirche in Puente la Reina, San Miguel, San Pedro de la Rúa y San Juan und der Palast der Herzöge von Granada in Estella. Die Entstehung aller dieser Ortschaften ist auf die **Wallfahrt nach Santiago** zurückzuführen (vgl. Wegbeschreibung des Jakobsweges in diesem Band). Die Klöster Fitero, La Oliva, Iranzu und Irache, die Stiftskirche von Roncesvalles, der monumentale Komplex von Olite, der Kreuzgang der Kathedrale von Pamplona und das Gericht (Cámara de Comptos), auch in der navarrischen Hauptstadt, sind schließlich einige der schönsten Beispiele für die **Gotik** Spaniens.

PAMPLONA

- Die Hauptstadt von Navarra mit ihrer legendären "Fiesta de San Fermín" wird in der Wegbeschreibung des Jakobsweges (ab S. 108) beschrieben.

In der Provinz Navarra

Die Burg von Olite

Die Burg und der Königspalast von Olite, der zwischen dem 13. und 15. Jh. gebaut und 1940 restauriert wurde, ist ein beeindruckendes Bauwerk. Ein Teil des Gebäudes ist in ein staatliches Hotel (Parador) verwandelt und dementsprechend umgebaut worden. Auch die gotische Kirche Santa María neben der Burg verdient einen Besuch.

Die Täler Roncal und Salazar

Diese beiden Pyrenäentäler gehören zu den schönsten und malerischsten von Navarra. Von Roncal aus kann man auf Gipfel wie La Mesa de los Tres Reyes (2.438 m) klettern oder Sport treiben, wie Skilanglauf in der Landschaft des Belaguatals. Ochagavia im Salazar-Tal ist eine der typischsten Bergortschaften. Die La Selva del Irate genannte Wildnis, der Orhi-Gipfel (2.018 m NN) und die Remenedía-Region sind ein weiteres Muß für Naturfreunde.

Das Baztan-Tal

Das bedeutendste der westlichen Täler. Der botanische Garten im Señorío de Bértiz besitzt fast 120 verschiedene Baumarten. Die Zugarramurdi-Höhlen sind berühmt, weil die Hexen dort, der Legende nach, ihre nächtlichen Versammlungen mit dem Teufel hatten ...

TUDELA

Die zweitgrößte Ortschaft von Navarra ist das Zentrum einer wohlhabenden, landwirtschaftlich orientierten Region. Sie stand jahrhundertelang unter der Herrschaft der Muselmanen, und die winkeligen Straßen im Ortsbild sind darauf zurückzuführen. Die Kathedrale wurde im 12. und 13. Jh. erbaut. Unter den baukünstlerischen Elementen sind besonders das frühgotische El Juicio Portal und die Santa Ana Kapelle (18. Jh.) mit ihrer herrlichen Barockdekoration hervorzuheben. Man darf Tudela nicht verlassen, ohne *la menestra* probiert zu haben, eine Gemüsespezialität.

Tourist Information

Zugang: Calle Muro, Tel. 821 539.

LA RIOJA

Die Quelle des Weines

Jeder, der irgendwann einmal daheim, in seinem deutschsprachigen Kulturkreis, in einem spanischen Restaurant war, wird den Namen kennen: La Rioja, im europäischen Ausland praktisch das Synonym für spanischen Wein. Es wäre sicherlich nicht ganz fair, das einfach so stehen zu lassen. Selbstverständlich gibt es zahlreiche andere Weingegenden in Spanien, die aus den jeweiligen besonderen Umständen heraus auch einen besonderen Tropfen hervorbringen. Aber irgendwie ist etwas dran an dem "Vorurteil", sei es nun, weil der Wein aus La Rioja gerade besonders gut ist, sei es einfach deshalb, weil die Autonomia von La Rioja gerade eine recht kleine Region ist, wo Schwerpunkte nun mal immer ganz deutlich hervortreten. Nun denn, da die Spanier das "Vorurteil" selbst ebenfalls pflegen, stellen wir es nun in den Mittelpunkt: La Rioja, die Quelle des Weines.

In La Rioja war der Wein, bereits Jahrhunderte bevor sein Name zum ersten Mal im Stadtrecht von Miranda auftauchte, eine Grundlage des Reichtums, der dem Leben und der Kultur der Bewohner dieser natürlichen Gegend des Tals des Ebro seinen Stempel aufdrückte. Die Weinberge nehmen einen großen Teil der Nutzfläche des Landes ein, und die Weinanpflanzungen gelangten bis zu den Dörfern von Ezcaray im Hochlauf des Oja, bis zu Pazuengos, dem Tal von San Millan de la Cogolla, Soto de Cameros im Tal des Leza, Nestares im Becken des Iregua und bis zu den höher gelegenen Gegenden des Cidacos in Enciso y Munilla. Erst seit 1860, als man begann, große Weinkellereien für die Reifung der Weine zu bauen, und insbesondere als eine Folge des industriellen Aufschwungs, der Auswanderung und der Entdeckung der Reblaus in Sajazarra im Jahre 1899, nahm, wie überall in Europa im ausgehenden 19.Jh., die Zahl der Rebflächen ab. Der Anbau des Weines beschränkte sich auf die ebenen Zonen der Täler und das Ebro-Gebiet. Während dieser Zeit erfüllte der Wein die menschliche Tätigkeit der Bevölkerung von La Rioja und ist auch heute noch eine der wesentlichsten wirtschaftlichen Grundlagen der Autonomen Gemeinschaft von La Rioja.

Auch in der Neuzeit werden noch alle Werte hochgehalten, die dieses so geschätzte Erzeugnis bei der Bevölkerung der Gegend erzeugt hat. Feste, Gewohnheiten, Traditionen, Architektur, Folklore, ethnographische Elemente und sogar die Sprache gehen auf die Weinstöcke zurück, deren Rebholzreisig zum Feueranmachen, Heizung, Verstärkung der Dächer und in vergangenen Jahren sogar für Futterzwecke benutzt wurde. Die *crujas*, Schnaps mit Kirschen, Nüsse und eßbare Mandeln für den Winter, und die Trauben, Wein und Sektsorten.

Oben: Steinfiguren des Künstlers Manfred bei La Coruna unten: Unterwegs in den Rías Altas in Galicien

Die Weinberge in La Rioja

Die ersten Winzer in La Rioja pflanzten ihre Rebstöcke in weißem und kalkhaltigem Gelände, das dem Wein besondere Qualität verleiht, sowie in roter Erde und steinigen Landschaften, die Weintrauben mit kräftigeren Farben und mehr Gehalt an Alkohol gaben. Bis 1893 waren als Rebsorten u.a. die folgenden bekannt: *guarnacho* (Würztraube), *graciano*, *mazuela* und *tempranillo* (Frühtraube) für die roten Trauben, die den am meisten der Sonne ausgesetzten Teil der Weinberge einnahmen. Inzwischen sind jedoch in La Rioja die folgenden Rebsorten bekannt: *calagrano* (minderwertige Traubenart), *Miguel del Arco*, *turruntés* und *maturana* sowie diejenigen, die von den Weinzüchtern in der volkstümlichen Sprache Bezeichnungen erhalten haben wie *Teta de vaca* (Kuhzitze), *colgadera* (Hängetrauben), *cagazal*, *aramon*, *arbillo*, *granadina* (Grenadinetraube) etc. Ursprünglich benutzten die Weinbauern das System der Pflanzung in Form einer Decke, ohne daß dadurch eine regelmäßige Form entstand, die Überkreuzungen schuf mit Zwischenräumen von einem Meter, die auf die Tatsache zurückzuführen waren, daß die Weinberge ausschließlich mit der Hand bearbeitet wurden. Die methodische Entwicklung der Pflanzungen hat zu der gegenwärtig vorherrschenden Art des "Königlichen" Rahmens geführt, bei der als Maß die Furchen verwandt werden mit einer Trennung von mehr als 2 Metern zwischen den einzelnen Rebstöcken, obwohl gelegentlich auch Pflanzungen auf Lücke und in einer Linie anzutreffen sind, wobei je drei Rebstöcke ein Dreieck oder je vier ein Rechteck bilden. Das Flächenmaß in La Rioja ist die Fanega, die etwa dem 5. Teil eines Hektars entspricht, mit ihren 19 Ar und 2 Zentiar. Die traditionelle Abmessung der Weinberge erfolgt mittels der Zahl von Rebstöcken und trägt die Bezeichnung *peonade* oder *obrada* (dem Tagewerk eines Arbeiters entsprechend). Sie schwankt zwischen 150 und 300 Rebstöcken, je nach den einzelnen Zonen die von einem Arbeiter der mit der Hand arbeitet an einem Tage bearbeitet werden können. Die Benutzung von Zugtieren auf dem Lande und vor allem die Mechanisierung haben schließlich dazu beigetragen, die Weinberge in Straßen und in Furchen einzuteilen.

Das Eigentum befindet sich noch heute in den Händen von kleinen Besitzern und ist in Minifundien eingeteilt. Ferner bestehen noch Fälle von Pacht oder Teilpacht, wobei der Eigentümer die Hälfte des Weines erhält. In vielen Dörfern werden die Weinerntefeste und die Weinzubereitung in einem einzigen Weinkeller gemeinsam durchgeführt, und der Gewinn wird je nach der gelieferten Zahl von Trauben verteilt.

Weinernte und Weinbereitung

Das große Familienfest in La Rioja ist die Weinlese, eine in erster Linie überwiegend gastfreundliche Aktivität, die am letzten Tage mit einem Abendessen im Weinkeller endet. In den ersten Tagen des Herbstes entwickeln und beenden die Bewohner von La Rioja die Arbeiten eines ganzen Jahres. Es kommen die Weinleser, die entweder gegen Gehalt verpflichtet werden oder aber Unterhal-

oben: La Coruna, die "gläserne" Stadt unten: Das Städtchen Elgoibar westlich von San Sebastian

tung und Unterkunft bekommen, und das Zusammenleben mit den Mitgliedern der Familie und den Freunden ist eine Realität in der Zeit der Ernte. Die Trauben werden mit einer Art kurzer Sichel abgeschnitten, welche die Bezeichnung *corquete* trägt, sowie ferner auch mit gekrümmten Messern und Scheren. Die Trauben werden in Körben von je zwei Arrobas, aus Kastanienholz oder Gummi, eingesammelt, für die jetzt der Name *Cunacho* benutzt wird. Die Körbe werden zum schleppergezogenen Wagen gebracht, wie früher zum Handkarren, und werden in besonderen Holzgefäßen mit einem Gewicht von 120 kg zum Weinkeller transportiert, oder aber in dem Kasten des Fahrzeuges selber, der mit einer Kunststoffplane zugedeckt wird. Am Ende der Weinlese und der späteren Traubenlese mit dem Verbot des Eintritts der Viehherden in die Weinberge endet der Weinbauzyklus.

Der Prozeß der Weinzubereitung erfolgt im Weinkeller, der noch immer nach traditionellem Ritus in den Dörfern eröffnet wird. Natürlich wird die Ernte der großen Weinkellerbesitzer heute professionell verarbeitet. Das früher typische Bild eines Weinkellers im Erdgeschoß eines Familienbetriebes ist doch eher selten geworden. Moderne Verarbeitungsmöglichkeiten sind in neuen Gewerbebauten untergebracht, die zum Teil auch direkt an den Berghängen liegen. Immerhin bilden sie in der Erntezeit immer noch den wichtigsten Mittelpunkt des Lebens, weil im sog. "Weinkeller" auch stets ein Platz für eine Schankwirtschaft reserviert wird, die das Jahr hindurch besucht werden kann. Das ist der wirkliche "Tempel der Weinseligkeit" mit volkstümlicher Gastronomie.

In der Weinkellerei befinden sich der *Gärungssee* der Trauben und die Ablagen des Weines sowie die Fässer, Karaffen und anderen Geräte zum Umschütten. Die teilweise mit der Hand in den Felsen gehauenen Weinkeller sind besonders zahlreich, und ausgezeichnete Spezialarbeiter haben mit ihrem Pickel Beweise ihrer Kunst in Haro, Ollauri, Logroño, San Asensio, Cenicero, San Vicente de la Sonsierra etc. hinterlassen. Die Trauben füllen den See, und nach Ablauf von acht Tagen werden sie gekeltert, um Rotwein zu erhalten. Für die Bearbeitung des Rosés wird der Most am ersten Tage abgezogen. Während des Gärungsprozesses besteht die Gewohnheit, in den See etwas hineinzuwerfen, "um das Böse zu vertreiben" und damit der Wein keinen Schaum bildet. Gips, gekochte Quittenpaste, Feigen, Apfelstücke und in den Jahren, in denen die Traube besonders süß ist, Wasser, um den See zu regulieren, eine Operation, die den Namen *caparrear* trägt. Es werden jedoch häufig auch einzelne Stücke von Lammfleisch hinzugefügt.

Wenn ein Winzer aus La Rioja von seinem Wein sagt, daß er *etwas Französisches hat,* bezieht er sich auf die Epoche der Unabhängigkeitskämpfe und auf die Soldaten, die das Volk in den Seen der Weinkeller verschwinden ließ. Seit dem Mittelalter dürfen die Frauen die Trauben nicht mit den Füßen keltern, es sei denn, sie leiden an Frostbeulen! Das Weinmaß ist der Krug mit 16 Litern, und die Geräte für den Transport waren traditionell aus Holz. Nur in den Orten von Briñas und Treviana wurden große Tonkrüge mit einer Kapazität von 5 Holzkrügen benutzt. Die Handwerker, die in Beziehung zum Weinbau standen, waren stets die Töpfer für die Krüge, Trichter und Kübel, die Korbmacher, die Böttcher und die Küfer. Das hat sich natürlich geändert. Die neuen Verkaufssysteme haben zudem zum Verschwinden der alten Weinschläuche mit einem Fassungsvermögen von 4 bis 8 Krügen geführt.

Der Wein zu den Festen

Für das Verständnis der Bewohner von La Rioja ist der Wein nicht nur ein Getränk, sondern auch gleichzeitig eine Speise und eine Medizin. Der in der Weinlese gekochte Most wird in Mostsirup verwandelt und für die Kinder als Brotaufstrich für das Vesperbrot und als Nachspeise für die Erwachsenen benutzt. Wenn man dem Mostsirup noch getrocknete Früchte, Obst oder Quittenpaste und Mehl hinzufügt, erhält man den in den niederen Gegenden von La Rioja so beliebten *hormigo*. Der Wein in der Suppe, die Weinsuppe, war ein sehr beliebtes Essen für die Schnitter. Gekocht mit Obst, Feigen und getrockneten Obstschnitten ist der Wein eine besonders geschätzte Nachspeise bei festlichen Anlässen. Die Kinder aus La Rioja essen den Wein auf Brot mit Zucker besonders gern. Auf Anordnung des Tierarztes erhalten die Kühe einen Liter Wein nach ihrer Niederkunft. Warmer Mostsirup mit geröstetem Brot heilt die Erkältungen. Der Wein mit Brotkrumen und Kleie dient als Kataplasma gegen Lungenleiden. Und mit dem Wein bereitet man den *zurracapote* eine Art Sangria oder Bowle, der auf allen Festen in La Rioja unentgeltlich gereicht wird. Und schließlich dürfen unter den "Sondernutzungen" des Weins auch die Höhepunkte nicht vergessen werden: das große Weinfest, das in den Felsen von Bilibio gefeiert wird, und die *Weinschlacht* am großen Festtag von San Pedro de Haro.

Wein, Religion und Feste

Eine ebenfalls nicht alltägliche Wirkung erzeugte der jahrhundertelange Weinanbau auf die Volksgläubigkeit. Einer der charakteristischsten religiösen Akte ist die Darbietung des ersten Mostes des Jahres zu Ehren der Jungfrau von Valvanera, eine Zeremonie, die in El Espolón de Logroño am 21. September eines jeden Jahres gefeiert wird und das Herz der Rioja symbolisiert. Bei dieser Gelegenheit macht der Präsident der Autonomen Gebietskörperschaft das Geschenk im Namen der ganzen Bevölkerung von La Rioja. Es gibt kein Fest in den Weinbaugegenden, an dem die Trauben oder der Wein nicht im Mittelpunkt des Geschehens, in Dankbarkeit für die gute Ernte, stehen. In Baños de Río Tobía wird die Jungfrau de los Parrales besonders verehrt, und obwohl diese Art von religiösen Kundgebungen ein wenig an Bedeutung verloren haben mag, ist die Jungfrau der Weintraube in Fuenmayor noch immer ein gutes Beispiel. Bei den Septemberfesten besteht immer noch weitgehend die Gewohnheit, die Schutzheiligen mit Weintrauben zu schmücken, und überall stößt man auf die durch den Wein ausgelöste und gelöste Freude. Musterbeispiele sind das Weinerntefest von San Asensio und die volkstümliche *Weinschlacht*, die am 25. Juli in dieser *Wiege des Roséweins* gefeiert wird.

Regionen in La Rioja

Logroño

- Die ausführliche Beschreibung der Hauptstadt ist in der Wegbeschreibung des Jakobsweges enthalten (S. 112).

Die Untere Rioja

Der östliche Teil der Rioja wird von den Gegenden, die durch den Alhama und den Cidacos bewässert werden, gebildet. Der Cidacos kommt aus Soria und bildet ein fruchtbares Tal, das die Merkmale Aragóns besitzt. Er fließt durch Calahorra und Arnedo. **Arnedo** ist Mittelpunkt eines Gerichtsbezirks und zählt etwas über 10.000 Einwohner. Es liegt in gut 550 m Höhe und ist von einer fruchtbaren Ebene umgeben. Dieser Ort ist Sitz einer beachtlichen Schuhindustrie. In der ganzen Gegend blicken die Feste und Wallfahrten zu Ehren der "Virgen de Vico" auf eine lange Tradition zurück. Der Innenraum der Wallfahrtskirche ist im prunkvollen Barockstil ausgestattet. In der Umgebung von Arnedo liegen ausgezeichnete Jagdreviere.
Calahorra, nach Logroño die wichtigste Stadt der Provinz, ist mit ihren rund 17.000 Einwohnern eine altehrwürdige Bischofsstadt. Sie besitzt außer ihrer gotischen Kathedrale die Pfarrkirchen San Andrés, San Emeterio y Celedonio und Santiago. Von der mächtigen Mauer, die die Stadt umgab, sind nur Reste erhalten. In der Umgebung werden Olivenöl hergestellt und Paprika angebaut. Konservenfabriken verarbeiten die landwirtschaftlichen Produkte. Verschiedene Plätze und Gebäude der Stadt verraten einen starken Einfluß des Mudéjarstils.

🌐 Tourist Information

Mayor s/n, (Ayuntamiento),
Tel. 130 554.

Der Fluß Alhama entspringt, wie der Cidacos, im Gebirge von Soria, durchfließt die fruchtbare Rioja und teilt Cervera del Río Alhama in zwei Teile. Mehrere Brücken führen über den Fluß. Cervera hat ungefähr 5.000 Einwohner und liegt über 540 m hoch. Es besitzt zwei Pfarrkirchen: San Gil und Santa Ana.

Flußabwärts erhebt sich in der Nähe des Alhama auf einem Berg die Stadt **Alfaro**. Ein weites, von Weingärten unterbrochenes Getreideanbaugebiet umgibt sie. Die alte Stadt besitzt Klöster und schöne Kirchen, darunter Nuestra Señora del Burgo und die Stiftskirche San Miguel. Ihre Baudenkmäler sind durch die aragonische Kunst stark beeinflußt. Die Gegend erzeugt ebenfalls Wein und Obst. Alfaros geschichtliche Bedeutung ist auf ihre Lage als Grenzstadt gegenüber dem Königreich Navarra zurückzuführen.

Route durch die Obere Rioja

Wenn man die Provinzhauptstadt auf der Landstraße N-120 verläßt, kommt man nach rund 27 km in Nájera an, dem einstigen Hof der Könige von Navarra und der Residenz der Könige von Kastilien. Sein Kloster Santa María la Real steht unter Denkmalschutz; sehenswert sind das Pantheon der Könige, die Grabstätte von Doña Blanca de Navarra und der gotische Kreuzgang. Anschließend erreicht man Santo Domingo de la Calzada mit seiner Ende des 12. Jh. errichteten romanisch-gotischen Kathedrale. Diese Orte spielen als Stationen am Jakobsweg eine wichtige Rolle.

Ein weiterer Haltepunkt könnte Ezcaray sein, ein malerischer Sommerferienort in der Nähe des Berges San Lorenzo (2.305 m) inmitten ausgedehnter Pinienwälder mit der bedeutenden Wintersportstation Valdezcaray. In dieser Gegend können Rebhühner und Wachteln in großer Zahl angetroffen werden.

Nach Santo Domingo de la Calzada zurückgekehrt, sollte man Haro besuchen, das Zentrum der Rioja-Weine. In der Basilika Virgen de la Vega wird ein altes Standbild der Schutzpatronin verehrt. Sehenswert sind ferner die hochgotische Kirche Santo Tomás mit einem barocken Altar und plateresken Portal sowie die zahlreichen Adelshäuser und berühmten Weinkeller. Haro ist als Sommerferienort besonders beliebt. In 3 km Entfernung liegt Briñas, das "Tor zur Rioja", dessen Weinausstellung zu erwähnen ist. Über Briones mit seinem schlanken Barockturm, Cenicero und Fuenmayor mit den bekannten Weinkellereien geht es nach Logroño zurück.

Route durch die Sierra

Auf der bereits erwähnten Landstraße N-120 kann man eine neue Route einschlagen und nach dem Besuch von Nájera auch Anguiano, Viniegra de Abajo und Viniegra de Arriba, alles Sommerferiendörfer im Gebirge, kennenlernen. Montenegro de Cameros ist der Ausgangspunkt für Ausflüge zum Pico de Urbión (2.280 m) und zur Negra Lagune. Villoslada de Cameros zieht sowohl im Sommer als auch im Winter die Besucher an, vornehmlich ist es aber ein Wintersportort. Über den Paß Puerto de Piqueras (1.710 m) kommt man in das malerische Bergdorf Ortigosa und nach Torrecilla de Cameros, dem wichtigsten Ort in der Sierra de Cameros.

Die Rückfahrt kann am Fluß Iregua entlang erfolgen, in dem Forellen von ausgezeichneter Qualität heimisch sind. Über Islallana in einer imposanten aus zerbröckelten Felsen gebildeten Landschaft kehrt man durch ein üppiges Tal mit Tausenden von Obstbäumen nach Logroño zurück.

Route durch die Niedere Rioja

Mit dem Besuch der Niederen Rioja kann man in Calahorra beginnen, das auf der Landstraße N-232 knapp 50 km von der Provinzhauptstadt entfernt ist. Calahorra ist das berühmte Calagurris der Römer, in dem Quintilianus und Prudenz geboren wurden. In seiner Kathedrale ragen besonders die Innenkapellen hervor. Heute ist Calahorra Bischofssitz und Industriestadt mit bekannten Gemüse- und Obstkonservenfabriken. Der nächste Haltepunkt auf dieser Route ist Alfaro mit sehenswerten Adelshäusern und der Kirche San Miguel. Über Rincón de Soto und Aldeanueva de Ebro geht es nach Arnedo, einem Zentrum der Schuhherstellung, zum Kloster von Vico und nach Arnedillo mit seinen bekannten Thermalanlagen. Von dort wird die Rückfahrt nach Logroño angetreten.

EUSKADI - PAÍS VASCO

Das Baskenland

Natürlich geht es hier nicht nur um die *boina* (die Baskenmütze) und um den Terror der ETA. Wie die Geschichte und die Betrachtung der Regionen gezeigt haben, gründen die Wurzeln des Baskentums viel tiefer. Ohne Zweifel gelten die Basken als Ureinwohner der Iberischen Halbinsel.

Innerhalb Spaniens traten die Basken in der Vergangenheit stets als starke Persönlichkeiten auf: als Seefahrer, in Politik und Wirtschaft, in der Kirche. Trotz des unzerstörbaren Strebens nach eigener Freiheit und Autonomie identifizieren sich heute nur wenige Basken mit dem radikalen Teil der ETA. Die baskische-nationalistische Bewegung **PNV**, aktiv seit Anfang des Jahrhunderts, war natürlich unter General Franco verboten. Das bedeutete auch das Verbot der baskischen Sprache, der Fahne, der Volksmusik; selbst Versammlungen waren verboten. Dagegen "durften" die reichen, industriell geprägten baskischen Provinzen für Franco die faschistische Macht finanzieren. Darunter hatte man besonders zu leiden. So ist es leider verständlich, daß mit der ab 1966 aktiven **ETA** (Euskadi Ta Askatasuna - Baskenland und Freiheit) ein bewaffneter und gewaltsamer Kampf gegen Franco begann. Die gemäßigte PNV verlor viele ihrer jungen Anhänger, die ETA wurde jahrelang über das Baskenland hinaus auch von interessierten Kreisen im Ausland unterstützt. Das erklärt auch, warum sie seit nun fast 30 Jahren als terroristische Vereinigung überlebt hat.

Die Gewaltsamkeit der ETA, der Terror, der auch vor Menschenleben nicht halt macht, begann nach dem Schauprozeß von Burgos im Jahre 1970. Die ETA hat sich bis heute auf dieser harten Linie eingeschossen, liquidiert politische Gegner, nun auch vornehmlich außerhalb des Baskenlandes und fordert einen eigenen autonomen Staat. Nirgendwo in Spanien wird man so vielen schwerbewaffneten Polizisten begegnen wie hier. Für den Touristen heißt dies auch, politische Demonstrationen und größere Polizeigruppen zu meiden.

Das Baskenland in der Vorstellung der Basken besteht aus den fünf spanischen Provinzen Alava, Guipuzcoa, Navarra und Vizcaya und Labourde, Nieder-Navarra, Soule (Frankreich). Alle zusammen bilden *Euskadi,* das Baskenland. Aus dieser regionalen Aufteilung entstand auch die baskische Formel Zaspiak-bat, was *die Sieben sind eins* bedeutet und für die Unzertrennbarkeit des baskischen Volkes steht.

Die offizielle autonome Region Baskenland umfaßt jedoch nur die Provinzen Alava, Guipuzcoa und Vizcaya. Nachdem über Jahre Orts- und Hinweisschilder in spanischer Sprache einfach zerstört oder übermalt wurden, haben die Basken heute eine Art offizieller Zweisprachigkeit erreicht. In vielen kleinen Orten hat die baskische Beschilderung die spanische schon verdrängt.

Das Ende der Franco-Diktatur und die 1977 für die ETA-Kämpfer erlassene Amnestie führten dazu, daß auch immer mehr Basken das Ende des Terrors forderten. Die autonome Region wurde 1979 etabliert, die demokratisch ausgehandelte Autonomie garantiert eine Regierung und ein eigenes Steuersystem sowie die Förderung der baskischen Kultur und der baskischen Sprache.

Neben der ETA gibt es noch die radikalen Nationalisten, die sich in der Vereinigung *Herri Batasuna* (vereintes Volk) zusammenfanden, um einen harten Kurs, der sich weitgehend mit den ETA-Zielen deckt, zu verfechten. Die ETA und ihre Anhänger fordern die gänzliche politische Unabhängigkeit der Basken von Spanien und einen Baskenstaat, der auch die historischen Baskengebiete (Navarra und die südfranzösischen Regionen) mit einschließt.

Der Mehrheit der Basken geht es aber eher um eine volle Ausschöpfung der Autonomie und ein Leben in Frieden, und nicht um den undemokratischen Unabhängigkeitskampf mit Gewalt und Opfern.

Sport - der baskische Stolz

Doch es wäre grundfalsch, nur von Terror und Gewalt zu berichten. Ein Gebiet, auf dem die Basken zu recht ihren ganz persönlichen Stolz entwickeln, ist der Sport.

Das gilt z.B. für *klassische* Sportarten wie das Radfahren: Der spanische Radrenn-Star Miguel Indurain etwa ist Baske. Wie erwartet wurde der "Heilige Michael", San Miguel, 1994 Sieger bei der Tour de France. Das gelbe Siegertrikot hatte er dabei nicht zum ersten Mal in seiner Karriere davongetragen. Schon in früheren Jahren blieb er erster im Rennen und erzielte auch bei Einzeldisziplinen wie dem Zeitfahren weltweit unerreichte Werte: 49,034 Stundenkilometer Durchschnittsgeschwindigkeit auf 65 Kilometer! Das Baskenland mit seinen Pässen ist dabei ein ideales Trainingsgebiet. Wer's auch mal probieren möchte, hier seine persönliche Strecke: die N-135 von Villava in den Pyrenäen nach Burguete an der französischen Grenze.

Berühmt sind aber vor allem auch die typisch baskischen Spiele, wie das wichtigste, das *Pelota*-Ballspiel.

Die baskische Küche

Hier gibt es die leckersten Saucen und immer wieder neue Kombinationen von Meeresfrüchten und/oder Fisch: marmitako (Thunfisch mit Kartoffeln), Seehecht mit grüner Soße oder Tintenfisch mit schwarzer Soße, Sardinen oder wie wäre es mal mit einer Fischsuppe. Und die Basken sind Meister der "tapas": der kleinen Köstlichkeiten, die in den Bars auf der Theke schön appetitanregend angerichtet stehen.

DONOSTIA - SAN SEBASTIAN

1. Burg La Mota (Museum und Garten)
2. Museum San Telmo
3. Kirche San Vicente
4. Kirche Santa María
5. Peine de los Vientos
6. Aquarium
7. Kirche San Ignacio
8. Tourismusbehörde (Intern. Filmfestival)
9. Königlicher Nautik-Club
10. Rathaus
11. Landesregierung (Diputació Foral)
12. Fußballstadion Atocha
13. Spielcasino
14. Bahnhof Nord
15. Kathedrale El Buen Pastor
16. Post- undTelegrafenamt
17. Disco Perla del Océano
18. Palast Miramar
19. Bahnhof Amara
20. Busbahnhof
21. Zivilbehörde
22. Sporthalle Anoeta
23. Ballspielhaus Carmelo Balda
24. Radrennbahn Anoeta

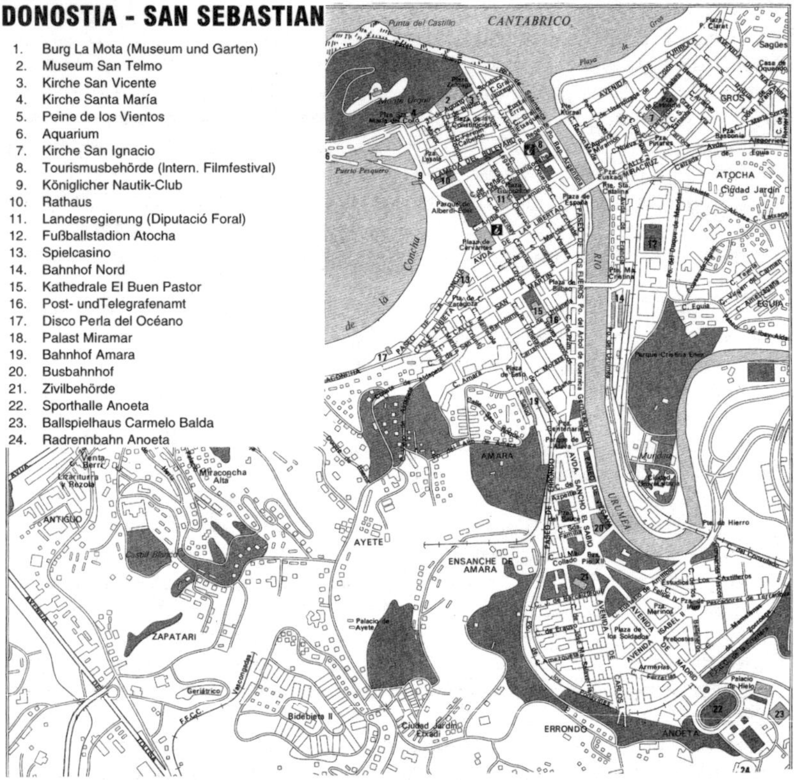

Donostia - San Sebastián

Die *Seemuschel mit der Perle* wird sie genannt, und eine Perle ist diese Stadt auch, die heimliche Hauptstadt des "Staates" Euskadi! Allabendlicher Trubel in der Altstadt, baskische Küche vom Feinsten in den unzähligen Bars und Restaurants, Faulenzen, Sonnen an den tollen Sandstränden, Spazierengehen auf den Hügeln der Stadt, und viele, viele junge Leute ...

Das einstige Fischerdörfchen am Fuße des Monte Urgull mauserte sich Ende des 19. Jh. zur Sommerresidenz des Spanischen Königshofes und strahlt seitdem, ähnlich wie die französische Schwesterstadt Biarritz, auch immer einen Hauch Exklusivität und Eleganz aus wie sich das für ein prominentes Seebad gehört (175.000 EW). Dies spiegelt sich zum Leidwesen der Traveller außer in den wunderschönen Belle-Epoque-Bauten auch im Preisniveau der Stadt wider.

So werden Superlative jeder Art hier geboten: Zentrum der Baskischen Küche, ein wirklich überragendes Festival-Programm, wunderschöne Natur sowie jede Menge Sehenswürdigkeiten. Dennoch ist bei allen Möglichkeiten San Sebastián klein genug, um es zu Fuß zu erkunden. Und wer tatsächlich irgendwann keine Lust mehr hat, der kann das wirklich gut ausgebaute Busnetz benutzen. Die heutige Hauptstadt der baskischen Provinz Guipuzcoa ist aber auch immer wieder ein Ort der Unruhe, wenn die Baskische Unabhängigkeitsbewegung ihre Aktionen plant.

Der Charme von San Sebastián entsteht durch die etwas protzige Architektur, die gerade den Hotel-Bauten entlang der **Strandpromenade** eigen ist. Namen wie "Londres" und "Nizza" für zwei besonders exklusive Häuser sagen schon viel darüber aus, wem sich der gehobene Fremdenverkehr der Stadt zugehörig fühlt: englischen Snobs und südfranzösischem Côte-d'Azur-Flair. Neben der Promenade ist die Altstadt der spezielle Sightseeing-Höhepunkt unterhalb des Monte Urgull. In engen Gassen, die z.T. sogar vom Autoverkehr befreit sind (eine Sensation in Spanien), spielt sich tagsüber wie nachts ein buntes Treiben ab. Der Markt an der Straße Fermín Calbeton lebt vor allem morgens, während die Gassen um die ehrwürdige Stadtbibliothek am Abend erblühen. In der Altstadt finden sich Hunderte von tollen Kneipen. Der Fischerhafen (Puerto de Pescadores) erfreut sich zwar noch reger Belebung durch Meeresfischer; allein die Bedeutung des Fischfangs ist in San Sebastián zugunsten des Tourismus stark zurückgegangen. Für den Reisenden wird dennoch der Puerto eine Anlaufstation sein, auch um in den zugehörigen Fisch-Restaurants die schmackhafte baskische Küche kennenzulernen.

Doch nun die bedeutendsten Sehenswürdigkeiten im einzelnen: Eine Stadt am Meer hat ihrer Lebensader immer viel zu verdanken. So steht auch hier das **Aquarium mit Meeresmuseum** (Muelle de Pescadores, Tel. 943/421905, Di-So) im Palacio del Mar südlich des Monte Urgull im Mittelpunkt. Im Aquarium sind eine Vielzahl von Meeresfischen und ebenso Meeresschildkröten zu bewundern. In der Ozeanographischen Abteilung werden ausgestopfte Meeresvögel, Interessantes zum Thema Walfang und ein kleiner Überblick über den Fischfang gezeigt. Im **Schiffsmuseum** wird anhand von Modellen u.a. versucht, die Geschichte San Sebastiáns als Seehafen darzustellen. Noch berühmter ist jedoch das **Casino**, Paseo de la Concha. Hier kann man dem Glücksspiel frönen in einem herrlichen Belle-Epoque-Bau, doch Vorsicht: das Geld für die Heimreise vorher bei Seite schaffen!

Etwas gelassener kann man die baulichen Sehenswürdigkeiten angehen. Als wichtige Kirche z.B. die **Iglesia de Santa María** in der **Calle Mayor**. Über dem Portal befindet sich eine Statue des Heiligen Sebastián, dem Schutzheiligen der Stadt. Spätestens hier wird erkennbar, daß dieser qualvoll durch einen Bogenschützen getötet wurde. Die Außenfassade wurde 1764 im Stil des Barocks umgestaltet, im Innern blieben jedoch die gotischen Kreuzrippengewölbe erhalten. Sehenswert ist auch der Flügelaltar von R. Michel. Die **Iglesia de San Vicente**, Calle 31 de Agosto, ist die älteste Kirche von San Sebastián, bereits 1507 wurde mit ihrem Bau begonnen, sehenswert sind Altar und Skulpturen aus dem 16. Jh. Die Kirchen sind nur während der Messe geöffnet.

Dafür kann den ganzen Tag über (10-20 h) zur **Insel Santa Clara** (ab Hafen) übergesetzt werden. Das hübsche Eiland ist die Perle, die vor der Muschel (Playa de la Concha) liegt, mit einem Leuchtturm. Alles überblicken kann man vom Monte Igueldo. Auf dem am Westende der Bucht von San Sebastián liegenden Berg findet man einen Vergnügungspark, Ausflugslokale sowie den einzigen Camping von San Sebastián im Örtchen Igueldo.

Um die **Zahnradbahn** zu erreichen, die auf den Berg führt, immer Richtung **Monte Igueldo** an der Playa de la Concha entlang und dann kurz vor den Tennisplätzen links, die Bahn fährt alle 15 Minuten (Mo-Fr 10-13, Sa/So 10-22 h).

Noch wichtiger ist der **Monte Urgull**. An seinem Fuß entstand das Fischerdorf, aus dem das heutige San Sebastián hervorgegangen ist. Ab der Kirche Santa María kann man, den Stufen folgend, auf den Gipfel des Monte gelangen, wo das Castillo de la Motta inmitten von Grünanlagen liegt. Es schaut hier oben sehr friedlich aus, so daß es nur schwer vorstellbar ist, daß hinter diesen Mauern einst politische Häftlinge eingekerkert waren. Das Museo Historico Militar wurde hier eingerichtet. Wer den Monte Urgull zu Fuß umrunden will, der folge immer dem Paseo Nuevo, der je nach Richtung einen zum Meeresaquarium oder zum Museo de San Telmo führt. Noch ein dritter Berg, der Monte Ulia, liegt östlich der Stadt direkt am Meer und ist 230 m hoch. Für alle, die dem Stadttrubel entfliehen wollen, ein idealer Platz zum Spazierengehen inmitten von Pinien. Oben gibt es Aussichtsterrassen und ein Restaurant.

Zu den wichtigsten Bauten gehört der **Palacio Miramar** am westlichen Ende des Parque Alderdi-Eder, auf einem Felsvorsprung gelegen, der die **Playa de la Conche** von der **Playa de Ondarreta** trennt. Der historische Bau von 1893, der vom englischen Architekten Selden Wornum für die Königin María Cristina errichtet wurde, war offizielle Sommerresidenz des Spanisches Hofes. Heute befinden sich Park und Palais im Eigentum der Stadt und sind für jeden zugänglich.

Ebenso die **Plaza de la Constitución**, der schönste Platz der Stadt. 1827 angelegt, wurde er früher als Stierkampfarena genutzt. Die Plaza wird von allen Seiten mit Häuserfronten umgeben, deren Balkone und Fenster als Zuschauerplätze dienten, was man an den numerierten Schildern erkennen kann. Heute ist der Platz Ausgangspunkt für das allabendliche Treiben in der Altstadt.

Der Kulturtempel San Sebastiáns ist das **Teatro Victoria Eugenia**, Calle Reina Regente. Hier finden Opern-, Ballett- und Theateraufführungen statt sowie das Internationale Filmfestival. Es wurde zu Beginn des 20. Jh. erbaut und beeindruckt noch heute mit seiner Pracht. Ein wahres Meisterwerk für Belle-Epoque-Liebhaber.

Nach diesen Sights vielleicht noch ein paar pfiffige Museen: Das **Museo del Whisky**, Taberna Museo del Whisky, Alameda del Boulevard 5, ist für jeden Whisky-Freund ein unbedingtes Muß! Das Museum kann einen Bestand von rund 2500 Flaschen Whisky aufweisen, worunter sich viele legendäre Sorten befinden. Traditioneller ist dagegen das **San Telmo Museum**, Plaza Ignacio Zuloaga 1, Tel. 943/424970, Mo-Sa). Es befindet sich in einem ehemaligen Dominikanerkloster, das zwischen 1544 und 1562 erbaut wurde. Das Museum verfügt über eine archäologische Sammlung, besonders interessant sind die baskischen Grabplatten, mindestens genau so sehenswert ist die Ethnographische Abteilung, die eine der vollständigsten Sammlungen über die baskischen Traditionen besitzt. Des weiteren gibt es eine Gemäldegalerie, wo bedeutende Werke von El Greco, Rubens, Zuloaga u.a. zu finden sind. Wer eine Neigung zum *Kunst*vollen hat, der kann sich zusätzlich von den wirklich originellen Damenhüten verzaubern lassen, die einen in die Zeiten der Belle Epoque zurückversetzen.

Doch auch zum **Einkaufen** und Bummeln bietet San Sebastián ausreichend Gelegenheit. Mode-Boutiquen, oft ziemlich teuer, Antiquitäten-, Schmuck- und Lederwarengeschäfte sind vor allem im neuen Stadtzentrum zu finden. Mehr Spaß machen da schon die unzähligen Kramläden und Stände rund um den Hafen und in der Altstadt. Hier findet man auch Andenken wie Baskenmützen und ähnliches. **Lebensmittel** kauft man am besten in den beiden Markthallen in der Calle Urbieta oder in der Altstadt (Calle de Aldamar/Alameda del Boulevard). Hier findet man Fisch, Fleisch, Gemüse und die vielen baskischen Käsesorten. Man kann sich ruhig erst ein Stückchen zum Probieren geben lassen - fällt es doch schwer sich zu entscheiden.

San Sebastián ist ja die Metropole der *Baskischen Küche,* dennoch gilt, was für den Gourmet zwar eine einzige Gaumenfreude ist, liegt dem Traveller schwer auf dem Geldbeutel. In San Sebastián gibt es zwar die besten Meeresspezialitäten, aber sicherlich auch die teuersten.

Tagsüber kann man den ärgsten Hunger mit den zahlreichen *tapas* (Köstlichkeiten aus Eiern, Meeresfrüchten, Saucen aller Couleur und Fleisch auf Weißbrot) bekämpfen, die in jeder Kneipe appetitlich von der Theke lachen. Daneben sind noch folgende Kneipen ganz interessant: das *Restaurante Zurriola*, Zebaleta 9, großes helles Restaurant in pink und schwarz gehalten, sehr beliebt; das *Restaurante Oquendo*, Calle Oquendo 8, in der Nähe des Teatro Victoria Eugenia gelegen, jede Menge schmackhaftes vegetarisches Essen; in der *Bar Etxadi*, Calle Reyes Catolicos 9, sind Anchoas und Gambas in Knoblauchsauce die Spezialitäten des Hauses; *La Barranquesa*, Calle Larramendi 21, Menus mit gutem Preis-Leistungs-Verhältnis, wirklich gutes Essen mit vielen baskischen Köstlichkeiten.

Abends begibt sich jeder in San Sebastián in die Altstadt. Rund um die **Plaza de la Constitución** tobt das Leben. Hier reiht sich eine Bodega an die andere, und bei einem Glas in der einen Hand und einer tapa in der anderen lassen sich schnell Kontakte knüpfen. Weitverbreitet ist hier das Kneipen-Hoppen, man trinkt pro Bodega ein Getränk, begrüßt Bekannte, verwickelt interessante Leute in ein Gespräch, um dann - meist gleich nebenan - in die nächste Kneipe zu ziehen. Man wird feststellen, daß man - wenn man mithoppt - vielen Gesichtern in unterschiedlichen Kneipen im Laufe der Nacht wiederbegegnet. Einzelne Kneipen hier zu empfehlen wäre blanker Unsinn, sie sind einfach unzählbar.

Nach Mitternacht zieht man ins Viertel rund um die **Catedral del Buen Pastor** (Calle Reyes Catolicos: Udaberri-Beri und Splash) oder in einen der Jazzclubs, die alle mehr oder weniger rund um die Ponte Zurriola liegen: *Altxerri*, Calle Reina Regente 2, Galerie und Jazzclub, geöffnet ab Mitternacht; *Be Bop Bar*, Paseo de Salamanca 3, Jazzkneipe für Nachtschwärmer, wenn nicht gerade ein Jazzkonzert (1-2 Mal in der Woche) stattfindet, hört man hier auch Populäreres als Jazz bis in den frühen Morgen; *Eltxekalte*, Calle de Mari, Jazzkneipe unten am Hafen, eher älteres Publikum.

Kleiner Festival- und Fiesta-Kalender: Die aufgezählten Highlights sind noch lange nicht alles, was in San Sebastián zu erleben ist. Auf jeden Fall bemerkenswert sind der 20. Januar, der Feiertag zu Ehren des Schutzheiligen Sebastián mit baskischer Folklore. Der Februar mit dem Karneval. Im April läuft das Unterwasser-Filmfestival, im Mai das Internationale Festival des Tanzes. Im Juli findet das Jazzfestival in der 2.Hälfte des Monats statt, es dauert eine Woche und bietet internationale Jazzgrößen auf (Vorverkauf Jazzaldia, Calle Reina Regente, 20003 San Sebastián, Tel. 943/421002). Immer um den 15. August steigt "La Semana Grande", die große Festwoche. Geboten werden eine Regatta, Radrennen, Freiluftkonzerte, Open-air-Kino sowie ein Internationaler Feuerwerks-Wettbewerb an sechs Abenden. Am 31. August findet eine große Prozession in der Calle de 31 Agosto statt, die an das große Feuer von 1813 erinnern soll, das große Teile San Sebastiáns zerstörte. In der zweiten Monatshälfte des September trifft sich alles was in der Filmbranche Rang und Namen hat zum Internationalen Filmfestival; Stars und Sternchen sind dann rund um das Hotel María Cristina zu bewundern.

Tourist Information

Centro de Atracción y Turismo, Calle Reina Regente, Tel. 943/481 166.
Regional-Touristikbüro Fueros 1, Tel. 423 222.

Unterkunft in San Sebastián

In der Hochsaison unbedingt reserv.!
Hostal Residencia Easo, Calle San Bartolomé 24, Tel. 466 892, zentral gelegen, einige Häuserblocks von der Kathedrale entfernt, mit geschmackvoll eingerichteten, großen Räumen, DZ ca. 4.500 Ptas.
Pensión Urkia, Calle Urbieta 12, Tel. 424 436; neu eingerichtete Zimmer, nette Besitzer, DZ 4.500/5.500 Ptas.
Fonda Arsuaga, Calle Narrica 3, mit viel Liebe eingerichtete Zimmer, mitten in der Altstadt, DZ ca. 3.300 Ptas.

Camping de Igueldo, Tel. 214 502, ganzjährig geöffnet; terrassenförmig angelegter Platz auf dem Monte Igueldo, gepflegte Sanitäranlagen, mit Kneipe und kleinem Laden, unheimlich viele junge Leute, vor allem französische Kurzurlauber und Durchreisende aller Nationalitäten. Auch für Nicht-Motorisierte erreichbar, durch den im Stundentakt verkehrenden Bus nach San Sebastián, p.P. und p.A. ca. 500 Ptas.
JuHe Albergua Ulia Mendi, Parc de Ulia, Tel. 452 970; Reservierung wird dringend empfohlen, jeder kann sein Bett erst im Bus zur JuHe an der RENFE-Station täglich um 18.15 Uhr reservieren.

Bilbo - Bilbao

Weitausgreifendes, industrielles Zentrum der kleinen baskischen Provinz Vizcaya, deren Name mit "B", als Biscaya, aus jedem deutschen Wetterbericht bekannt ist. Im 19. Jh. *Stadt der Belagerungen*, bis 1937 Zentrum des baskischen Widerstandes gegen die Faschisten. Die bald eine halbe Million Einwohner zählende Stadt ist eine der größten Spaniens und war früher wohl durch die Schwerindustrie eines der bedeutendsten Zentren. Doch wie überall ging die Schwerindustrie von ihrer Bedeutung her unter. Wirklich "unter" ging in Bilbao - oder kürzer auf baskisch Bilbo - die ganze Hafenzone - bei einer Überschwemmungskatastrophe 1983. Dies führte dann zu einem sehr modernen Wiederaufbau. Doch, so oder so, die Halbmillionen-Metropole kann in Bedeutung und Schönheit mit ihren nordspanischen Konkurrentinnen nicht mithalten. Deshalb hier auch nur in Kürze das Wichtigste.

Bereits im Jahre 1300 setzte sich unter vielen kleinen Fischerorten an der Bucht des Flusses **Ría del Bilbao** der Marktflecken Bilbao durch. Zwar konnten bis hierher die großen Schiffe nicht durchfahren, doch es zeigte sich, daß Handel zu mehr Reichtum führt als Verkehr, und so bestimmte man von den sieben Gassen der Altstadt um die **Kathedrale Santiago** aus über das Schicksal der Region. Diese Keimzelle der Stadt ist heute das touristische Lebenszentrum mit zahlreichen Kneipen und Geschäften. Auf der arkadengesäumten **Plaza Nueva** finden die wichtigsten volkstümlichen Veranstaltungen statt. Weiter verläuft zwischen Fluß und Altstadt der **Paseo del Arenal**, eine schöne Promenade. Hier liegen das Theater Arriaga und die Kirche San Nicolás de Bari aus dem 14. Jh. Im anschließenden Kloster San Juan ist das Historische Museum der Bizcaya untergebracht. Ein echtes altes Viertel der Hafenstadt ist das "St. Pauli" der Seeleute auf der anderen Seite des Flusses Nervión.

Während die Casco Viejo (Altstadt) östlich des Ría del Bilbao liegt, wird über die Puente del Arenal die Neustadt innerhalb der Flußbiegung erreicht. Entlang der **Gran Vía de Lopez de Haro** liegen die wichtigsten Gebäude, begonnen mit der Bolsa de Bilbao und den Bahnhöfen Estación de Portugalete und Estación de Albande (Norte). Entlang dieser Linie wird auch die Metro geführt. Die Hauptachse mündet in den Parque de Doña Casilda de Iturriza. Hier ist an der Nordostecke das bedeutende Museum der Schönen Künste zu finden, angefüllt mit Werken der spanischen, italienischen und flämischen Schulen.

Am Flußlauf finden sich dagegen mehr die Beispiele des wirklichen Lebens, Industrie-, Arbeiter- und Armenviertel. Interessant ist am Beginn der Bucht der Ort Portugalete mit seiner Hängebrücke.

Tourist Information

Plaza Arriaga s/n, Tel. 416 02 88; und Alameda de Mazarredo s/n, Tel. 424 48 19.

Unterkunft in Bilbao

Pensión Mendez, C. Santa María 13, Tel. 416 0364, DZ ca. 3.500 Ptas.
Hostal Arana, C. Bidberrieta 2, Tel. 415 64 11, DZ ca. 6.000 Ptas.
Hostal-Residencia Jofra, C. Elcano 34, Tel. 421 29 49, DZ ca. 3.500 Ptas.

Vitoria-Gasteiz

Mit knapp 200.000 Einwohnern ist Vitoria-Gasteiz nicht nur die Hauptstadt der größten baskischen Provinz Alava, sondern mit dem Sitz des baskischen Parlamentes auch Sitz der Regional-Regierung. An einem Septembertag im Jahre 1181 verlieh Sancho der Weise der Ortschaft Gasteiz besondere Rechte, erhob sie in den Rang einer Stadt und gab ihr den Namen Nueva Vitoria. Diesem "spanischen" Namen fügte das baskische Parlament am 23. Mai 1980 den baskischen Gasteiz wieder hinzu, so daß sich hier schon am dauerhaftesten der Doppelname etabliert hat. Vitoria-Gasteiz liegt im Zentrum des kantabrischen Berglandes, hat ein altertümliches Stadtzentrum, durchaus industrielle Bedeutung (Landmaschinenbau) und ist trotzdem ein beliebter Sommerferienort. In der Umgebung sind die Stauseen Urrunaga und Ullívarri von Bedeutung. In **Salinas de Añana** gibt es dazu noch Salzwasserquellen, die schon den Römern bekannt waren: Sie haben mehrere tausend Terrassen angelegt, um das Wasser verdunsten zu lassen!

Das Handelszentrum (Getreide, Wolle, Eisen) selbst entwickelte sich schnell, und so geht die Altstadt mit ihren Palästen der wohlhabenden Bürger auf das Hochmittelalter zurück. Am deutlichsten wird das in den Straßen **Correría** und **Cuchillería**. Hier am **Platz der Virgen Blanca** erinnert auch ein Denkmal an das wichtigste Ereignis der Neuzeit: Bei Vitoria schlugen die Engländer die Franzosen im Jahre 1813 und leiteten damit das siegreiche Ende des Befreiungskampfes ein. Napoleon hatte sein Quartier in der Casa Etxetxanda (Paseo del Prado), und der Ruf der Schlacht war so gigantisch, daß Beethoven ein "Symphonisches Gedicht über die Schlacht von Vitoria" schrieb. In den Abendstunden geht dann das Treiben hier in der Altstadt richtig los. Zuvor sind aber noch die **Kathedrale Santa María**, die Kirche San Miguel und vor allem das Museo de Arqueología, Correria 116, Tel. 140 210, Di-So) erwähnenswert. Das Museum gibt einen Überblick über die Vorgeschichte von Alava bis zur Ansiedlung Vitorias als Stadt im 12. Jh. Noch beachtenswerter ist die Kunstsammlung im **Museo de Arte**, Paseo Fray Francisco 8, Di-So, Eintritt frei. Hire gibt es mal etwas neues zu sehen: Die spanische Gegenwartskunst, präsentiert von 1950 bis heute, ist einmalig. Auch die baskische Kunstszene ist hier im besonderen vertreten. Im **Spielkarten-Museum *Fournier***, Paseo Fray Francisco 8 (Eintritt frei) schlägt nicht nur das Herz des Zockers höher! Über 6.000 Spielkarten sind hier akribisch zusammengetragen, und Experten halten es für das beste Spielkartenmuseum der Welt. Also ein Superlativ, mit dem man hier kaum rechnet.

Feste gibt es selbstverständlich auch hier. Besonders wichtig das **Fest der Virgen Blanca** im August: Ein "Engel" wird vom Turm der San-Miguel-Kirche heruntergelassen, in diesem Augenblick, so will es der Brauch, muß man sich eine Zigarre anzünden, um den Schutzheiligen positiv zu stimmen. Außerdem gibt es noch ein Jazz-Festival und ein Choral-Festival.

Tourist Information

Parque de la Florida s/n, Tel. 945/131 321.

▵ Unterkunft in Vitoria-Gasteiz

Parador de Argomaniz, N-1 Madrid-Irun, km 361, Tel. 945/282200; warum sich nicht mal den Luxus eines Hotelzimmers gönnen, vor allem dann sinnvoll, wenn es sich wie dieses historische Gemäuer malerisch in die Berglandschaft einfügt. Ein Ort zum Ausspannen. Doppelzimmer mit Bad 7.000-9.000 Ptas. Nur mit eigenem Pkw geeignet.

Pensión Araba 2, Florida 25, Tel. 232 588, DZ ca. 5.000 Ptas.

Camping Ibaya, geöff. vom 1. Juni bis 30. September, ca. 3 km von Vitoria entfernt, auf der N 1 Madrid-Irún bei km 346 abbiegen. Dieser Platz ist mit allem Notwendigen ausgestattet und ein guter Ausgangspunkt für einen Aufenthalt in Vitoria und Umgebung; Preise komplett ca. 1.500 Ptas.

Entlang der baskischen Küste

Noch vor Donostia-San Sebastián, ca. 10 km von der Grenze, ist das romantische Fischerdorf **Pasaia de San Juan** hervorzuheben. Hier lebte Victor Hugo eine Zeitlang, und wer die schönen Fischerhäuser und das freundliche Klima erlebt, versteht ihn.

Jenseits von San Sebastián, an der Küste, ist **Orio** ein hübsches Fischerstädtchen, mit viel Atmosphäre in seinen engen Gäßchen. Durch die Nähe zu San Sebastián kommen natürlich viele Wochenendurlauber hierher, und dann herrscht besonders am Strand und in den Kneipen ein ganz schöner Trubel.

Die nächste wichtige Ortschaft an der kantabrischen Küste ist **Zarautz**. Die Stadt bietet eine Menge, um dem selbstgestellten Anspruch eines großen Touristen-Zentrums gerecht zu werden. So werden die Schutzheiligen der Stadtteile gefeiert (im Mai, am 26./27. Juni und am 15. August), und das Feiern gipfelt in der Baskischen Woche (1. Woche im September) und dem am 9. September stattfindenden Baskenfest. Doch damit nicht genug: Ausstellungen, Konzerte, Ballett, Bälle und Feuerwerke halten den Gast in Schwung.

🌐 Tourist Information

Zarautz, Avda. de Navarra s/n,
Tel. 830 990.

Nicht nur der schönen Küstenstraße wegen lohnt sich eine weitere Fahrt in die zwischen Zarautz und Motrico gelegenen Orte. Nach Zarautz erreicht man **Getaria**, das reizvoll auf einem Felsvorsprung am Meer liegt. Sehenswert sind der Fischerhafen und die Altstadt mit der im 13. und 14. Jahrhundert erbauten Kirche San Salvador. Übrigens wurde hier der erste Weltumsegler, *Juan Sebastián de Elcano*, geboren. Er, seine Mannschaft und das Schiff Viktoria waren die einzigen von der Magellan-Truppe, die jemals zurückkehrten. Diese Gelegenheit ließ sich der Ort natürlich nicht entgehen und stellte ihm zu Ehren ein Denkmal auf. Nach weiteren 5 km folgt **Zumaya**. Es ist ein hübsches Hafenstädtchen und beherbergt das Museum des Malers Zuloaga, in dem auch Bilder von El Greco und Goya zu sehen sind. Und wenn wir schon bei der Kunst sind: In der Kirche San Pedro ist der einzige vollständig erhaltene Altaraufsatz des Bildhauers Anchieta, des spanischen Michelangelo, zu bewundern. In **Motrico** wird vom 21. bis 25. Juli Magdalena, die Schutzpatronin des Dorfes, mit allem möglichen Aufwand gefeiert: Folklore-Veranstaltungen, Sportwettbewerbe und Bälle.

☆ Camping-Special

Camping Aitzeta, Motrico

(Tel. 943/603 356 oder 603 106; ganzjährig geöff., Preise ca. 400,- p.P. und p. Auto). Auf einem Wiesengelände am Berg, hoch über dem Meer. Von der Küstenstraße Deva-Guernica (C 6212) bei km 56 abbiegen und ca. 400 m auf der schmalen Straße bergauf. Schon die steile, etwas beschwerliche Anfahrt läßt ahnen, welchen Blick man vom Platz haben wird. Und der ist dann auch tatsächlich sagenhaft: Meer, Felsenküste und Berge, man residiert förmlich über Motrico, und zur Krönung befinden sich Bar und Rezeption in einem burgähnlichen Gebäude. Das Gelände erstreckt sich über mehrere Terrassen und schmiegt sich regelrecht um die Hügel herum, auf denen Apfelbäume stehen und Kühe weiden. Das ist natürlich die richtige Umgebung für Kinder, und so sind hier auch hauptsächlich Familien zu finden. Wohnwagen weniger, klar, bei dieser Anfahrt. Am schönsten ist hier die Nachsaison, mit viel Ruhe und der Möglichkeit, sich die besten Plätze auszusuchen. Nur der Fußmarsch zum felsenumsäumten Sandstrand dauert etwa 10 Minuten.

Camping Santa Elena, Motrico

(Tel. 943/603 982, ganzjährig geöff.; Preise ca. 400,- p.P. und p. Auto). Teils im Wald, teils auf Wiesen, hoch über dem Meer. Zu erreichen, wenn man am Ortsende von Motrico noch 1,3 km rechts die steilen Serpentinen hoch fährt (beschildert). Oben angelangt, liegt der Eingang direkt in der Kurve und ist durch kein Schild gekennzeichnet. Der Platz ist richtig zum Schwärmen, angesichts dieser Parklandschaft: schöne, große Bäume aller Art (vor allem Eichen), dazwischen Rosensträucher und so viele Wege und Winkel, daß es schon schwer fällt, hier keinen idyllischen Fleck zu finden. Umgeben von Bergen, hat man eine tolle Aussicht aufs Meer. Das Wohnhaus der Besitzer steht an erhöhter Stelle und beherbergt gleichzeitig die Kneipe. Dieser Teil ist rund gebaut und wurde mit einer Terrasse versehen. Die Kneipe übrigens hat alle möglichen Funktionen. So dient sie gleichzeitig als Rezeption und als Laden, dessen Sortiment allerdings beschränkt ist. Für weitere Wünsche werden Bestellungen angenommen. In zehn Minuten erreicht man eine hübsche, sandige Bucht, von Felsen umgeben.

Nach Motrico, dem letzten Ort der Provinz Giupuzcoa, folgt weiter westlich **Ondarroa**, ein wichtiger Fischerhafen, der mit seinen vielen Kanälen fast ein wenig an Venedig erinnert. Nun ist die Region Vizcaya erreicht.

In die weitere Richtung, also auf dem Weg nach Bilbao, liegt **Lekeitio,** ebenfalls ein sehr schönes Fischerdorf mit kleinem Strand und buntem Hafentreiben.

Berühmt ist die naheliegende baskische Stadt **Guernica-Gernika**, die während des Bürgerkriegs von faschistischen Flugzeugen am 26. April 1936 mittels Bomben dem Erdboden gleichgemacht wurde. Hitler und Göring "übten" bei dieser Gelegenheit mit der "Legion Condor" ihre neue Luftwaffe und kamen in ihrem Größenwahn zur Überzeugung, nun die ganze Welt kaputtbomben zu können. Picassos weltberühmtes Gemälde *Guernica*, aus diesem Anlaß gemalt und im Original heute in Madrid, gehört zu den eindrucksvollsten Anti-Kriegs-Kunstwerken der Gegenwart. Die Stadt Guernica dagegen bietet recht viel gewöhnliche Architektur und praktisch keine besonderen Reize - das Historische haben ihr die Faschisten also erfolgreich genommen. Es lohnt höchstens der Besuch in einer Kneipe in der Nähe: das Gasthaus Leziks in Santimamine. Der große Eß-Spaß im Freien unter schattigen Bäumen.

Tourist Information

Guernica, Artekale 5, Tel. 625 58 92.

☆ Eisenbahn-Special

Die "Baskische Staatsbahn"

Eisenbahngourmets werden es schätzen, daß man hier auch auf der Schiene weiterkommt. Wenn schon die FEVE keine "Schein-Staatsbahn" ist (siehe im Special dort Vergleich zur Rhätischen Bahn), so könnte bei der Baskischen Eisenbahn wenigstens der Eindruck entstehen. Das sowieso sehr große Netz der FEVE wird durch ein technisch gleichgeartetes ergänzt, das als **Euska Trenbideak/Ferrocarriles Vascos** (ET/FV, 202 km, 1.000 mm Spurweite) das Baskenland erschließt. Bei genauer Nachfrage ist auch zu erfahren, daß diese Bahn zwischen 1972 und 1980 zur FEVE gehörte, dann aber im Zuge der Autonomieverhandlungen an das Baskenland abgetreten wurde. Da man auch in der vereinheitlichte staatlichen Schmalspurbahn eine zentrale Bevormundung sah, war es ein Zeichen kultureller Toleranz, diese Abspaltung zuzugestehen.

Vom Baskenland aus gesehen, geht das Streckennetz von Bilbao aus und führt über Donostia-San Sebastián bis an die Grenze bei Hendaye. Technische Kennzeichen dieser Bahn sind die schon ältere Elektrifizierung und die neue Ausstattung mit elektrischen Triebwagen. Vor allem im Großraum Bilbao bestehen auch gute Nahverkehrsverbindungen.

Doch der Reisende wird umgekehrt, von Norden her, kommen. Hier können also neben den eher peripheren Hauptlinien der RENFE - in Küstenrichtung - die meterspurigen Eisenbahnen der ET gewählt werden (bekanntlich nicht in Inter Rail enthalten).

Bereits in Hendaye/Frankreich kann man den Staatsbahnzug verlassen und sich dem Maulwurf, **"El Topo"**, einer tunnelreich trassierten Bahn nach San Sebastián anvertrauen (ET/FV, Elektro, 1.000 mm, 21 km).

Ab San Sebastián fährt die ET/FV mit echtem Schmalspurkomfort und Elloks (als Altbau-Schmankerl manchmal noch zu sehen: das BBC-Krokodil, bekannt von der Rhätischen Bahn!) in das Bischofs- und Börsenzentrum **Bilbao**. Schöner jedoch ist der Strand an der kleinen Stadt Zumaya. Hier betritt man zudem historischen Boden: ab Amorebieta geht's mit der FEVE auch nach **Guernica**, das wie oben erläutert, eine traurige Rolle im Bürgerkrieg spielen mußte. Noch vor Bilbao zweigt schließlich in Malzaga die äußerst markante Gebirgsbahn (7 Kehrschleifen) nach Vitoria-Gasteiz ab.

CANTABRIA

Kantabrien

Die zerklüftete Autonomia von Cantabria besteht aus nur einer Provinz, die aber hinsichtlich der Landschaft, des Klimas und der Natur eine Fülle von Besonderheiten bietet. In der Dualität von Meer und Gebirge ist hier eine immergrüne Region entstanden. Die tiefen, grünen, von Bergen begrenzten Täler bergen Akzente, Lebensformen und Bauten, die sich gänzlich von denen unterscheiden, die man in anderen, nur einige Kilometer entfernten Gegenden findet. Der Kantabrer aus Liébana hat wenig mit dem aus dem Pas-Tal oder Trasmiera gemeinsam, während der aus Cabuérniga kaum je Soba, Toranzo oder Siete Villas besucht hat. Aber alle sind arbeitsam, sprichwörtlich schlau, hartnäckig und dem Abenteuer nicht abgeneigt. Deshalb verlassen sie oft ihre Heimat auf der Suche nach Ruhm und Reichtum.

Cantabria diente bereits europäischen Völkergruppen in den letzten Eiszeiten des Quartärs als Wohnsitz. Zeichen dafür finden sich in den vielen, überall hier entdeckten vorgeschichtlichen Höhlen, angefangen bei der berühmten Altamira-Höhle, die als die *Sixtinische Kapelle der Quartärkunst* gilt, bis hin zu den weniger bekannten, die aber gleichwohl reich an Spuren und vorgeschichtlichen Malereien sind, wie Puente Viesgo, Ramales, Puentenansa, Villaescusa oder San Felices de Buelna. Alle können besucht werden, doch ist es ratsam, sich vorher über Besuchsbedingungen und -zeiten zu informieren. Kantabrien hat viele Waldbestände, die sich manchmal über Tausende von Hektar hinziehen und hauptsächlich aus Laubbäumen bestehen (Eiche, Buche, Kastanie, Hasel, Walnuß). Zur Küste hin fällt das Land sanft ab, es wird noch grüner und neben einheimischen Waldbäumen finden sich ausländische Arten (hauptsächlich Eukalyptus). Leider gehört es auch zu den Regionen, in denen im Sommer immer wieder Waldbrände von sich reden machen.

Der Küstenstreifen hat viele Strände und typische Fischereidörfer. Etwas über ein Drittel der Provinz steht als Naturpark unter Schutz oder ist Jagd- und Fischrevier. Trotzdem gibt es einige wichtige Industriezentren, besonders in der Torrelavega-Region, in Reinosa und in der Region von Santander, Astillero und Camargo. Die Landwirtschaft stellt immer noch einen Anteil der regionalen Beshäftigungsquote, denn Kantabrien ist - wer hätte es gedacht - die Wiege der friesischen Milchkuhzucht in Spanien.

Die Liébana-Region und die *Alpen Spaniens*, Los Picos de Europa, müssen besonders hervorgehoben werden. Landschaftlich sehr zerklüftet, gibt es dort eine Vielzahl von Bergen, die (praktisch von Meereshöhe) fast 3.000 Meter in die Höhe ragen, sowie enge Täler, wo das Kleinklima den Anbau von Pflanzen erlaubt, die für das Mittelmeer typisch sind. Hier gibt es Hunderte von Dörfern, in denen sich in der Abgeschiedenheit die Architektur, Bräuche und Lebensformen vergangener Jahrhunderte erhalten haben. Die Bewohner von Liébana sind Kantabrer, die von jenen Westgoten abstammen, die in diesen Bergen den großen Einfall der Araber im 8. Jh. zum Stillstand brachten.

In der Nähe von Potes, dem Hauptort der Region, liegt das Kloster Santo Toribio de Liébana mit dem Lignum Crucis, einer Reliquie, die allgemeiner Ansicht nach das größte von der Kreuzigung Jesu stammende heilige Holzstück beinhaltet.

Kantabrien besitzt zudem als Wiege von Kastilien und Spanien einen enormen kunsthistorischen Reichtum. Romanische Beispiele (durch diese Region zogen die ersten Pilger auf ihrem ursprünglichen meernahen Weg nach Santiago) sind zahlreich. Hervorragend - weil eindrucksvoll und sehr gut erhalten - sind die Stifts- und anderen Kirchen in Santillana del Mar, Cervatos, San Martín de Elines, Santa María de Barevo. Santa María de Yermo, Piasca, Retortillo, Anievas, usw. Im ganzen fast hundert Bauten, an denen Bildhauer, Architekten und Steinmetze zwischen dem 10. und 13. Jh. Beispiele ihrer Kunst, des Glaubens und der religiösen Gefühle ihrer Zeit hinterlassen haben. Der in der Romanik zum Ausdruck kommende Reichtum wächst mit der Gotik der Kathedrale von Santander und den Kirchen in Castro-Urdiales, Santoña, Laredo und San Vicente de la Barquera. Wenn von der Sakralarchitektur die Rede ist, muß auch die Präromanik von Lebeña und San Román de Moroso hervorgehoben werden, zusammen mit den zahlreichen Steinkirchen von Valderredible.

Aber Kantabrien birgt Stilrichtungen und Schätze nicht nur in den Kirchen und Museen. Es gibt noch eine große Zahl von Dörfern, die das 20. Jh. erreicht haben, ohne daß sich das Ortsbild aus dem 15. und 16. Jh. verändert hätte. Sie sind größtenteils unter Denkmalschutz gestellt worden. Dazu gehören Santillana del Mar, Bárcena Mayor, Cartes, Riocorvo, Mogrovejo, Comillas und die Altstädte von Laredo, San Vicente de la Barquera, Potes, Liérganes und Santoña.

Bei der Profanarchitektur in den Bergen sind besonders *Las Casonas* zu beachten, Herrenhäuser mit Sonnenbalkonen zwischen zwei Strebepfeilern mit einem oder mehreren Halbkreisbögen. Fast alle haben Familienwappen an den Fassaden oder an den auf das Grundstück führenden Eingängen. Was die Wappen anbetrifft, so ist es der Stolz des Bergvolkes, niemanden als höhergestellt zu betrachten. So hieß es schon bei Francisco de Quevedo, der aus einer Familie der Berge kam und ein berühmter Schriftsteller des Goldenen Jahrhunderts Spaniens wurde. Der Marquis von Santillana nannte Pilger oder Zugewanderte alle jene unter den Spaniern, deren Geschlecht in den Bergen keinen Grundbesitz nachweisen konnte. Diese Stammbaumverehrung brachte die Auswanderer (*indianos* gennant, wenn sie nach Amerika, oder *jándalos*, wenn sie nach Andalusien gingen) im 17. und 18. Jh dazu, schöne Herrenhäuser und Paläste zu bauen, die noch immer das Landschaftsbild von Kantabrien bestimmen.

Santander

Die Hauptstadt von Kantabrien ist Santander, eine Hafenstadt mit rund 200.000 Einwohnern. Im Gegensatz zu den landschaftlichen Schönheiten und den verträumten Dörfern herrscht hier selbstverständlich das moderne Leben vor: Fracht- und Fährterminal, Fischereihafen. Dazu fiel die alte Stadt im Jahre 1941 noch einem verheerenden Brand zum Opfer. Dennoch hat man sich einiges vom Flair eines eleganten Ferienortes mit einigen Touristikattraktionen bewahrt.

Mit ihrer Lage über einer lieblichen **Bucht** wurde die Stadt als Hauptausfuhrhafen Kastiliens schon im 18. und 19 Jh. bekannt. Aus dieser Zeit sind herrschaftliche Straßen im Viertel **El Sardinero** erhalten, Zeugen des Glanzes einer Epoche vor dem großen Brand. Hier gibt es noch außergewöhnliche Häuser, darunter der **La-Magdalena-Palast**, eine ehemalige Sommerresidenz der spanischen Könige und heute die Internationale Universität. Neben eleganten Boulevards, Nobelhotels und dem Casino gehören hier auch zwei sehr vornehme Strände dazu. Insgesamt gibt es dreizehn ineinander übergreifende Strände in Santander und zahlreiche Parkanlagen.

Im Sommer ist die Stadt äußerst geschäftig durch Sprachkurse und Konferenzen, die von den Wissenschaftlern und Künstlern der **Internationalen Menéndez-Pelayo-Universität** organisiert werden. Dann finden auch die Internationalen Musik- und Tanzfestivals, die Stierkämpfe, Segel- und Ruderregatten statt, letztere mit *traineras*, festlich-religiösen Ausflügen (*romerías*) und Volksfesten an fünfzig Tagen in ununterbrochener Folge!

Nach dem 30. August kehrt wieder Ruhe in die Stadt ein. Das Gedränge ist vorbei, Spazierengehen ist leichter, das Entgegenkommen in Hotels und Restaurants ist größer, und der Verkehr läuft wieder. Immerhin brachte dieser lebendige Gegensatz Santander mehrfach den ersten Platz unter den spanischen Städten im Ranking einer großen Zeitschrift um die beste Lebensqualität.

Beim Stadterlebnis steht in Santander das Shopping ganz oben an. Um die **Av. Calvo Sotelo** gibt es ein modernes Shopping-Center. Natürlich kann man auch hier seinen Tag in Cafés verbringen und den Zauber der Bucht genießen (im Bereich der Promenade Paseo de Pereda). Ein Stück weiter, im **Barrio Pesquero** (Fischerviertel) gibt es jede Menge Restaurants und Straßen-Grills. Studenten treffen sich am Abend um die Plätze Plaza Cañadío, Plaza Pedrueca und C. Daoíz y Velarde. Nicht zuletzt ist das El-Sardinero-Viertel ein Treffpunkt für Nachtschwärmer aller Altersgruppen.

Tourist Information

Pl. Velarde 1-Bajo (Pl. Porticada), Tel. 310 708.

Unterkunft in Santander

Pensión Angelines, C. Rodríguez 9, Tel. 312 584, DZ ca. 3.500 Ptas.
Hostal Real, Pl. Esperanza 1, Tel. 225 787, DZ 4.000 Ptas.

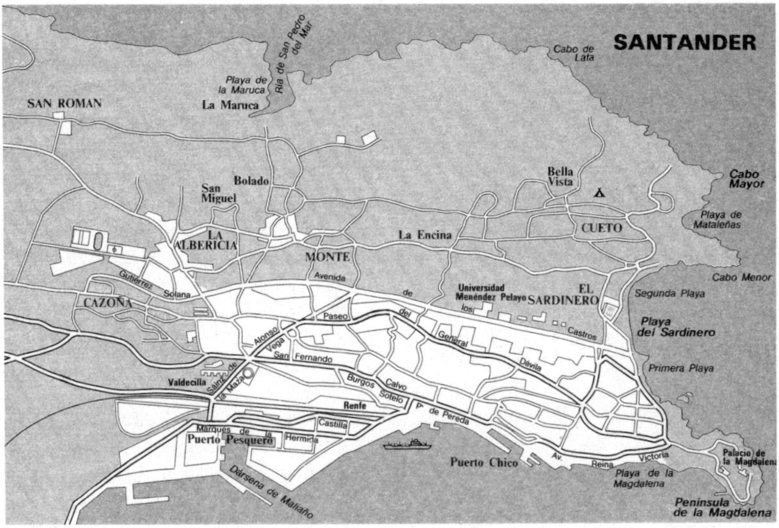

Kantabrien - Die Küstentour

Erster Ort Kantabriens, wenn man aus Richtung Bilbao kommt, ist **Castro Urdiales**. Hier ist trotz des wachsenden Tourismus noch die typische romantische Atmosphäre geblieben, hat man sich erst mal durch die Hauptstraße - die zu jeder Tageszeit vom Verkehr verstopft ist - gequält. Der Ort geht auf die römische Siedlung Flaviobriga zurück, das die älteste Stadt Kantabriens gewesen sein soll.

Geprägt wird die schöne Kulisse Castro Urdiales durch eine kleine Landzunge am Hafen, auf der sich die alten Bauwerke - Leuchtturm, Kirche und Burgruine - befinden. Die Kirche Santa María gibt im Inneren einen Einblick in die Kunst der frühen Gotik (14. Jh.). Sehenswert sind auch die Ruinen der Burg von Santa Ana und die der Templerburg. Ein Aufstieg zur Klause der Virgen de las Nievas wird mit einem phantastischen, bald hundert Kilometer weiten Rundblick über die ganze Provinz und die Küste belohnt. Auch die Plaza Mayor mit ihren steinernen Arkaden ist beliebter Treffpunkt für Touristen und Einheimische. Abends tummelt sich das Leben an der Hafenpromenade. Viele junge Leute, mit denen man leicht ins Gespräch kommt. Jedes Jahr im August ist hier das große Fest, der Coso Blanco mit toller Stimmung bei Feuerwerk und einer Blumenschlacht.

Tourist Information

Plaza Ayuntamiento, Tel. 942/860 853.

☆ Camping-Special

Camping Playa Arenillas, Islares/Castro Urdiales, Tel. 863 152 (geöff. vom 1. April bis 30. September, ca. 450 Ptas p. P. und p. Auto). Direkt an einer felsigen Bucht am Meer, zwischen bewaldeten Hügeln auf einer ebenen Wiese gelegen. Kurz nach dem Ortsende von Islares von der N-634 rechts ab. An der Bucht, 100 m entfernt, gibt es ein Spezialitäten-Restaurant, das entsprechend teuer ist. Daneben eine urtümliche Kneipe. Die felsige Bucht bietet bei Ebbe Sandstrand und zudem einen kleinen alten Hafen, der jetzt als eine Art Schwimmbecken genutzt wird. Später am Abend ist in der Bar des Spezialitäten-Restaurants öfter Disco, zu der auch Leute aus der Umgebung kommen.

Camping Orinon, Orinon/Castro Urdiales, Tel. 850 355 (geöff. vom 1. Mai bis 30. September; ca. 350 Ptas. p.Person und p. Auto). Ein schönes Wiesengelände unter Eukalyptusbäumen und zum Teil direkt am Sandstrand. Von der N-634, ca. 2 km hinter Islares, rechts nach Orinon abbiegen und von da noch etwa 2 km. Besonders kinderfreundlicher Platz. Für Andenkensammler ein Tip: An der Felsenküste gibt es viele Austern und Miesmuscheln, und im Fluß kleine Krebse. Links am Campingplatz führt eine Straße und später ein Spazierweg zu dem kleinen Ort Sonabia. Auf dieser Seite begrenzt ein Felsen die Bucht, der wegen seines Aussehens Ballena, also Walfisch, heißt. Günstig essen kann man in der "Cervezeria", einer Art Biergarten im Ort. Bis vor wenigen Jahren gab es hier noch kaum Tourismus, und inzwischen leben die Leute vom Dorf mit den Fremden in friedlicher Koexistenz.

Das nächste Städtchen ist **Laredo**, eine Offenbarung der Freunde des Strandlebens: 5 km goldgelber, recht sauberer Sandstrand! Allerdings auch die dazugehörige Kulisse: viele, viele Menschen und viele - die Altstadthäuser überragende - Hotelbauten. Laredo wurde schon nach dem 2. Weltkrieg von den Franzosen als Urlaubsort entdeckt, aber heute sind es hauptsächlich die Spanier selbst, welche die Stadt im Sommer überschwemmen (im Winter ca. 12.000, im Sommer ca. 150.000 Einwohner!). So wurde aus dem reizvollen Seebad eine durch Hochhäuser geprägte Stadt, die inzwischen fatal an Benidorm erinnert. Trotz allem blieb aber eine sehenswerte Altstadt erhalten, mit vielen urtümlichen Kneipen, wo das Bummeln Spaß macht. Und durch die Nähe zur Uni-Stadt Bilbao sind auch viele Studenten hier anzutreffen, was sich sehr kontaktfördernd auswirkt. Sehenswert ist die Kirche Nuestra Señora de La Asunción aus dem 13. Jh., mit einem Portal aus dem 16. Jh. Am letzten Freitag im August steigt die *Blumenschlacht*, die so manchem Floristen das Herz brechen würde. Tausende von Blumen werden in einem großen Festumzug unters Volk geworfen, dazu gibt's natürlich das übliche Fiesta-Spektakel wie Folklore, Straßentanz und Weintrinken.

Tourist Information

Calle López Seña s/n, Tel. 611 096.

Auf der gegenüberliegenden Seite der Bucht liegt **Santoña**. Dazwischen aber etwas, was man kaum erwartet hätte: eine Sumpflandschaft voller Brücken, Wassertümpel und winziger Inseln. Ca. 4 km vor Santoña liegt das einstige Kloster **San Sebastián de Ano**. Hier liegt die bürgerliche Deutsche Barbara Blomberg (1527-1597) aus Regensburg begraben, die von 1546 an die Geliebte von Kaiser Karl V. wurde. Aus dieser Liaison ging Don Juan von Austria hervor, der Sieger von Lepanto. Über dieses Schicksal schrieb Carl Zuckmayer 1949 sein Stück "Don Juan de Austria".

Santoña selbst ist ein lebhaftes Fischerstädtchen, das sich immer mehr zum Sommerfrischeort für in- und ausländische Touristen entwickelt. Die in neuerer Zeit angelegte Uferpromenade zeigt mit ihren Denkmälern den Stolz auf die früher wichtige Seefahrerstadt Santoña. Die strategisch günstige Lage veranlaßte Napoleon dazu, hier ein Hauptquartier zu errichten, als er versuchte Spanien zu erobern. Sehenswert sind die Festung, die in jener Zeit entstand, und die Kirche Santa María del Puerto mit einem romanischen Taufbecken.

Tourist Information

Calle de Santander 5-Bajo, Tel. 660 066.

Die folgende Ortschaft **Noja** ist ein kleiner Fischerort, mit zunehmender touristischer Bedeutung. Wer sich mal vom Strandrummel in Laredo verabschieden will, der kann sich an der Playa de Ris oder der Playa de Isla ohne Menschenmassen mit der Sonne und dem Meer verabreden. Direkt am Meer stehen mehrere Campings zur Auswahl, hier der günstigste Tip: **Camping Playa Dorada del Ris**, Tel. 630 830. Für Schatten ist durch die schönen Eukalyptusbäume gesorgt, und auch sonst verfügt der Platz über Serviceeinrichtungen (ca. 400 Ptas p.Person und p. Auto).

Weiterer Streckentip: Vor allem für Motorradfahrer und für Leute mit nicht zu breiten Autos wäre die Straße hinauf zum 568 m hohen **Peña Cabarga** zu empfehlen. Bei klarer Sicht hat man von hier aus einen atemberaubenden Blick auf die kantabrische Gebirgskette bis zu den Picos de Europa, weit unten liegt - klein wie eine Spielzeugstadt - Santander.

Das nächste Örtchen am Meer ist dagegen **Isla**. Ein kleiner Spaziergang den Hügel runter, und es ist aus mit der Ruhe. Selbst dieser entlegene Ort entwickelte in den vergangenen Jahren eine rege Bautätigkeit, und so promenieren jede Menge Leute an den typischen Touristenkneipen vorbei oder bevölkern den Strand. Leider hat der Bauboom jetzt auch den Campingplatz erreicht: Ein neuer Rundbau ist direkt an der Sandbucht entstanden. 8 km landeinwärts liegt das Fischerdorf Limpias, wo 1919 eine Christusfigur blutige Tränen geweint haben soll. Noch 4 km weiter und man kann die barocke Kirche Nuestra Señora la Bien Aparecida mit der Schutzheiligen der Provinz Santander bewundern.

☆ Camping-Special

Camping Playa de Isla, Tel. 942/679361 (geöff. vom 9 .April bis 30.September, ca. 500 Ptas. p. Person und p. Auto). Der Platz liegt auf einer, direkt zum Meer hin abfallenden Wiese. Von der N-634 in Gama nach Isla abbiegen. Diese Strecke führt auf einer holprigen, kurvenreichen Straße, vorbei an alten Steinmauern durch eine herrliche Hügellandschaft. Der Platz liegt wirklich traumhaft. Ziemlich pompös ist der Eingang mit den vielen Fahnen und einem

Diskuswerfer aus Stein. Auf dem Gelände sind Felsbrocken auf der Wiese verstreut, und besonders ganz oben stehen so viele Bäume und Büsche, daß fast jeder Stellplatz zu einer kleinen Idylle wird. Einige Indianerzelte und die Kulisse für einen Karl-May-Film wäre perfekt! Hier sind hauptsächlich Ruhe und Natur geboten. Es gibt nur eine Kneipe, die aber so toll liegt, daß man von dort fast ins Meer springen könnte. Ein kleiner Abstieg und man ist, nach Lust und Laune, am Felsen- oder am Sandstrand. In der sandigen Bucht ist Schwimmen und Sonnenbaden angesagt, und am Felsstrand, wo das Wasser bei hohem Seegang schon mal meterhoch spritzt, eher Schnorcheln und Angeln.

Bereits westlich der Hauptstadt Santander findet sich **Santillana del Mar**. Dieser Ort wurde nicht ohne Grund von der spanischen Regierung zum Nationaldenkmal ernannt. Einige seiner Häuser und Straßenzüge lassen sich weit bis ins 9. Jh. zurückdatieren und kaum ein Haus wurde nach dem 18. Jh. erbaut. Heute ist dieser Ort natürlich eine der Touristenattraktionen Nordspaniens. Aber auch hier gilt: Hat man sich von der Hauptstraße entfernt in einen Nebenweg gewagt, ist man alleine und kann die phantastische altertümliche Atmosphäre auf sich wirken lassen.

Zwar ist fast jedes Haus in Santillana *museal*, tatsächlich gibt es aber nur ein Museum, die Preise sind dagegen auf dem neuesten Stand. Um nun das Museum nicht zu vergessen: Das *Museo Diocesano* ist im alten Kloster *Regina Coeli* untergebracht und bietet kirchliche Kunstwerke und Kunstgewerbe aus dem 15. bis 18. Jh. Die Colegiata de Santa Juliana ist die romanische Kirche aus dem 12. Jh., bezaubernd vor allem der efeubewachsene Kreuzgang. Eintritt mit dem Ticket vom Museo Diocesano.

Tourist Information

Plaza Román Pelayo s/n, Tel. 818 251.

Unterkunft in Santillana

Restaurante Castillo, Tel. 818 033; neben der Tourist Info gelegen, verfügt über vier Doppelzimmer.

Privatzimmer: Die Tourist Info hat eine Liste von Privatvermieter im Umkreis von 2 km von Santillana. Hier ist auch schon mal ein billigeres Zimmer zu ergattern.

Camping Santillana, Tel. 818 250; weniger als 1 km von Santillana entfernt, an der Straße nach Comillas gelegen, bietet sich dieser Platz mit Pool, Minigolf und Tennisplatz sicherlich als Alternative an (ca. 400 Ptas. p. Person und p. Auto, Sportanlagen extra).

☆ Ausflugs-Special

Die Höhlen von Altamira

Nun aber das vielleicht wichtigste Nationaldenkmal! Immer wieder als *Sixtinische Kapelle der prähistorischen Kunst* bezeichnet. Und es ist wirklich beeindruckend, was hier in "grauer" menschlicher Frühzeit auf die Wand gemalt wurde. Entdeckt wurden die Höhlen 1869, aber erst 1875 erblickten Forscher die Felsenmalereien. Auf den Kalksteinwänden der Felshöhlen sind vor allem Tiere zu sehen: Pferde, Hirsche, Bisons, aber auch menschenähnliche Zeichnungen und Symbole.

Bekanntlich wurde der Besucherstrom zu belastend für die Original-Kunstwerke. Durch das Kohlendioxid, das die Besucher ausatmeten, wurden die alten Farbsubstanzen gefährdet. Deshalb mußte man drastische Maßnahmen ergreifen. Heute dürfen nur noch 10 Personen pro Tag für eine 15minütige Tour in die Höhlen hinab. Vorher jedoch - 10 Monate im voraus für einen Termin im Sommer und 6 Monate für einen Termin im Winter - muß ein schriftlicher Antrag an das Centro de Investigaçión de Altamira gestellt werden. Von der Möglichkeit sollten allerdings nur noch wirklich wissenschaftlich interessierte Gäste Gebrauch machen.

Für alle anderen wurde Ersatz geschaffen: Im **Prähistorischen Museum** vor den Höhlen gibt es drei Pavillons mit einer ausführlichen Dokumentation der Höhlenmalereien und ihrer Entdeckung sowie Erläuterungen zum Leben der Menschen im Paläolithikum. Als weiteres Trostpflaster: der Eintritt ist frei (geöff. von Mo-Sa 10-13 und 16-18 Uhr, So nur vormittags). Und wer sich mal richtig in *die Höhle* von Altamira begeben will, ohne dem Original zu schaden, dem sei der Nachbau im Deutschen Museum in München empfohlen, ein Standort, der sich aus Deutschland, Österreich und der Schweiz gleich gut erreichen läßt.

Es folgt **Comillas**, ein hübscher Badeort mit wunderschöner Altstadt, der sich etwas von der Eleganz des einstigen Sommersitzes von König Alfonso XII. bewahrt hat. Aus dieser Zeit Ende des 18.Jh. sind noch einige Herrenhäuser und Paläste erhalten. Auf einem Hügel über dem Ort liegt der neugotische *Palaçio del Marqués de Comillas*. Im Park ist ein Pavillon, der vom berühmten spanischen Architekten *Antoni Gaudí* entworfen wurde (vgl. Katalonien), zu bewundern. Heute befindet sich darin ein exklusives Restaurant.

Der weite Strand von Comillas, gut 2 km lang, endet beim kleinen, stimmungsvollen Hafen. Wem an der Playa de Comillas zuviel los ist, der findet bei Oyambre einen zweimal so langen und mit nur halb so viel Menschen besetzten Sandstrand. Comillas ist im Sommer vor allem Anziehungspunkt für junge Leute, die unterwegs sind von und nach Santander. Abends ist hier zwar nichts geboten, aber trotzdem in den Bars am Hafen und in der Altstadt viel los.

Am Wochenende des 15. Juli reisen allerdings zahlreiche Leute an, um die Fiesta mitzuerleben. Straßentanz, Gänsejagd und natürlich ein Riesentrubel stehen auf dem Programm. Unter dem Jahr läßt sich hier zum Essen die Bar Artico, Porto Garelly empfehlen. Es gibt die kantabrische Fisch- und Kartoffelspezialität: "Marmitacos". Im Restaurante Los Mellizos, Calle Constanillo de la Cruz werden dafür die besten "mariscadas" (Schellfisch) von Comillas von den Wirtszwillingen serviert.

Tourist Information

Ma del Piélago, Tel. 720 768.

Unterkunft in Comillas

Hostal Esmeralda, Calle Antonio López 7, Tel. 720 097; DZ ca. 4.500 Ptas.

Méson el Torreón, Plaça de los 3 Caños, Tel. 720 738; zwar nur wenige Zimmer, dafür aber im ältesten Haus der Stadt; DZ ca. 4.500 Ptas.

Camping Comillas, Tel. 720 074. Firstclass-Platz, direkt am Meer gelegen, mit einer Kapazität für 800 Leute (geöff. Juli / August, ca. 400 Ptas p. P. und p. Auto).

Das größere **San Vicente de la Barquera**, kurz vor der Grenze der Provinz, ist als Fischerort durch seine schöne Lage und die stimmungsvolle Architektur rund um die arkadenumstandene Plaza Mayor ein sehenswerter Ferienort. Der alte Hafen ist mit Resten einer Burg und von zinnenbekrönten Stadtmauern umgeben. In der Nähe der Plaza Mayor erhebt sich die Kirche Nuestra Señora de los Angeles (13./14. Jh.) mit romanischen Portalen aus dem 16. Jh., im Innern sind die gotischen Kirchenschiffe zu bewundern.

Tourist Information

Ayuntamiento, Tel. 710 797.

Unterkunft in San Vicente

Hostal La Paz, Calle Mercado 2, Tel. 710 180; DZ ca. 4.500 Ptas.
Fonda Liebana, Calle Ronda, Tel. 710 211; oben an der Treppe zur Plaza el Canton gelegen, die Zimmer kosten pro Person ca. 2.000 Ptas. Freundliche Atmosphäre und günstige Menus.
Camping El Rosal, Tel. 720 263 (geöffnet an Ostern und vom 1. Juni bis 30.September, ca. 400 Ptas. pro Person und p. Auto). Bei der großen Brücke über den Río de San Vicente meerwärts abbiegen und ca. 800 m in Richtung Playa de Meron fahren (ausgeschildert). Dieser Platz, direkt am Meer gelegen, in einem kleinen Pinienwald ist wirklich empfehlenswert. Der schöne, breite und saubere Sandstrand liegt praktisch vor der Zelttür. Das Restaurant steht erhöht über dem Strand, und so kann man beim Essen den schönen Blick auf die Bucht und auf San Vicente de la Barquera genießen, das sich im Hintergrund malerisch an die Felsen schmiegt.

Als Kontrastprogramm zum Meer bietet sich von hier aus die Tour in die **Picos de Europa**, einem Bergmassiv von 40 km Länge, an. Man fährt von Unquera über Potes nach Fuente Dé, wo in ca. 1.000 m Höhe die Straße endet. Von dort aus geht dann eine Seilbahn noch 800 m höher bis zum *Mirador del Cable* und einem unglaublichen Panorama. Diese wildromantische Landschaft ist wie geschaffen für Wanderungen. Zurück geht es dann von Fuente Dé über Puertos des San Gloria nach Cangas de Onis. Von dieser Strecke ist noch ein Abstecher in den **Nationalpark Covadonga** möglich, mit zwei wunderschönen Seen, dem Lago Errol und dem Lago de la Erica, und zu dem Ort Covadonga, einem Nationalheiligtum der Spanier. Hier schlug zum ersten Mal 718 ein spanisches Heer unter Pelayo die Mauren vernichtend. Damit setzte die "Wiedereroberung" Spaniens durch Christen ein.

☆ Eisenbahn-Special

Im Schmalspurland

Die Rhätische Bahn (RhB) in der Schweiz wird oft als die *Staatsbahn* des Kantons Graubünden bezeichnet. Solch eine exakte Zuordnung ist bei der **FEVE** (Ferrocarriles de Via Estrecha) nicht möglich, denn sie liegt nicht nur in einer autonomen Region, sondern gleich in mehreren. Zwar sind beides Meterspurbahnen, aber das Streckennetz der FEVE zieht sich über Kantabrien, Asturien, Galicien und in Teile der Provinzen León und Palencia hinein. Und sogar eine Strecke weit weg davon, auf Mallorca, wird von der FEVE betrieben.

So ist es auch nicht verwunderlich, daß die FEVE ein noch viel größeres Streckennetz betreibt als die RhB, an die man vielleicht zunächst denken würde, wenn es um die *größte* Meterspurbahn in Europa geht. Der Unterschied ist sogar erheblich. Während die RhB 383 km betreibt, belaufen sich die Gesamtstrecken der FEVE auf 1.290 km. Davon gehören 1.148 km zum Hauptnetz zwischen León, Bilbao und El Ferrol. Um Santander und in der Region Gijon-Aviles-Oviedo werden auch S-Bahn-ähnliche Nahverkehrsverbindungen hergestellt. Weitere "Insel-Strecken" gibt es nicht nur auf der Insel Mallorca mit Palma-Inca (29 km, 1.000 mm Spurweite), sondern auch an der Costa Blanca mit Alicante-Benidorm-Denia ans Kap San Antonio (93 km, 1.000 mm) und weiter südlich als Vorortbahn um Cartagena (20 km, 1.000 mm).

Größe, aber auch Verteilung des Netzes deuten auf eine heterogene Geschichte. Und so ist es auch. Erst 1972 wurde die FEVE als staatliches Schmalspurbahnnetz aus 17 Gesellschaften gegründet. Seit Beginn der 90er Jahre hält sich das Gerücht, die FEVE würde mit der RENFE vereinigt. Das hätte eventuell auch Vorteile für die Inter Railer, die bislang an FEVE nicht kostenlos partizipieren durften.

Jedenfalls ist die Schmalspurgesellschaft nicht grundsätzlich völlig abgeschrieben. Im Nah- und Fernverkehr werden zum Teil modernste Fahrzeuge eingesetzt. Die Zeit der "Rumpelbahn", die noch durch manche Reiseführer geistert, ist seit längerem vorbei. Denn auch die Trassen wurden bzw. werden ausgebessert oder neu verlegt. So kann es allerdings auch dazu kommen, daß gewisse Sektionen zeitweise wegen Reparaturen nicht betrieben werden.

Die Strecke Bilbao-El Ferrol, die mehr oder weniger entlang der Küste führt, ist auf jeden Fall landschaftlich überaus empfehlenswert. Die Gebirgsformationen, Flußmündungen und Strände sorgen für immer wieder völlig überraschende *Blick*winkel. Auch hier gilt deshalb für Autoreisende: Einfach mal für eine Sight*seeing*-Tour auf die Bahn umsteigen!

☆ Eisenbahn-Special

Im Hotelzug durch Nordspanien

Ein einmaliges Erlebnis in Nordspanien ist die Reise mit dem **El Transcantábrico**, dem nach Aussagen der FEVE ältesten *Historischen Zug* in Spanien (1983), der über die längste zusammenhängende Schmalspurstrecke des Kontinents führt. Dieser Luxuszug, für den der gängige Begriff "Hotelzug" fast zu kurz greift, verkehrt ausschließlich auf dem Schmalspurnetz der FEVE und durchquert Nordspanien nur in den Sommermonaten. Im Rest des Jahres, von Ende Oktober bis Mai, können finanziell potente Enthusiasten den ganzen Zug auch für Privatfahrten mieten.

Der stolze Preis von rund 2.500,- bis 3.000,- DM (exklusive Anreise) wird dafür sorgen, daß der Kreis der Hotelzugreisenden klein bleibt. Dennoch ist es schon ein Genuß, sich durch das Programm zu lesen. Vielleicht hilft das auch dazu, eine (Teil-)Strecke des Zuglaufes in einem normalen FEVE-Zug zu verbringen. Die Erlebnisreise führt dann auch von **León** erst nach Osten bis an die Küste, dann über Santander bis an den Endpunkt der Bahn in El Ferrol und schließlich mit Bussen zum Ziel **Santiago de Compostela**.

Die Farben des Zuges, überaus romantisch als *marineblau* und *mondlicht* angekündigt, sollen schon äußerlich auf das feine Interieur in Holzvertäfelung einstimmen. Die Züge sind auch, wenngleich auf kleiner Meterspur, so doch komplett ausgerüstet: In den Schlafwagen gibt es nur komfortable Ein- oder Zwei-Bett-Abteile, alle sind mit Waschbecken ausgestattet, es gibt aber auch Duschen, Kleiderschränke, Nachttischchen und Klimaanlage. Die *Cafeteriawagen* sind eher Salonwagen mit Sesseln und Tischchen, den in Spanien obligatorischen TV/Video-Anlagen und selbstverständlich auch für musikalische Untermalung eingerichtet. Richtige Live-Musik gibt's dann aber im Barwagen, von der mitgeführten One-man-Band! Doch nicht nur - wie man es von einem Personenzug erwarten kann - Wagen auf Schienen werden mitgeführt, sondern auch ein Autobus, der die ganze Reise auf der Straße begleitet! Er wird am Endpunkt für den Zielpunkt Santiago benötigt, dient aber auch während der Fahrt zu Ausflügen.

Und das Ambiente rechts und links der Strecke läßt sich durchaus sehen, die gemütliche Schaukelfahrt führt zwischen dem romanischen Stil Palencias, dem geheimnisvollen *Camino de Santiago*, den wundervollen *Picos de Europa*, der Schlucht des Flusses Cares, dem Nationalpark von Covadonga, den mittelalterlichen Gasthöfen *Castilla de las Merindades* durch einzigartige Landschaften, an Seen, Wäldern, verlassenenen Dörfern und Einsiedeleien vorbei.

Für die Tour León-Santiago de Compostela sieht das Programm im einzelnen so folgt aus: Schon in **León**, bevor die Fahrt losgeht, wird eine Besichtigung durchgeführt. In der ehemaligen Römersiedlung führt die Fahrt an vielen Baudenkmälern vorbei bis zur Kathedrale La Pulchra Leonina und dem königlichen Pantheon San Isidoro. Noch am Abend wird auf der Strecke die erste Station, die Bergbausiedlung *Cistierna* erreicht.

Nach der Übernachtung am Ort wird am zweiten Tag in **Guardo** ein Halt eingelegt. Mit dem Bus geht's durch die Provinz Palencia nach Saldaña, wo die römische Stadt von Olmeda mit der bemerkenswerten Mosaiksammlung aus römischer Zeit besucht werden kann. Bereits hier wird ein Teilstück des Jakobswegs erreicht und abgefahren, bis Cervera de Pisguerga, wo im Parador das Mittagessen eingenommen wird. Von hier aus kann der Nationalpark von Fuentes Carrionas zumindest überblickt werden. Zurück am Zug geht's weiter auf der Strecke entlang des Stausees Ebro bis Espinosa de los Monteros.

Am nächsten Tag geht's hinab ans Meer, zur Vizcaya. Durch das Mena-Tal und den *Rías* (Trichtermündungen) Laredo und Santoña folgend, wird das eigentliche, für den Zug namensgebende, Kantabrien erreicht. Vor Bilbao wird abgebogen und immer mehr der Küste angenähert, **Santander** erreicht. Auch hier schließt die Stadtrundfahrt die Hauptkathedrale *Santísimo Cristo*, die ehemalige königliche Residenz und die Pereda-Promenade ein. Einen bedeutenderen Kontrast zum Hinterland, aus dem man aber mit dem Zug kommt, stellen die eleganten Meerespromenaden dar. Stilecht geht man selbstverständlich am Abend hier ins *Casino*. Ein anderer Ausflug führt an den Strand...

Am vierten Tag geht's mit dem Zug bis Puente de San Miguel und mit dem Bus weiter bis **Santillana del Mar**, das durch den vollständig erhaltenen mittelalterlichen Stadtkern bezaubert. Hier werden die typischen Häuser mit ihren Wappenschildern besichtigt. Über den Fluß *Saja* und das gleichnamige Schutzgebiet geht es nach Cabuérniga und nach Cabezón de la Sal, wo wieder in den Zug umgestiegen wird. Dieser überquert dann die *Ría de Tina Mayor*, die natürliche Grenze zwischen Kantabrien und Asturien, und fährt noch bis *Llanes*.

Von diesem Ausgangspunkt wird am nächsten Tag per Bus ein Abstecher zu den *Picos de Europa* unternommen, mit einem Aufenthalt in *Cangas de Onis* zur Besichtigung der römischen Brücke. Bei günstiger Wetterlage wird die Fahrt bis zu den *Covadonga-Seen* und der berühmten Wallfahrtsstätte ausgedehnt ausgedehnt. Der Aufenthalt am Aussichtspunkt der Königin *Mirador de la Reina* bürgt für die beste Position in diesem Naturerlebnis. Mit der Busfahrt durch die Picos de Europa wird **Cabrales** erreicht, wo das Mittagessen gereicht wird. Ein Spaziergang kann dann über den *Camino del Cares* führen, Ende der Fahrt ist dann *Ribadesella*.

Von diesem touristischen Küstenort aus, der durch die internationale Paddelbootabfahrt des Flußes *Sellas* bekannt ist, geht es am folgenden Tag zur Hauptstadt des ehemaligen gleichnamigen Fürstentums **Oviedo**. Auch hier werden vor allem die frühromanischen Kirchen und die gotische Kathedrale in eine ge führte Rundfahrt einbezogen. Die wildromantische Fahrt an diesem Tag geht dann noch bis in die Ortschaft **Cudillero**, die sich zwischen Berge und Meer an den Hang schmiegt. In den Armen der Rías sitzen hier überall die Frauen an den Häfen der kleinen Dörfer und flicken die Fischernetze. Auch die Strände sind herrlich weiß.

Am nächsten Tag wird eine größere Strecke abgefahren. Zunächst an den Aquädukten und größeren Wäldern vorbei nach **Luarca**, dem Weißen Städtchen an der Grünen Küste, *La Villa Blanca de la Costa Verde*. Schließlich wird mit den Flüssen *Navia* und *Eo* die Grenze Asturiens zu Galizien überquert. In Ribadeo ist Mittagspause, nicht ohne das *Monumento al Gaitero*, ein Aussichtspunkt über Fluß und Meer, zu besichtigen. Danach wird ein bißchen Strandleben geschnuppert am Strand *Los Castros*. Schließlich führt die Fahrt noch bis nach **Vivero**, einer im Kern noch ummauerten Stadt.

Am letzten Tag werden noch einmal enge *Rías* angeschnitten: bei El Barquero und Santa Marta de Ortiqueira. Der Endpunkt **El Ferrol** ist dann allerdings nur für die Weiterfahrt mit dem Bus nach Santiago geeignet.

Natürlich ist die Fahrt abschnittsweise in Regelzügen wesentlich günstiger, aber wie sich zeigt, angesichts der Möglichkeiten, auf jeden Fall auch zu empfehlen. An vielen Stellen gilt auch hier, was für andere romantische Bahnstrecken gesagt werden kann: An zahlreiche Positionen und Blickpunkte wäre man mit dem Auto überhaupt nie gekommen!

PRINCIPADO DE ASTURIAS

Asturien

Das Principado de Asturias, die autonome Region "Fürstentum Asturien", wird an der kantabrischen Küste von den Flüssen Deva und Eo begrenzt und besteht nur aus einer Provinz. Der Küstenbereich ist geprägt von Stränden und Felsklippen, die Täler des Hinterlandes laden zur Entdeckung großer Wälder und weitflächiger Almwiesen ein. Weiter südlich folgen dann die Bergkämme der Kantabrischen Kordilleren, nur 40 km von der Küste entfernt beginnt das eindrucksvolle Gebirgsmassiv der *Picos de Europa*.

Hier wird der Einfluß des atlantischen Klimas besonders deutlich. Grüne Almen, die als Weideland für die Ziegen, Schafe und Kühe dienen, Sturzbäche und glasklare Seen, und immer wieder die in sich gekehrten, wortkargen Wanderhirten, denen man bei Wanderungen durch die einsame Bergwelt begegnet; das alles symbolisiert ein Spanien, das kaum einer für möglich hält.

Asturien wirbt heute mit dem Slogan: *Asturien - Spanien für Individualisten.* Und tatsächlich bemüht man sich hier außerordentlich, den Tourismus zum persönlichen Erlebnis zu gestalten und nicht auf die Fehlleistungen des modernen Massentourismus zurückzugreifen. "Turismo verde" - auch das ist eine der besonderen Eigenschaften der Region.

Die Region Asturien rühmt sich als Wiege des modernen Spaniens. Grund hierfür ist die gewonnene Schlacht von Covodonga gegen die Mauren im Jahr 722. In den gebirgigen Regionen Asturiens konnte sich eine Gruppe Widerstand leistender Christen behaupten. Als die Araber nahe der Ortschaft auf die asturischen Kämpfer um den Fürsten Don Pelayo stießen, hatten sie wahrscheinlich auch aus mangelnder Ortskenntnis der unzugänglichen Gebirgswelt das Nachsehen. Noch heute feiern die Asturier diese Schlacht als Beginn der Reconquista, der allmählichen Rückeroberung Spaniens von der maurischen Besatzung, obwohl sich diese damals noch über 700 Jahre, bis ins Jahr 1492 hinzog.

Von den anderen Regionen durch die Picos de Europa getrennt, konnte Asturien seine sprachlichen und kulturellen Eigenheiten bewahren. Die eigene - gegenüber den eher "lautstarken" autonomen Regionen kaum bekannte - Sprache heißt *Bable*. Charakteristisch für die Kultur der asturischen Bergwelt sind auch die *Hórrwoa*, Getreidespeicher aus Holz.

Das eigenständige Leben sorgte natürlich auch für eine besondere Küche. So gibt es ganz eigene Spezialitäten, wie den Käse *Queso de cabrales*, der aus Kuh-, Ziegen- und Schafsmilch besteht und - recht außergewöhnlich - in Kalksteinhöhlen gereift wird. Diese Delikatesse ist auch über Spanien hinaus berühmt. Ebenso hat man vom folgenden schon mal gehört: der Apfelwein *sidra*. Er ist sogar das Nationalgetränk der Asturier. Besonderen Wert legt man auf die Art des Eingießen der süffigen Spezialität: Die Flasche wird hoch über den Kopf gehalten, und aus einer Höhe von mindestens einem Meter muß nun in das Glas bzw. in den Becher getroffen werden. Todsünde ist es, diesen zu füllen, stattdessen wird immer gerade soviel eingegossen, daß der Sidra schäumt und der Durstige einen kräftigen Schluck nehmen kann!

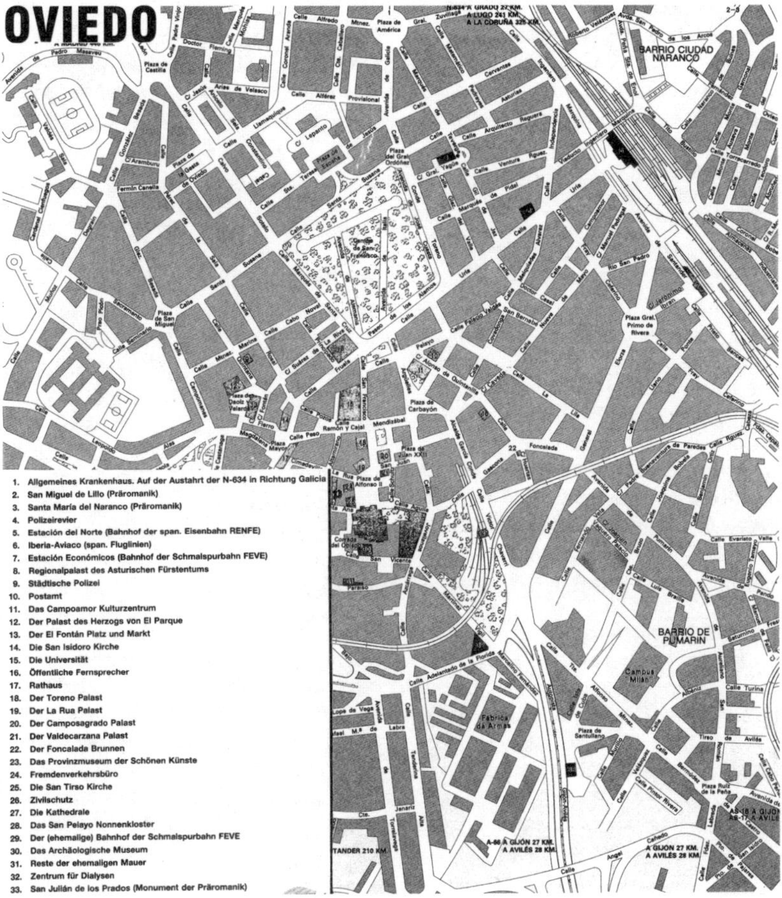

Oviedo

Mit rund 200.000 Einwohnern ist Oviedo, im Herzen Asturiens, eine ideale Verkehrsdrehscheibe in Nordspanien und eine kurze Station wert. Sicherlich ist es immer das Panorama, das zunächst am meisten ins Auge sticht. Zwar ist der Ursprung römisch - die Stadt hieß Ovetum -, doch ist Oviedo natürlich heute mehr eine Geschäfts- und Industriestadt. Immerhin kam Oviedo durch seine zeitweilige Funktion als **Hauptstadt des Fürstentums Asturien** auch zu Verwaltungs- und Herrschaftsbauten. Aber besonders die Unruhen und Verwerfungen des 20. Jh. durch den Generalstreik der Bergleute 1934 und den Arbeiteraufstand von 1936 brachten vor allem Impulse hin zum Bau einer modernen Stadt. Immerhin wurde eine Reihe von Bürgerhäusern und selbst Bauten aus dem frühen Mittelalter (9. Jh.) erhalten. Über alles hinweg bekannt ist aber die Kathedrale von Oviedo.

Die **Kathedrale** entstand im 15. und 16. Jh. Sie ist ein prächtiges, wenn auch nicht ganz vollständiges Beispiel der Spätgotik (man hat das Gefühl, der linke Turm wartet noch auf seinen Bau). Im Innern sind bemerkenswerte und durch die Wallfahrten bedeutende Kunstwerke, wie der Hochaltar, das Engels- und das Siegeskreuz zu bewundern. Die Kapelle del Rey Castro diente den asturischen Fürsten; ebenso interessant die Kapellen de San Pedro und de Santa Eulalia, der Stadtpatronin von Oviedo. Daneben sind es vor allem öffentliche und private Museen, die in Oviedo den Bildungsaufenthalt ermöglichen: das Archäologische im Konvent San Vicente und das Kunstmuseum. Sehenswert sind auch die Renaissancegebäude der **Universität** aus dem 16. Jh. Aus dieser Zeit stammt auch das Rathaus. Der **Palast San Feliz** aus dem 18. Jh. birgt eine Apostelserie von El Greco. In die moderne Stadt führt schließlich die Calle Uría in der Nähe des Parks San Francisco.

Aber auch abends hat Oviedo durchaus das Gewünschte zu bieten: Die Straßen um die Plaza del Paraguas und die Plaza de Fontan sind voller Kneipen und Bodegas. Andere wiederum folgen der "Route des Weines" entlang der Calle Rosal.

🌐 Tourist Information

Plaza Alfonso II. el Casto 6, Tel. 213 335.

▲ Unterkunft in Oviedo

Pensión La Armonía, C. Nueve de Mayo 14, Tel. 522 03 01, DZ ca. 4.000 Ptas.
Hospedaje Central, C. Dr. Casal 8, Tel. 522 30 55, DZ ca. 4.000 Ptas.
Residencia Juvenil "Ramón Menéndez Pidal", C. Julián Clavería 14, Tel. 232 054; günstige Jugendpreise, Reservierung erforderlich.

Gijón - Xixón

Gijón, in der Landessprache Xixón (260.000 Einwohner), ist die bedeutendste Hafenstadt an der Costa Verde und die Industriestadt Asturiens. Doch keine Angst: Kein Industriemoloch wie Bilbao erwartet den Besucher. Im Gegenteil, trotz dichter Inustrie (Schwerindustrie, Schiffbau, Lebensmittelverarbeitung, Glas- und Keramikherstellung) und riesiger Verlade- und Containerhäfen hat sich die Stadt eine Fülle an Lebensqualität bewahrt.

Gijón hat sowohl bei Touristen als auch Einheimischen einen sehr guten Ruf als Sommer- und Winterferienort. Der 5 km lange **Stadtstrand Playa de San Lorenzo** in der gleichnamigen Bucht kann bedenkenlos zum Baden aufgesucht werden (erhielt die Blaue Europa-Flagge der Stiftung für Umwelterziehung), außerdem können in der näheren Umgebung viele kleine Badeorte mit hervorragenden Stränden aufwarten.

Auf der markanten, ins Meer vorgeschobenen Landzunge Santa Catalina liegt das ehemalige **Fischerviertel Cimadevilla** (der *Gipfel der Stadt*). Dieser historische Stadtkern zwischen Hafen und Strand, durchzogen von steilen und verwinkelten Gassen, steht unter Denkmalschutz. Die zahllosen Bars, Pubs, Kneipen und Sidrerias machen dieses Viertel denn auch zum Zentrum des Nachtlebens, Nachtschwärmer werden sich hier bei Apfelwein so richtig wohl fühlen.

In der Altstadt, an der **Plaza de los Jovellanos**, in deren Zentrum die moderne Basilika steht, befindet sich das **Museo Jovellanos** (10-14 h, 16-20 h). Das Geburtshaus des Schriftstellers und Staatsmannes Gaspar Mechior de Jovellanos (1744-1811) wurde 1971 in ein städtisches Museum umfunktioniert. Zu der Ausstellung gehören Erinnerungstücke an Jovellanos, dem Repräsentanten der spanischen Aufklärung, sowie archäologische Funde und Werke der bildenden Kunst.

Einzigartig ist das 1963 eröffnete **Museo de la Gaita** (geöffnet 8.30-13 h, 17-21 h) in der städtischen Bibliothek, in einem Palais von 1811 an der Plaza Mayor. Das Museum war lange Zeit weltweit das einzige Dudelsackmuseum und enthält Instrumente aus Asturien, Galicien und Mallorca sowie eine kleine Dudelsack-Produktionsstätte.

Aus römischer Zeit (1. Jh.) sind einige Überreste von **Thermen** erhalten. Außerdem finden sich imposante Adelspaläste in Gijón: der *Palacio de Revillagigedo*, ein Renaissancepalast an der *Plaza de Marqués* und der *Palacio del Conde de Valdés* (17 Jh.) mit wunderschön variierten Türmen.

Der erholsame **Park Isabel la Católica** am anderen Ende der Bucht beherbergt das staatliche Parador Molino Viejo. Diese alte Mühle (von Wasser angetrieben) stammt aus dem 17./18. Jahrhundert und wurde zu einem Vier-Sterne-Hotel umgebaut.

Die kuriosen Gebäude der **Universidad Laboral**, einer am Stadtrand gelegenen Fachhochschule, stammen aus der Francozeit und fallen durch ihren eigenartigen neobarocken Stil auf.

Tourist Information

Marqués de San Estaban 1, Tel. 985/346 046.

An der asturischen Küste

Aviles

Einst von den Römern gegründet, 6 km vom Meer entfernt, am gleichnamigen Fluß. Landschaftlich zwar schön gelegen, doch eine der größten Schwerindustrieanlagen Spaniens mit Hochöfen, Chemiebetrieben und Kokereien. Das alles macht den Ort natürlich nicht gerade zu einem Ferienparadies.

Sehenswert hingegen ist die **Altstadt** von Aviles mit herrschaftlichen Häusern und arkadengesäumten Straßen. Besonders hervorzuheben sind die Kirche San Nicolás de Bari aus dem 13./14. Jh. und in Salinas, westlich von Aviles, der längste Badestrand der Costa Verde.

Tourist Information

Ruiz Gómez, Tel. 544 325.

Ähnlich groß wie Luarca, hat **Cudillero** trotz einer neuen Hafenanlage und der dazugehörigen breiten Zufahrtsstraße, den romantischen Charme mit seinem felsenumschlossenen Hafenbecken und seinen engen Gäßchen und ziegelgedeckten Häusern bewahrt. Eines der schönsten Städtchen an der Costa Verde.

In den Straßen rund um den alten Hafen liegt eine Taverne an der anderen, hier vor allem günstige Paella méson, meist mit frischen Meeresspezialitäten. Zum Trinken gibt's hier natürlich den Sidra.

Tourist Information

Plaza de San Pedro, Tel. 590 003.

Unterkunft in Cudillero

Camping Cudillero, Ctra. Playa Aguilar, Tel. 590 663 (geöff. an Ostern und vom 1. Juni bis 30. September; ca. 400 Ptas. p. Person und p. Auto). Schön in Strandnähe gelegen und der preisgünstigste Platz in Cudillero, dennoch von der Ausstattung her einer der besten.

Von Cudillero sollte man weiter in Richtung Luarca fahren, dann abfahren in Richtung **Cabo Vidio**. Von hier hat man bei klarer Sicht einen Überblick über die Felsküste bis hinüber zum Cabo de Penas vor Gijón.

Mit etwa 20.000 Einwohnern ist **Luarca** einer der größeren Ferienorte. Von der Felsklippe, auf der Leuchtturm und Kirche stehen, hat man einen tollen Blick auf den Hafen und die Stadt. Der Ort zieht sich mit seinen ziegelgedeckten Häusern an beiden Seiten des Río Negro den Hang hinauf.

Tourist Information

Plaza Alfonso X. el Sabio, Tel. 640 083.

Unterkunft in Luarca

Camping Playa de Otur, Ctra. Playa de Otur, Tel. 640 117 (geöff. ganzjährig, ca. 350 Ptas. p. Person und p. Auto).

Weitere Streckentips

- Zur Strecke kann auch auf das Special "Im Hotelzug durch Nordspanien" unter Kantabrien (S. 203) verwiesen werden.

GALICIA

Galicien

In der Nordwestecke der Iberischen Halbinsel liegt die autonome Region Galicien, bestehend aus den Provinzen La Coruña, Lugo, Pontevedra und Ourense. Die nördliche Grenze der Region bildet dabei das Kantabrische Meer, die westliche der Atlantische Ozean. Im Süden grenzt Galicien an Portugal.

Niedrige, von dichtem Wald bestandene Höhenzüge, von sanften, weiten Tälern durchzogen, prägen das Landschaftsbild Galiciens. Den besonderen Charakter der Region formen hingegen die Rías Gallegas, die galicische Fjordküste. Diese tief ins Land einschneidenden Meeresbuchten, meist von weißen Sandstränden gesäumt, machen die Region innerhalb Spaniens zu einer bevorzugten Ferienregion. Unterschieden wird diese außergewöhnliche Küste in die nördlichen Rías Altas, deren Fjorde nicht so weit ins Land reichen und deren Ufer steiler ansteigen, und die westlichen Rías Bajas mit flachen und sehr tief ins Land einschneidenden Fjorden (z.B. die Rías von Pontevedra und Vigo). Trotz der Zunahme des Tourismus und der Tatsache, daß der Jakobsweg in Galicien, und zwar in einer der *heiligsten* Städte Spaniens, in Santiago de Compostela, endet, bleibt die Region eines der Armenhäuser Spaniens. Die Landwirtschaft bleibt aufgrund der kargen Böden mühsam, und immer mehr junge Leute wandern auf der Suche nach Arbeit in die großen Metropolen ab. Einzig nennenswerter, da wirtschaftlich bedeutsamer, Faktor ist die Fischerei, die allerdings durch ein Öltankerunglück im Atlantik allerschwerste Rückschläge erlitten hat. Die Muschelzucht und der Sardinenfang haben Tradition in Galicien.

Für die Fremden bestimmt gerade die ländliche Ursprünglichkeit den Reiz dieser Region. Bauersfrauen, gekleidet in ihrer Tracht, tragen die auf dem Markt erworbene Ware auf dem Kopf nach Hause. Die uralten Karren mit großen Holzscheibenrädern, gezogen von Esel oder Ochsen, rumpeln träge auf den Feldwegen dahin. Typisch für Galicien sind vor allem die *horreos*: diese auf Pfeilern gebauten steinernen Vorratshäuschen dienen der Lagerung des Getreides und schützen vor Bodenfeuchtigkeit und Ungeziefer.

In allen vier Provinzen wird neben Kastilisch (castellano) als offizieller Landessprache auch galicisch (gallego), eine Mischung aus Portugiesisch und Spanisch, gesprochen.

Die *regionale Küche* wartet mit typischen Gerichten auf. Dabei bestimmen zumeist frische Meeresfrüchte den Speiseplan: Austern, Mies- oder Jakobsmuscheln, Meeresspinnen, Hummer, Tintenfische und alle Arten Seefische werden in raffinierten Variationen angeboten. Neben den Meeresfischen gibt es als Spezialitäten auch Forellen und sogar Lachse aus galicischen Flüssen zu genießen. Einige landestypische Gerichte sind die caldo gallego (eine Art Gemüsesuppe), der pulpo al la gallega (marinierter Tintenfisch) oder die empanada (eine Fleisch- oder Fischpastete). Im Landesinneren wird die Küche deftiger: allerlei Wurstsorten, Lamm- und Schweinefleisch, mit Speck und Kartoffeln serviert, dazu als Nachtisch ein Stück torta de Santiago (Mandeltorte) oder ein Kastanienmus. Zu diesen Schlemmereien mundet der aus Porzellanschalen (sog. cuncas) getrunkene Wein am besten: die Ribeiro-Weine, ein junger herb-zarter Weißwein.

Bei all diesen kulinarischen Leckerbissen wird verständlich, daß die Galicier auch das Feiern verstehen. Bei den großen Heiligenfesten (z.B. zu Ehren des Jakobus in Santiago, des San Benitino in Pontevedra oder bei den zahllosen Meeresprozessionen in Burela, San Ciprian und Cillero) tragen die Bewohner die alten Trachten. Uralte Melodien erklingen, dargebracht auf dem Tamburin und der "geida" (einer Art Dudelsack) - viele keltische Bräuche scheinen sich in Galicien erhalten zu haben.

Das Kunsthandwerk hat lange Tradition. Beliebt sind u.a.: Spitzen aus Camarinas, Keramik aus Sargadelos oder Körbe und Schalen, gefertigt aus schmalen Weidenruten, aus Chantada. Heiß begehrt sind Amulette aus Santiago, oft in der Form der Jakobsmuschel, gefertigt aus Pechstein bzw. Gagat (azabache). Überall finden sich Holz- oder Steinfiguren, in den Küstenorten werden Halsketten und Kästchen aus Muscheln dargeboten. Witzig und eine seltsame Verbindung zu den nördlichen Atlantik-Anrainern, den Holländern: Auch die Galicier stellen Holzschuhe her, die sie zu besonderen Festlichkeiten tragen.

La Coruña - A Coruña

La Ciudad de Cristal, die gläserne Stadt, so wird La Coruña (kastilisch) oder A Coruña (gallego) genannt. Glas- und Kristallfassaden, eingerahmt von weiß lackierten Holzrahmen, funkeln dem Besucher an der Avenida de la Marina, die sich dem Meer und dem Licht zuwendet, entgegen. So als ob die Stadt den Besucher animieren möchte, sich ins Getümmel der Bars, Restaurants und Diskotheken zu stürzen. Weltoffen, modern und lebenslustig - so präsentiert sich La Coruña, und dies trifft auch auf die Einwohner zu. Geschäftstüchtig, aber auch den Vergnügungen des Lebens nicht abgeneigt - mit rund 250.000 Einwohnern ist sie, auf einer Halbinsel gelegen, die größte Stadt Galiciens.

Bedeutung erlangte La Coruña aufgrund der markanten Lage. Weit in den Atlantik vorgeschoben, spielt der **Fischereihafen**, in Spanien einer der bedeutendsten, eine zentrale Rolle. Als Industriestandort haben sich in La Coruña vornehmlich fischverarbeitende Betriebe und Konservenfabriken angesiedelt.

Ein Blick in die Geschichte zeigt, daß der Hafen La Coruñas, direkt an der **Amerika-Route** gelegen, ein beliebter Ausgangspunkt für die Entdeckung der Neuen Welt war. Auch heute noch fungiert La Coruña als Bindeglied zwischen Europa und Amerika.

Mit England ist die Stadt heute dank zahlreicher Fährverbindungen eng (und freundschaftlich) verbunden. Dies war nicht immer so: 1588 lief die spanische Armada aus dem Hafen La Coruña aus, um die englische Flotte für immer zu vernichten und die Vorherrschaft der

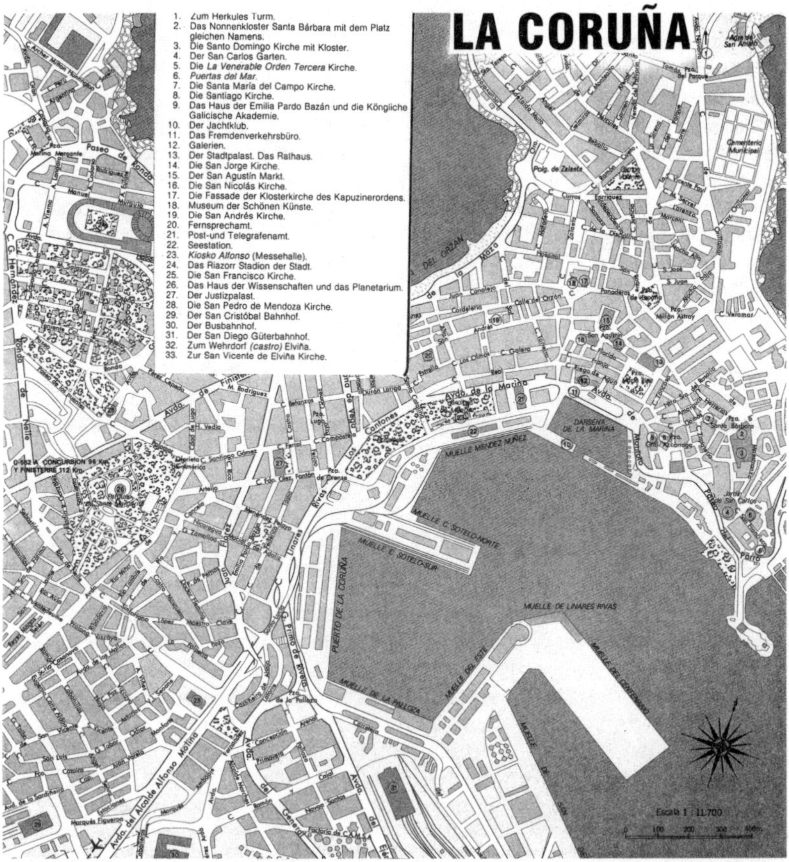

Engländer auf den Weltmeeren zu beenden. Wie allseits bekannt, glückte dies nicht ganz, im Gegenteil, die spanische Armada wurde vernichtend geschlagen. So rückten denn auch im Jahre 1589 die Engländer unter Führung ihres Seehelden **Sir Francis Drake** an, um die Stadt zu erobern. Da die heutige Heldin der Stadt und damalige Bürgermeisterin María Pita die Bevölkerung warnen konnte, wurde die Einnahme La Coruñas vereitelt. Doch die erbosten Engländer verhielten sich nicht gerade "gentleman-like": Sie legten Feuer an die Stadt, was sie arg zerstörte.

Seit der Zeit der Phönizier war La Coruña für seine Zinnminen bekannt. Unter keltisch-römischem Einfluß vergrößerte sich die Stadt und wurde Ardobicum Curonium benannt. Der Leuchtturm an der äußersten Spitze der Halbinsel wurde im 2. Jahrhundert unter Trajan erbaut. Urkundliche Erwähnung findet der Name La Coruña (= *die Krone*) seit dem 12. Jh. Im Lauf der Zeiten konnte La Coruña erfolgreich allen Eroberungsversuchen der Araber wie der Portugiesen widerstehen.

Neben der Bedeutung als Industriezentrum und als Umschlagplatz im Atlantikverkehr wird La Coruña für den Fremdenverkehr zunehmend interessanter. Neben der wunderschönen Altstadt und den Stränden dient die Stadt als Ausgangspunkt für Reisen ins Hinterland und an die Küsten der Rías Gallegas. Und so bestätigt sich das Sprichwort, das da lautet: Während Vigo schuftet, Pontevedra schläft und Santiago betet, amüsiert sich La Coruña.

Das schönste Stadtviertel, den Hafen überblickend und am Südende der Halbinsel gelegen, ist die **Ciudad Vieja**, die Altstadt mit ihren schattigen Gassen und alten Steinhäusern. An der Tourist-Information vorbei führt die Avenida de la Marina in dieses Viertel hinein. Ein zehnminütiger Spaziergang in nordwestliche Richtung, zur anderen Seite der Halbinsel, ermöglicht ungetrübtes Badevergnügen an den Stränden Praia de Orzán und Praia de Ríazor. Wer Busbahnhof und Bahnhof sucht, muß vom Hafen aus einen 20-Minuten-Fußmarsch in südliche Richtung in Kauf nehmen.

Dabei gibt es in der Stadt natürlich einiges Sehenswerte. Die **Plaza de María Pita** bildet den Mittelpunkt der Stadt und wird von einheitlichen Palästen mit Laubengängen und Erkervorsprüngen umgeben. Der eindrucksvolle **Palacio Municipal**, das Rathaus, dominiert den Norden des Platzes, im Nordwesten lockt das Museo Provincial (Di-So 10-14 h und 16-18 h). Ausgestellt werden Beiträge zur Geschichte, Folklore und Archäologie, aber auch sehenswerte Gemälde (z.B. Rubens, Goya, Ribera). Nördlich des Hafens liegt die ruhige Altstadt auf dem Felsvorsprung. Ruhige Gassen, unterbrochen von kleinen Plätzen zum Ausruhen, locken zum Spazierengehen. Die gewaltigen Kreuze an den Plazas werden *Humilladeros* genannt. Mittelpunkt der Altstadt ist die Kollegiatskirche Santa María del Campo, erbaut im 12. und 13. Jh., mit Portal, Apsis und Innenraumgestaltung aus der Romanik und Dekorationen und Erweiterungen am Glockenturm aus der Gotik.

Gegenüber der Südspitze der Halbinsel thront das **Schloß Castillo de San Anton** aus dem 16. Jh. Seit dem 18. Jh. diente es als Gefängnis, heute hat das Museo Histórico-Arqueológico seinen Sitz in den altehrwürdigen Räumlichkeiten. Von 10-14 h und 16.30-19.30 h kann man archäologische Funde und Stücke zur Lokalgeschichte bewundern. Interessant sind der keltische Elvina-Schatz mit dem Goldhelm des Leiro und die Erinnerungen an die Besetzung der Stadt durch Sir Francis Drake im Jahr 1588.

Eingeklemmt zwischen der Avenida Marina und dem Hafengelände liegt der beliebteste **Park Jardines de Mendes Nuñez** und zugleich Straßenzug der Stadt. Erholsames Grün, fein manikürt, palmenbestanden und mit Denkmälern bestückt, umgeben von den Glasfassaden moderner Gebäude - von hier kann man in Ruhe bis zur Altstadt schlendern.

Im äußersten Norden der Halbinsel zieht der Torre de Hercules, der Herkulesturm, eine Menge Besucher an. Obwohl die Überreste des römischen Bauwerkes nur im Inneren zu sehen sind (der Rest wurde im 18. Jh. restauriert, ist dieser Leuchtturm zwar einsam wie alle Leuchttürme, aber auch der einzig römische, der den Schiffen immer noch Signale erteilt. Der Legende nach soll Herkules den Turm eigenhändig auf den Überresten seines besiegten Feindes Gerión erbaut haben. Mehr als 100 m hoch, bietet sich ein herrlicher Blick auf die Stadt und das Meer.

Ergänzend gibt es noch einige **Museen**. Das *Museo de Bellas Artes*, Calle de Panaderas, untergebracht in der *Casa del Consulado*, ist geöffnet 10-14 und 16-18 h. Das *Kunsthistorische Museum*, 1968 erweitert und neu organisiert, widmet sich im ersten Abschnitt der Keramik, der Numismatik und der Musik. Empfehlenswert ist vor allem die Gemäldesammlung, die italienische Meister, Holländer und Flamen und die spanische Schule umfaßt.

Einkaufsmöglichkeiten locken überall in der Calle Estrella, Calle de Franja und den umliegenden Straßen. Frisches Obst und Gemüse sollte man sich im Markt am ovalen Gebäude an der Plaza San Agustin besorgen. Wer den Markt verpaßt hat, da er ausschlafen mußte, kann sich mit Lebensmitteln im Supermarkt darunter eindecken. Oder: Méson Laporte, Calle Franja, 23, an der Ecke Calle Trompeta. Tortillas mit frischen Eiern, Tapas, geöff. 6-2 h; Casa Santiso, Calle Franja, 26. Sehr günstig das Menu del Día, oft mit der galicischen Spezialität caldo gallego, oder eine Paella mit Fleisch, 10-24 h.

Café-Bar Pizzeria Star, Calle Estrella, 6, an der Ecke Calle Manteleria. Gemütliche Taverne mit Pizzas; zudem große Auswahl an frischen Meeresfrüchten. geöffnet Mo.-Sa. 7.30-2 h; Cafeteriá Delfos, Calle Marina, 7. Bei grellem Pink-Dekor locken die gewaltigen platos combinados oder ein Tagesmenu.

Doch nach soviel Spannung nun ein wenig Ent-Spannung: **Orzán** und **Ríazor** heißen die **Strände**, die bequem zu Fuß erwandert werden können. Hier, an der Nordwestseite des Isthmus, tummeln sich die Surfer, Sonnenanbeter und Badenixen der Stadt. Am Strand empfiehlt sich, neben Baden selbstverständlich, ein Nickerchen zu machen. Denn: das Nachtleben La Coruñas, in ganz Galicien wohl das lebhafteste, beginnt so richtig erst ab 2 h!

Der übliche **Kneipenbummel** der Einheimischen erstreckt sich über die Calle Franja, Calle Florida und die anliegenden Seitenstraßen. Nach den Kneipen und Bars geht es zu später Stunde dann in die Discos entlang der Strände. Wer dort keine Action findet, sollte die Discos und Cafés an der Calle Juan Florez (guter Treff: Pirámide, Nr. 50 mit starker Musik) ausprobieren.

Tourist Information

Dársena de la Marina, Tel. 221 822, an der Südseite des Isthmus, der das Festland mit der Halbinsel verbindet. Nahverkehr: Die roten Busse der Compania de Tranvias de la Coruña, Tel. 250 100, fahren von 7 bis 23.30 h, Die Fahrt kostet ca. 100 Ptas, an den Bushaltestellen sind die Fahrpläne und alle Haltestellen ausgeschrieben.

▲ Unterkunft in La Coruña

Pensionen: Zahlreiche in der Straße Calle Riego de Agua und in der Gegend zwischen Plaza María de Pita Richtung Plaza San Agustin und Calle San Andres. Am Busbahnhof und Bahnhof finden sich zusätzlich eine Unmenge Pensiones, aber der Weg ins Stadtzentrum ist weit.

Hospedaje Varela, Calle Riegode Agua, 28, Tel. 221 979, angenehmer Service, immer sehr saubere Zimmer, DZ ca. 3.500 Ptas.

Fonda María Pita, Calle Riego de Agua, 38, 3. Stockwerk, Tel. 221 187, sehr sauber, große Zi., DZ ca. 3.000 Ptas.

Pensión la Alianza, Calle Riego de Agua, 8, 1. Etage, Tel. 228 114. Sauber und meist sehr überfüllt, daher vorher anrufen, DZ ca. 3.500 Ptas.

Hostal Oriental, Calle Juana de Vega, 21, Tel. 223 605, links der Avenida Linares Rivas. Geräumige Zimmer mit schöner Aussicht, DZ ca. 5.000 Ptas.

JuHe Marina Espanola, Tel. 620 118, 20 km östlich von La Coruña im Städtchen Sada. Maximaler Aufenthalt drei Tage für ca. 800 Ptas. Auch Essen werden angeboten; im Sommer vorher anrufen, da viele Studentengruppen die Herberge bevölkern.

Um La Coruña

Die große Bucht, welche die drei **Rías von La Coruña, Betanzos und Ferrol** bilden, ist die größte industrielle Zusammenballung in Galicien. Rund 400.000 Einwohner bewohnen den Großraum und fanden in der fischverarbeitenden Industrie, den Zinnminen, Werften und anderen Schwerindustrien Arbeit, da die Landwirtschaft sie nicht ernähren konnte. Doch die europäische Montan- und Werftenkrise sowie der Tankerunfall vor der Küste trafen diese schon strukturschwache Region stark.

Ferrol, in dem die FEVE-Bahnstrecke endet, lockt mit dem kleinen Altstadtzentrum, an das sich ein schön erhaltenes neoklassizistisches Stadterweiterungsgebiet aus der Gründerzeit anschließt. Westlich an der Spitze der Bucht liegt die Befestigungsanlage San Felipe, die dem Schutz des Hafens diente. Ansonsten kann Ferrol, als Marinestützpunkt stark von Matrosen bevölkert, nichts Nennenswertes bieten. Außer die Tatsache, daß Franco hier geboren wurde und die Stadt den Beinamen "del Caudillo" erhielt und wieder verlor.

Nach **Pontedeume**, das seinen Namen aufgrund der mittelalterlichen Brücke mit 58 Bögen über den Río Eume erhielt, sollte man sich zu einem Sonntagsausflug begeben. An den Nachmittagen kochen hier Arbeiter auf dem Stadtmarkt *pulpo* (Tintenfisch) in großen Kupferkesseln. Vorzüglich! Abgerundet wird der Tag mit einer Fahrt nach Miño, 2 km nördlich von Betanzos, um die angeblich schönsten Strände der Rías Altas (herrlich einsam) auszukosten. **Betanzos** im übrigen eignet sich vorzüglich zu einem Kurzaufenthalt. Die 12.000 Einwohner des 1219 als *Zentrum der Navigation* gegründeten Ortes lassen es gemütlich angehen, Fischerei und Landwirtschaft geben hier den Ton an. Einige mittelalterliche Kirchen und die Stadtmauer locken den Hobby-Historiker, ansonsten läßt sich die Siesta aber ausgezeichnet in den Cafés der *Plaza Garcia Hermanos*, dem Stadtzentrum, verbringen.

Ein schöner Tagesausflug zum **Cabo Finisterre** führt über die Straße C-552 durch die abwechslungsreiche Landschaft der Halbinsel bis zum Cabo Finisterre (insgesamt gut 100 km). Überall locken hübsche Orte zum Verweilen: bei km 33 das Städtchen Carballo, ein Thermalkurort mit Schwefelquellen, bei km 68 Vimianzo mit einer alten Festung. Ein Abstecher nach Nordwesten führt nach 19 km in den romantischen Hafenort Camarinas an der Mündung des gleichnamigen Flusses. Auf der anderen Seite der Bucht dominiert im Örtchen Muxia das romanische, im 18. Jh. jedoch barockisierte Marienheiligtum Nuestra Señora de la Blanca.

Nahe der Hafenstadt **Corcubion**, an einem tiefen und sicheren Rías gelegen, führt eine Landzunge hinaus auf ein riesiges Granitmassiv, hinaus auf das *Ende der Welt!* Das galicische Cabo Finisterre, der westlichste Punkt des spanischen Festlandes, galt bis ins Mittelalter als eben dieses Ende der Alten Welt. Für die Jakobuspilger im Mittelalter gehörte ein Besuch des legendären Kaps zum möglichen Folgeprogramm nach der Wallfahrt nach Santiago. Da standen sie am Ziel ihrer Reise, nach monatelangen Entbehrungen, und blickten in die Ferne. In der Tiefe das tosende Meer und vor sich nur die Unendlichkeit, die Ewigkeit.

Am schönsten läßt sich dieser Ort der Besinnlichkeit, der Einkehr, in den Abendstunden genießen, wenn die Sonne langsam im Atlantik versinkt und der Leuchtturm seine blitzenden Signale ausstrahlt. Dann überkommt den Besucher auch heute noch das Gefühl, am Ende der Welt zu stehen.

Lugo

Hauptstadt der gleichnamigen Provinz und Bischofssitz. Römische Gründung als Lucus Augusti. Bereits damals war die Stadt ein bedeutender Verkehrsknotenpunkt und Hauptort der Provinz Gallaecia. Mehrfach zerstört, das letzte Mal 968 durch die Normannen. Bis ins 19. Jh. hatte Lugo vor allem als Festung Bedeutung und war Zentrum von Aufständen zur Zeit der pronunciamientos, der Aufstände gegen die schon damals vorhandenen Militärdiktaturen. Lugo liegt am linken Ufer des Miño, im Zentrum eines fruchtbaren Landstriches. Als landwirtschaftliches Handelszentrum ist es auch Standort von fleischverarbeitender Industrie.

Die bedeutenden **Geschäfsstraßen** sind die *Calle de la Reine* und *Plaza de Santo Domingo*. Aber auch die von römischen Stadtmauern umgebene quadratische Altstadt blieb weitgehend erhalten. Auch wenn einige Häuser kurz vor dem Verfall stehen, geben sie einen Eindruck typischer galicischer Baukunst mit ihren verglasten Veranden. Aber es gibt auch besser erhaltene Sehenswürdigkeiten. Etwa die **Römische Stadtmauer**, 10 bis 15 m hoch und über 2 km lang, durch über 60 Türme verstärkt und mit zahlreichen sehenswerten Toren versehen. Teile der aus Schiefergestein bestehenden Mauer wurden bereits im 2. Jh. erbaut, der Hauptteil der Mauer stammt aber vorwiegend aus dem Mittelalter. Vortrefflich geeignet für einen Rundgang durch die Stadt (Dauer ca. 40 Min.). Von der *Puerta de San Fernando* durch die *Calle San Marcos* zur *Plaza de Sto. Domingo* zur *Plaza de España*.

Die **Kathedrale** liegt auf der Plaza Mayor. Mit dem Bau wurde bereits 1129 begonnen, und ein Teil des romanischen Baustils konnte im Innern erhalten werden. Die Hauptfassade stammt jedoch aus dem Jahr 1769, die Nordfassade blieb romanisch mit einem Christusrelief am Portal. Die Kapelle Nuestra Senora de los Ojos Grandes (Unsere Liebe Frau mit den Großen Augen) hinter dem Hochaltar ist ein Glanzstück der Barockkunst. In der Sakristei der Kathedrale befindet sich die Schatzkammer mit sakralen Kunstwerken, die gegen eine geringe Eintrittsgebühr zu besichtigen sind. Mehr religiöse Kunst gibt es im **Diözesanmuseum**, Calle Angel Lopez Perez 2, direkt an die Kathedrale anschließend. Hier gibt es auch Münzen, Keramik und einen Einblick in die Epigraphie zu sehen (geöffnet Mi und So 11-12 h).

Von der Umgebung erzählt das **Museum Provincial San Franciso**, Plaza de la Soledad 6 (geöffnet Mo-Do 10-14 und 16-19 h, Sa 10-14 h). Nördlich der Plaza Mayor gelegen, werden hier römische Fundstücke, mittelalterliche Gemälde und Skulpturen gezeigt. Die galicische Völkerkunde wird mit Gebrauchsgegenständen, z.B. Nachbau einer Küche, eindrucksvoll erläutert. In der um 1500 erbauten Iglesia San Franciso befinden sich im Querschiff Gräber aus dem 15.Jh. Der Kreuzgang ist mit spätromanischen Reliefkapitellen ausgestattet.

Wichtiger ist die **Plaza de Santa María** am Nordportal der Kathedrale mit dem **Bischofspalais**. Der einstöckiger Quaderbau aus dem 18. Jh. ist typischer galicischer Pazo. Hinter dem Palais führen mehrere kleine Gäßchen zur Plaza del Campo mit ihrem Brunnen und alten aristokratischen Häusern. Dazu gehört auch das Rathaus an der Plaza de España mit einer Rokokofassade aus dem 18. Jh.

Tourist Information

Plaza de España 27-29, Tel. 231 361 und Verkehrsbüro Galicien, Calle Doctor Garcia Portela 7, Tel. 222 072.

Orense

Von den Römern gegründet und bereits damals als Thermalbad bekannt. Noch heute gibt es diese Thermalquellen (Las Burgas), das Wasser erwärmt sich auf über 60° C. Orense wurde von den Arabern zerstört und unter Alfonso III. wieder aufgebaut. Von fast allen Punkten Orenses kann man das gesamte galicische Tiefland überblicken. Da es verkehrsgünstig liegt, ist es auch Schnittpunkt der Eisenbahnlinien Madrid-Vigo und Madrid-La Coruña.

Die Provinz Orense gilt als das "Armenhaus Galiciens", in Orense selbst jedoch merkt man davon recht wenig. Die heutige Provinzhauptstadt Orense war Ausgangspunkt für die Erschließung der Silberminen der Region. Unter den Westgoten war Orense Königsresidenz bis zum 7. Jh. Vor der Vertreibung der Juden durch Isabella II. war Orense eine blühende Handelsstadt, danach verlor es immer mehr an wirtschaftlicher Bedeutung.

Sehenswert ist hier besonders die **Kathedrale** aus dem 12. Jh., eines der ältesten kirchlichen Bauwerke Galiciens, aus romanischer Struktur mit romanisch-gotischen Stilelementen. Die Kathedrale wurde nach dem Vorbild der

Kathedrale von Santiago de Compostela erbaut. Über das rechte Seitenschiff erreicht man den Kreuzgang aus dem 13.Jh., in dem das Museo Catedrálico untergebracht ist. Zu besichtigen sind hier Gemälde, Skulpturen und Goldschmiedearbeiten, tägl. von 10.30-13 und 16-19 h geöffnet.

Noch älter dürfte die **Puente Romanao** sein: Die Fundamente der ehemals römischen Konstruktion sind bei der im 13.Jh. restaurierten Brücke über den Miño erhalten geblieben.

Im früheren Bischofspalast ist das **Archäologische Museum** untergebracht. Der Palast kann sich bereits von außen, von der Plaza Mayor mit seiner wappengeschmückten Fassade sehen lassen. Hier sind Stücke aus der Bronzezeit und eine numismatische Sammlung zu sehen. Rund um die Plaza Mayor gibt es aber noch mehr. Tavernen, Buchhandlungen und natürlich die Kathedrale sowie in Folge die Geschäftsstraßen des Zentrums. Von der Plaza Mayor aus sollte man über die Calle de Colón und die Calle del Padre Feijo in den südlichen Teil der Stadt gehen, wo die romanische Kirche de la Trinidad und die Schwefelquellen Las Burgas zu besichtigen sind. Zum Ausruhen gibt es noch den Garten Posio mit Brunnen und den Park von San Lazaro.

⊕ Tourist Information

Curros Enriquez 1, Tel. 372 020.

▲ Unterkunft:

JuHe Florentino López Cuevillas, Arturo Perez Serantes, Tel. 88/220 616.

Von Orense in die Umgebung

Auf der N 525 in Richtung Santiago de Compostela fahren und nach ca. 20 km rechts abbiegen zum **Kloster Monasterio de Osera**, das noch heute von Mönchen bewohnt wird und bereits im 12.Jh. erbaut wurde.

Oder ins **Tal des Sil**: Von Orense aus Richtung Monforte fahren und dann nach Luintra abbiegen, ab da wird das *Kloster San Esteban Ribas del Sil* ausgeschildert. Es liegt malerisch in der bergigen Landschaft, außer dem Monasterio lohnt es sich auch, den Stauseen und der Sil-Schlucht einen Besuch abzustatten. Die Gegend hier ist dicht bewaldet, von Weinbergen unterbrochen mit romantischen, kleinen Dörfern.

Pontevedra

Hauptstadt der gleichnamigen galicischen Provinz. Weder ökonomisch noch touristisch konnte sich Pontevedra aus dem Schatten der beiden naheliegenden großen Städte Vigo und Santiago lösen. Vom Glanz der vergangenen wirtschaftlichen Blüte Pontevedras im Mittelalter und bis zum 18. Jh. zeugt die denkmalgeschützte Altstadt. Der wirtschaftliche Niedergang der Stadt wurde durch die Versandung des Hafens im 19.Jh eingeleitet. Etwas außerhalb der Stadt hat sich etwas Industrie angesiedelt, die dem Touristen aber eigentlich nur durch den zuweilen fauligen Gestank (je nach Windrichtung) auffällt.

Dennoch ist Pontevedra ein sehenswerter Ort, das Museum Provincial ist eine wahrhafte Attraktion, und die Umgebung lädt geradezu zu ausgedehnten Ausflügen ein.

In Pontevedra gibt es an Sehenswürdigkeiten: die **Basilika Santa María la Mayor**, als Stiftung der Bruderschaft der Seeleute von Pontevedra Ende des 15. Jh. entstanden. Die prachtvolle Renaissancefassade ist sehr beeindruckend, das Rundbogenportal zeigt die Mutter Gottes auf dem Totenbett, im Kircheninneren befinden sich spätgotische Gewölbe, in denen Grabmäler, Statuen und kleine Altäre zu bestaunen sind.

Die **Plaza España** ist der Platz im modernen Stadtzentrum von Pontevedra, umgeben von Bürohäusern. In der Mitte des Platzes das Kolumbus-Denkmal von 1890. An den Platz schließt sich die bis ans Meer führende Alameda (Allee) mit Platanen und Palmen an.

Beliebt und dementsprechend frequentiert, vornehmlich junge Leute, ist das *Castano*, mit sehr preisgünstigem Essen. Zentrale Lage zwischen Plaza de Toros und Alameda de José Antonio in der Rúa Sapos.

Tourist Information

Calle General Mola 1-Bajo,
Tel. 986/850 814.

Vigo

Einer der wichtigsten Fischerei- und Handelshäfen an der Atlantikküste. Vigo ist die größte Stadt Galiciens und besitzt alle Vor- und Nachteile einer Hafenstadt. Als Wirtschaftsstandort haben sich hier vor allem die metall- und fischverarbeitenden Industriebetriebe niedergelassen.

Sehenswert ist eventuell das **Museo Municipal**, schön im südlichen Teil der Stadt im Parque Quiñones de Léon gelegen. Hier im *Pazo de castrelos*, einem Palast aus dem Jahr 1670, befindet sich das Museum für französische und holländische Malerei aus dem 17./18. Jh. und zeitgenössischer galicischer Kunst (geöff. Di-So 11-13 und 16-18 h). An der Playa Samil gibt es dann noch einen tollen Badestrand.

Tourist Information

C. Las Avenidas, Tel. 986/430 577.

Unterkunft in Vigo

Im Hafenviertel *Berbes* gibt es zahlreiche billige Pensionen, ideal für Traveller, allerdings mit einfachster Ausstattung.

☆ Umgebungs-Special

Die **Illas Cíes** Inselgruppe sind etwas ganz Besonderes in dieser fernen Ecke. Sie wurden zum Naturschutzgebiet erklärt aufgrund ihres Vogelarten- und Pflanzenreichtums. Dem Naturliebhaber sei ein Ausflug empfohlen, der allerdings nur auf dem Seeweg (45 Min. ab Hafen) auf eine der Inseln gelingt. Die drei größten Inseln befinden sich westlich von Vigo: *San Martín* (ist mit Monte Faro durch eine Straße verbunden), *Monte Faro* und *Monte Agudo.* Auf der ersten Insel befindet sich sogar ein Campingplatz befindet, der von Juni bis September geöffnet ist. Fährverbindung: ab Estación Marítima, Informationen bei der Tourist Information.

Die beiden anderen Inseln dürfen nicht betreten werden, da sie als Nistplatz der meisten Seemöven, Krähenscharben und der seltenen Trottellummer oder Teiste besonders streng geschützt werden.

REGISTER

TRAVEL OVERLAND
Billigflüge weltweit
(...mehr darf ein Flug nicht kosten!)
Preisvergleich lohnt sich!
TRAVEL OVERLAND
Barerstr. 73 · 80799 München
Tel. 0 89 / 27 27 60
Fax 0 89 / 2 72 55 09